2022年第3版

實用企業併購法
——理論與實務

賴源河／著、郭土木／修訂

LAW

五南圖書出版公司 印行

三版序

　　企業之整併收購攸關企業財務與業務之汰弱扶強，並可發揮振衰起敝之功能，我國公司法對於公司合併、分割、營業讓與、股份交換與股份轉換已經建立初步之規範，然隨著企業經營業務內容之不斷創新與多樣化，在瞬息萬變的國內外競爭環境中，如何強化經營之體質與提出健全之經營策略以面對各種挑戰，方得以堅定永續茁壯與發展的基礎，另本於政府輔導產業升級及發達國家經濟之政策，應積極提出如何鼓勵企業整併之相關配套措施，包括併購程序之簡化、投資人及員工權益之保障、市場交易之公平與秩序之維護等，公司法之規定逐漸顯得需作更多層面的加強，我國企業併購法之立法承接此一重大之歷史使命，以公司法特別法之定位發揮統合與規範企業併購業務行為之時代任務，並成為併購方或被併購方或市場參與者皆應熟悉與遵循之準繩與遊戲規則。

　　本書賡續恩師賴源河教授之原著，從法令規範之理論與實務提出介紹與論述，並援引實務發生之案例作分析評述，本次修訂秉持原著之精神更納入新近發生之重大爭議併購案件，從法律面加以探討與建議，希望能更有益於各界之參考。經濟部於2020年10月7日預告企業併購法修正草案，並於2021年12月30日行政院提送立法院審議，欣逢此一承先啓後時刻，本書增列企業併購法之增修草案章節，提出對於草案之介紹說明與增修理由，並提出進一步之分析與建議，以提供各界參考。

本書此次之修訂得以順利完成，承學隸輔仁大學法律學院博士生趙維稚同學之協助蒐集及整理相關資料，並幫忙仔細校對，謹此一併致謝。

天主教輔仁大學　法津學院院長

郭土木　謹序

民國111年3月16日

自序

　　新世代的競爭已來臨，面臨日益激烈的競爭環境，企業為取得新的競爭利基，脫離微利的宿命，併購的確是一大捷徑。惟企業併購法制定前，我國企業進行併購所依據的法律分散於多種法令，非但繁雜，且或有不合時宜的限制，造成企業併購之障礙。故為使企業便於利用併購以快速轉型及成長，促進產業調整及創造股東利益，遂先後制定「金融機構合併法」、「金融控股公司法」及「企業併購法」。自「企業併購法」施行後，企業利用合併、收購或分割的方式進行企業轉型與產業調整之案例與日俱增，如民國102年184件、103年197件、至去年（104年）則已增加到224件，而併購案件金額亦高達新台幣245億元。

　　企業併購雖已日受重視，但於國內坊間有關企業併購的教科書、工具書或相關著述仍為數不多。筆者曾於研究所講授「企業併購法」，為使企業併購參與者，或有志於學習企業併購相關問題之人取得完整而易懂的參考書，乃利用公餘時間將授課講義整理成冊付梓，其間雖力求完善，但疏漏謬誤之處，恐仍難免，尚祈賢達，不吝指正。

　　本書之完成，承黃莉婷碩士及五南圖書出版公司多所協助，併此申謝。

賴源河

序於民國105年10月

目　錄

Contents

CHAPTER

1

緒　論

　　隨著全球市場之自由化與國際化，企業間競爭日益激烈，從組織面觀之，企業為提升競爭力、綜合績效，可以選擇併購、進行組織改造或策略聯盟之行為，來健全企業經營體質、強化企業競爭力及發揮企業經營之效率，以克服全球性不景氣。因此各企業為了強化自身的競爭力以及追求更大的經濟效益，時常運用併購的方式擴大企業版圖，進而掀起了一波波的併購熱潮。

　　根據彭博資訊統計，西元2006年全球併購案件交易規模已超過3兆美元，刷新歷史紀錄，2008年起，因融資困難、價值波動等因素使全球併購交易總規模下降，然2009年時隨經濟反彈投資回流，併購浪潮再次風起雲湧。依市場研究業者Dealogic統計，2011年來全球企業宣布的併購交易高於2010年的同期，金額為2007年以來最高，如私募股權基金業者KKR收購輝瑞藥廠（Pfizer）旗下部門、德州儀器（Texas Instruments, TL）以65億美元併購國家半導體（National Semiconductor）等。亞洲市場在此波併購熱潮中不遑多讓，更有後來居上的趨勢，例如2016年以來鴻海集團併購日本夏普、半導體封測日月光及矽品共組產業控股公司；2017年有被動元件國巨集團對同業整併、佳世達集團公開收購友通，以及新日光與昱晶及昇陽光電三合一組聯合再生能源公司等著名併購案。另根據經濟部之企業併購案件統計表，2018年1月至9月就有163件之合併、收購、股份轉換及分割之案件，其金額高達新台幣434億元之多。

　　我國在尚未訂立企業併購法之前，企業併購行為係以公司法及證券交易法為規範，但皆不足以規範日新月異之企業併購商業行為，因此企業併購法在此氛圍下，於民國91年1月三讀通過，並於民國91年2月6日經總統公布施行，又於民國93年5月5日[1]微幅修正，至民國104年7月

---

[1]　參閱中華民國93年5月5日總統華總一義字第09300088011號令。

8日[2]大幅修正後，企業併購法共54條，主要分爲三個部分：合併、分割及收購。

第一節 企業併購

第一項 企業併購之意義

關於企業併購（Mergers and Acquisitions, M&A）爲企業經營策略、企業財務規劃及管理運用方式，企業透過取得控制性股權而成爲一個公司的大股東的過程，包括購買公司、售賣公司或與不同公司結合之行爲。在定義上，有認爲「企業併購」並非實定法上之用語，可謂是學術界或企業界，對於企業以取得或移轉經營控制權爲目的之經濟行爲所通常使用之統稱[3]，但也有認爲併購係指不同企業間經由各種方式來移轉資產、控制權或經營權之法律行爲總稱。併購之方式包括一般所稱之合併（merger）、營業與財產之讓與取得（business assignation and acquisition）、公開收購股份（tender offer）、取得出席股東會使用委託書（proxy fight）、槓桿收購（leveraged buyout）及分割（divestiture / spin-off）等，此外，併購又可分爲廣義之概念及狹義[4]之概念。

2　參閱中華民國104年7月8日總統華總一義字第10400078331號令。

3　參閱王志誠，企併法律規範之研究，政治大學法律研究所碩士論文，1992年1月，第5頁。

4　參閱盧曉彥律師，企業併購法令分析與實務研討，發表於2009年12月24日。

第二項　企業進行併購之動機

企業進行併購之動機大致分為二大理論[5]：

一、價值極大化動機理論

（一）壟斷力假說：同一產業內的廠商（水平結合），可使產業集中度提高，而較高的市場集中度有助於產業內各廠商達成勾結協議（collusive agreement），使產業壟斷力增加，進而獲得壟斷利益。

（二）綜效假說：所謂「綜效」（synergy）是指廠商結合後的預期現金流量超過個別廠商結合前之現金流量總合。綜效之利益來自於生產及組織效率之提高，進而降低成本。最重要者為規模經濟及交易成本經濟的實現。

（三）財務動機假說：又稱節稅動機與風險減少動機，前者是指公司合併後，可使營業虧損之公司與獲利公司盈虧互抵而節省公司營業稅；後者則依古典資產理論所得之結論，即廠商透過合併，可以投資許多相關性較低產業，達到風險分散，減少廠商盈餘的變異（variance of earning），使其他產業不至於因某一產業或市場之營業虧損，而產生骨牌效應受到波及，從而資本市場在折現廠商未來盈餘時，會認為併購後之廠商營業風險較小，使廠商在併購後價值大於併購前個別廠商價值的總和。

二、懲戒式接管假說

當併購廠商知悉目標廠商管理階層效率不佳，而目標廠商不知該消息時，藉由懲戒式接管取得經營權並引進改革措施，來獲取併購標的價

---

[5]　參閱王文宇，企業併購法總論，月旦法學雜誌，第83期，2002年4月，第70-71頁。

值被低估之差價。

三、代理理論

（一）成長極大假說：又稱規模極大假說，公司併購乃符合經營階層追求公司成長及擴大營業規模之目標，並非僅追求價值極大化，而是追求銷售極大化。

（二）經理人個人風險分散假說：股東能透過市場投資組合來分散所有非系統風險，但就經理人而言，報酬為利潤共用計畫（profit-sharing schemes）、紅利（bonuses）或選擇權（options）等，因報酬風險與廠商風險緊密相關，故經理人藉由多角化之併購策略，來穩定廠商盈餘，減少績效變異與破產風險，以降低本身之就業和報酬風險。

第三項　企業併購之5W1H

一、併購之目的（Why）：當公司之發展擴張到一定程度時，得藉由水平拓展、垂直整合或是策略聯盟之方式，不論是取得關鍵技術、品牌、客戶或者是擴張通路，皆可以為公司注入新的活水，重新活絡公司體系。

二、併購之對象及相關人員（Who）：公司在研究併購對象時，依照其併購目的，慎選適當對象。

三、併購對象及標的之所在（Where）：若併購對象為同國之公司，則無法規適用不同之問題；但若對象為外國公司或是該對象有相關產業在國外，即要確認相關法令動產與不動產得否移轉、公司相關契約之履行以及國家稅捐及國家政策之走向。

四、併購流程之時點（When）：併購是一個動態流程，須在每個時點謹慎處理及依約行事，有可能因為一個消息走漏或者是公司內外之

阻礙下，導致併購之破局。

　　五、併購之標的及對價（What）：併購之標的主要可以分爲購買股權或者是資產，而重要的就是公司要用甚麼代價來購入其標的。

　　六、併購方式（How）：公司應考量如何在減少障礙、減少耗時、降低稅賦及符合其需要之方式下達其所需。主要之併購方式爲合併、分割及收購。

第四項　企業併購之影響

　　我國於企業併購法訂立後，對於企業併購部分更加注重，並爲此修訂了相關配套之法律，如金融機構合併法、金融控股公司法、公平交易法及大量解僱勞工法等法令。企業併購法主要爲公司之人的組織，提供企業完備之法制與具彈性及多元之管道，供其調整經營戰略及組織策略。

　　併購之影響在於使公司組織不論人之組織或物之組織皆發生重大變化，也因併購之概括承受，對公司股東、債權人及員工等利害關係人之權益將造成重大影響。

第二節　企業併購之法制

第一項　企業併購法之立法

一、立法原則

（一）以單獨立法方式，建立企業併購之基礎法制

　　鑑於企業併購時，涉及公司法、證券交易法、公平交易法、促進產

業升級條例及勞動基準法等相關法令，如分別修法將無法一次全面性解決企業於進行併購時所面臨之問題。爰以單獨立法之方式，整體配套修正企業併購之相關法令，以避免各主管機關曠日廢時的一一修訂相關法令，及各主管機關間可能協調不易與立法院完成時程不一之困擾。

（二）簡化程序，便利企業併購

本法特就公司法等規定涉及併購之程序予以簡化，以提供更有效率之企業併購機制。於第19條明文引進「簡易合併」之制度，如公司擬合併其持有90%以上已發行股份之子公司時，得經各公司董事會以三分之二以上董事出席及出席董事過半數之決議行之，不需另行召開股東會，以節省公司之勞費。另依本法第27條之規定，公司為概括承受或概括讓與時，就債權讓與得以「公告」之方式取代民法第297條第1項之「通知」，或於債務承擔時得免除民法第301條有關「經債權人承認」之程序，以省勞費而得以便利企業進行概括承受或概括讓與。

（三）提供多元之併購方式，排除現行法令障礙

本法就各種多元之併購方式排除現行法令之障礙，俾企業可以彈性選擇成本最低、程序最適合之併購態樣，諸如法定合併（含簡易合併及非對稱式合併）、概括讓與及概括承受、股份轉換及公司分割。此外，如降低公司合併或解散之股東會決議門檻、放寬允許公司股份買回之情形及條件等，皆係排除現行相關法令對公司進行併購所不必要之限制。

（四）提供靈活之勞動法制

人力資源亦為企業進行併購時之重要評估因素，對於因併購而牽動勞工轉任或新聘，他國立法例多有相當嚴謹但靈活之機制，以兼顧雇主與勞工之權益。爰以保障勞工權益及降低公司成本之原則，提供公司進行併購時，得適用較具靈活且彈性之勞動法制。例如明文規定因合併而

消滅公司之勞工退休準備金，得於支付勞工退休金及資遣費後移轉至合併後新設公司或存續公司之勞工退休準備金專戶；至於職工福利金之提撥，則肯認新設公司於股份轉換之資本額度內，得免依職工福利金條例之規定再行提撥。另明文規定併購後之存續公司、新設公司或受讓公司應事先通知留用勞工，該員工若未於十日內表示異議者，則視為同意留用，以保障員工權益。

（五）提供適當租稅措施，鼓勵企業進行併購

對於因併購而形成高度持股之集團公司，依外國法制可以透過連接稅制，由母公司申報集團營利事業所得稅，以減低稅負，並撙節雙方行政成本。爰參考《金融控股公司法》之規定，就公司併購及其持股90%以上之公司亦採納此制。另對於合併、分割及一定類型之收購亦提供適當租稅措施，避免過去稅法多將併購行為視為一般交易買賣行為而加以課稅，進而影響企業進行併購意願。例如公司進行併購於一定條件下，得免徵或緩課印花稅、契稅、證券交易稅及營利事業所得稅或營業稅等，並得准予記存土地增值稅。至於商譽及併購費用得於併購後一定年限內平均攤銷等。此外，為避免公司以併購方式不當規避繳納相關稅捐之義務，亦配合擬具相關因應措施。

二、規定要點[6]

《企業併購法》共有「總則章」、「合併、收購及分割章」、「租稅措施章」、「金融措施章」、「公司重整之組織再造章」及「附則章」等六章，計50條，其要點如次：

（一）揭諸本法之立法目的、本法與其他法律之適用順序與主管機

---

[6] 參閱立法院公報第91卷第10期院會紀錄。

關及本法名詞定義。（第1條至第4條）

　　（二）董事為併購決議之行為責任、公司為併購決議前應委請獨立專家提供意見及併購後一人公司之承認。（第5條至第7條）

　　（三）公司發行新股全數用於一定類型之併購行為，得不進行員工及原有股東優先承購或分認等程序，而不受公司法第267條第1項至第3項及證券交易法第28條之1限制。另公司因進行併購而發行新股時，除以現金外。得以公司事業所需之財產作價出資，不受公司法第272條規定之限制；並允許重整中公司之債權人得以債作股。（第8條及第9條）

　　（四）公司進行併購時，股東得以書面契約約定表決權行使之方式及成立表決權信託，並得以公司章程、股東間書面契約或公司與股東間之書面契約合理限制股票之轉讓，且持異議之股東請求公司收買其股份與公司應為之股份註銷及買回股份之處理，均有明確規範。此外，公司於併購時，董事會有不能行使職權之虞，得由股東會同意選任臨時管理人代行職權。（第10條至第14條）

　　（五）合併前之公司所提撥之退休準備金餘額，應一併移轉至合併後公司之退休準備金專戶，並規定公司進行收購、分割而移轉全部或部分營業或資產者，倘有部分或全部員工一併移轉時，亦應比照公司合併之方式，由讓與公司或被分割公司將其隨同該營業或資產一併移轉之勞工所提撥之退休準備金，按比例移轉至受讓公司之勞工退休準備金監督委員會專戶。另就公司併購時勞工之留用與資遣，賦予進行併購之新舊雇主商定留用勞工之權限，並應於併購基準日三十日前，以書面通知商定受留用員工及勞動條件，該員工亦應於十日內表明是否留任；留用勞工於併購前於消滅公司、讓與公司或被分割公司之工作年資，併購後之存續公司、新設公司或受讓公司應予以承認。（第15條至第17條）

　　（六）降低公司合併或解散之股東會決議門檻、創設「非對稱式合

併」、「簡易合併」等合併模式。參與合併之公司以股份有限公司或有限公司爲原則，其存續或新設公司以股份有限公司爲限，其與外國公司合併亦有相當之限制。另配合規定合併契約之應載內容、適當之債權人保護機制、合併效力及簡化財產變更登記或合併登記之程序與公司進行合併事項報告之時間。（第18條至第26條）

（七）公司以概括承受、概括讓與或依公司法第185條第1項第2款或第3款等方式爲收購者，得以公告爲債權讓與之通知；承擔債務時免經債權人之承認。另就子公司收購母公司之全部或主要部分營業，列明不適用《公司法》等相關規定之條件。（第27條及第28條）

（八）創設股份轉換制度，允許公司以股東會特別決議方式，將全部已發行之股份作爲繳足原公司股東承購預定成爲控股公司之他公司發行新股或發起設立股款之行爲，公司董事會應作成轉換契約及轉換決議；至於公司轉換後其未分配盈餘於轉換公司後列爲公司資本公積之分派、特別股股東權利及職工福利金等，則不適用「公司法」及「職工福利金條例」等相關規範。另上市（櫃）公司與他既存或新設公司進行股份轉換者，其已上市（櫃）之股份於完成股份轉換及上市（櫃）之相關程序後終止上市（櫃），並由符合上市（櫃）相關規定之他公司上市（櫃）。（第29條至第31條）

（九）公司分割計畫之決議須以股東會特別決議爲之，分割後之既存公司或新設公司型態限定爲股份有限公司，並於二年期間內就分割前公司之債務負連帶清償責任，且該分割後之既存或新設公司符合公司分割及上市（櫃）相關規定，其已上市（櫃）之股份於完成公司分割及上市（櫃）之相關程序後，得繼續上市（櫃）或開始上市（櫃）。另條列分割計畫書所應記載之內容及程序。（第32條及第33條）

（十）依本法進行合併、分割及符合一定要件之收購者，得免徵或緩課相關之印花稅、契稅、證券交易稅及營利事業所得稅等相關稅捐，

土地增值稅記存並優先受償，其因而移轉貨物或勞務非屬營業稅課稅範圍，因併購而產生之商譽及併購費用得於一定年限內平均攤銷。明確建立租稅獎勵之繼受，併購前虧損之扣除，公司對於因併購而持有其子公司之股份已達發行股份總數90%者得以所得稅連結申報方式爲之；明定公司與外國公司間之併購就其在中華民國境內有關之租稅措施，並就防杜不當規避納稅義務予以規範。（第34條至第42條）

（十一）企業的合併、收購、分割能帶企業的快速成長與整合，若只有租稅優惠恐尚有不足，尤其在經濟不景氣、百業蕭條之際，更有賴金融資金之挹注，本法之制定目的才得以落實。故在原草案之租稅措施外再增列金融措施專章，以期達到本法預期之效果。（第44條至第46條）

（十二）公司重整之組織再造。（第47條及第48條）

（十三）附則及本法施行日期。（第49條及第50條）

第二項　企業併購法之修正

一、第一次修正

（一）修正目的

企業併購法自民國91年2月6日公布施行後，企業利用合併、收購或分割方式進行產業調整與企業轉型之案例與日俱增。爲因應我國加入世界貿易組織，有關企業併購法制之完備及明確，勢所必需，並就有礙於企業進行併購之規定予以鬆綁，以強化我國企業之國際競爭力及提升經營效率，《企業併購法》部分條文修正案，於93年5月5日經總統公布修正第6條、第8條、第11條至第15條、第17條至第19條、第22條、第23條、第25條、第27條、第29條、第32條至第34條、第39條、第40

條及第42條。

（二）修正要點[7]

1. 公司發行新股全數用於收購他公司之營業或財產時，得排除公司法及證券交易法有關員工及原有股東優先承購權之適用，爰予增訂。（修正條文第8條）

2. 增訂公司與其持有90%以上資本總額之子公司合併時，得以董事會特別決議行之，以簡化合併程序。（修正條文第19條）

3. 公開發行公司概括承受或概括讓與營業或財產，參照公司法之立法體例，放寬其股東會決議之方式。（修正條文第27條）

4. 增訂分割後受讓營業之既存或新設公司所發行之新股，可部分由被分割公司、部分由被分割公司之股東取得。（修正條文第33條）

5. 母、子公司選擇合併申報營利事業所得稅者，其合於規定之各本國子公司，應全部納入合併申報，且不得任意變更申報方式，爰予增訂。（修正條文第40條）

二、第二次修正

我國企業併購法（以下簡稱本法）自91年2月6日公布施行，對於活絡國內企業併購活動、促進組織調整及加速企業轉型，已發生極大助益，並為國內企業進行產業調整、組織重組時之重要依據。本法曾於93年5月5日修正，距今接近十年，此間國內經濟環境變化快速，現行規範已有不足或不合時宜之處；此外，近年於我國發生之併購行為，其類型與態樣日趨多元，各界關於增加併購型態彈性與保障股東權益之呼聲所在多有；再者，我國與企業併購法具關聯性之公司法制亦有若干新

---

[7]　參閱經濟部92年8月1日修正草案總說明。

發展。爰依簡化併購程序、增加併購彈性、併購對價選擇多元化及保障投資人等修法方向，擬具《企業併購法》修正草案，於104年7月8日經總統公布其要點如下：

（一）簡化併購程序，增加併購彈性與效率

1. 增訂得不經股東會決議之簡式併購程序：

    (1) 增訂「兄弟公司間之簡易合併」類型，公司分別持有90%以上已發行有表決權股份之子公司間合併，得以各子公司董事會三分之二以上董事出席及出席董事過半數決議行之[8]。（修正條文第19條）

    (2) 增訂「非對稱式股份轉換」類型，公司進行股份轉換時，若受讓股份之既存公司支付對價發行之新股總數，未超過該公司已發行有表決權股份總數的20%，且支付之現金或其他財產價值總額未超過該公司淨值2%者，得免經受讓股份之既存公司股東會決議，以增進企業進行併購之效率。（修正條文第29條）

    (3) 增訂「母子公司間之簡易股份轉換」類型，公司持有子公司90%以上已發行有表決權股份，其股份轉換契約得經母公司及子公司之董事會以三分之二以上董事出席及出席董事過半數之決議行之。（修正條文第30條）

    (4) 增訂「非對稱式分割」類型，被分割公司讓與既存或新設公司之營業價值，未超過被分割公司淨值之2%，且由被分割公司取得全部對價者，經被分割公司董事會以三分之二以上董

---

[8] 本次修正認為公司分別持有90%以上已發行股份之子公司間合併（即所謂兄弟公司之簡易合併），其利益狀態與母子公司間之簡易合併相同，為加速企業整併以提升競爭力，兄弟公司得以董事會之決議合併，爰於第1項增訂「或公司分別持有百分之九十以上已發行股份之子公司間合併時」。

事出席及出席董事過半數之決議行之；因分割而受讓營業之
既存公司，其發行之新股，未超過已發行有表決權股份總數
之20%，且支付被分割公司之現金或其他財產價值總額未超
過既存公司淨值之2%者，經既存公司董事會以三分之二以
上董事出席及出席董事過半數之決議行之。（修正條文第36
條）

(5) 增訂「母子公司間之簡易分割」類型，公司持有子公司90%
以上已發行有表決權股份，其分割計畫以子公司爲被分割公
司，以母公司爲受讓營業之既存公司，且由被分割公司取得
全部對價者，其分割計畫得經母公司及子公司之董事會以三
分之二以上董事出席及出席董事過半數之決議行之。（修正
條文第37條）

2. 放寬公司股份轉換及分割支付對價之方式，得以股份、現金或
其他財產支付，不再限於以發行新股爲對價。（修正條文第4條）

3. 簡化寄發併購文書之規定，公開發行公司將併購文書公告於證
券主管機關指定之網站公告，且置於本公司備索者，對於股東視爲已通
知，以降低併購成本。（修正條文第7條）

4. 增訂存續公司爲合併而發行新股，或母公司爲子公司與他公司
之合併而發行新股，得不受公司法與證券交易法有關原股東新股優先認
購權及應提撥一定比例對外發行之限制。（修正條文第8條）

5. 增訂公司持有其他參加收購或分割公司之股份，或其本身或所
指定代表人爲其他收購或分割公司之董事時，就併購事項爲股東會決議
時，準用第18條第6項之規定，得行使表決權，俾以便利併購。（修正
條文第27條至第30條及第35條）

（二）健全法制，修正股東、債權人及員工權益之規定

1. 增訂董事於併購交易有自身利害關係時，應向董事會及股東會說明其利害關係之重要內容及贊成或反對之理由。（修正條文第5條）

2. 增訂公開發行股票之公司應設置特別委員會，就併購交易之公平性、合理性進行審議；委員會審議時，應委任獨立專家就併購對價之合理性表示意見，特別委員會並應向董事會及股東會報告審議結果，俾使股東在進行併購決議時獲得充足之資訊。（修正條文第6條）

3. 增訂董事會併購決議內容、合併契約、轉換契約、分割計畫、特別委員會審議結果及獨立專家意見等資料應附於股東會召集通知發送予股東，或於董事會決議後通知股東，俾使股東取得充分完整資訊，以利作成決定。（修正條文第7條、第19條、第22條、第30條、第31條、第37條及第38條）

4. 增訂異議股東行使股份收買請求權時，公司應就其所認定之公平價格先支付價款予股東，並應由公司以全體未達協議之股東為相對人向法院聲請裁定買回股份之價格，減省異議股東行使收買請求權之程序及成本、俾以改善現行股份收買請求權行使過程冗長、股東交易成本過高及法院裁定價格歧異等缺失。（修正條文第12條）

5. 明定消滅公司提撥之勞工退休準備金應全數移轉至合併後存續或新設公司；配合94年7月1日施行之勞工退休金條例，規定公司依企業併購法收購財產或分割時，如讓與公司或被分割公司適用勞動基準法退休金制度之勞工已全數移轉至受讓公司，為保障隨同移轉勞工之退休金權益，其勞工退休準備金專戶餘額無須達暫停提撥之數額，應全數移轉至受讓公司之勞工退休準備金監督委員會專戶。（修正條文第15條）

6. 為提高勞工權益之保障，刪除原條文對於經新舊雇主商定留用

勞工已同意留用，但如因個人因素不願留用，即剝奪勞工資遣費請求權之規定。（修正條文第16條及第17條）

7. 公司進行收購時，該收購程序對於債權人之影響，與公司分割相類似，爰增訂賦予公司債權人取得資訊及提出異議之權利。（修正條文第27條）

（三）檢討租稅措施之規定

1. 增訂公司進行分割以有表決權之股份作為支付併購公司之對價，並達全部對價65%以上者，得免徵印花稅、契稅、證券交易稅等租稅之規定。（修正條文第39條）

2. 配合所得稅法第39條之修正，爰將各參與合併公司於合併前依法尚未扣除之各期虧損，得由合併後存續或新設公司計算虧損繼受扣除之年限規定延長為十年。（修正條文第43條）

3. 本次修正分割之對價已不限於發行新股，分割與收購之對價方式已屬相同，爰增訂分割符合「分割取得有表決權之股份達全部交易對價百分之八十以上」之門檻條件，且應將取得之股份全數轉予股東者，其所產生之所得，免徵營利事業所得稅。（修正條文第44條）

三、第三次修正

我國企業併購法（以下簡稱本法）自91年2月6日公布施行，歷經二次修正後，觀察近年國內企業併購活動，已相當頻繁並逐漸成熟，惟近來各界對於增加併購彈性與保障股東權益之呼聲所在多有；再者，司法院於107年作成釋字第770號解釋，其理由書提及本法現行規定未使股東及時獲取相關資訊等，應檢討修正。爰針對放寬非對稱合併適用範圍、擴大租稅優惠及保障股東權益等修法方向，擬具本法部分條文修正

草案，其要點如下[9]：

（一）保障股東權益

1. 為強化併購資訊揭露，增訂公司應於股東會召集事由中敘明董事利害關係之重要內容及贊成或反對併購決議之理由。（修正條文第5條）

2. 對於出席股東會並投票反對併購之股東，亦需有退場機制以保障其股份財產權，爰增訂投票反對併購之股東亦可行使股份收買請求權。（修正條文第12條）

（二）放寬非對稱併購適用範圍

為增加併購之彈性及效率，公司併購時，如以淨值為計算基準，放寬併購公司所支付之對價總額未超過其淨值之20%，亦適用非對稱式併購，僅須由董事會決議，以加速併購程序。（修正條文第18條、第29條、第36條）

（三）擴大租稅措施

1. 鑑於公司為強化其競爭力、拓展市場，取得無形資產常為進行併購之重要因素，爰明定其取得之無形資產，得按實際取得成本於一定年限內平均攤銷。（修正條文第40條之1）

2. 為促進友善併購新創公司環境，明定被併購新創公司之個人股東所取得之股份對價，依所得稅法規定計算之股利所得，得全數選擇延緩至次年度起之第五年課徵所得稅。（修正條文第44條之1）

---

[9] 參閱經濟部109年10月7日經商字第10902426230號函修正草案總說明；行政院110年12月30日第3784次會議。

第三項　企業併購相關法律

與企業併購相關之法律之立法體例，現大多朝單獨立法、簡化程序、排除障礙、減免稅捐及活化勞動法規之立法目的進行。準此，企業併購法第2條第1項規定，公司之併購，依本法之規定；本法未規定者，依公司法、證券交易法、公平交易法、勞動基準法、外國人投資條例及其他法律之規定。同條第2項規定，金融機構之併購，依金融機構合併法及金融控股公司法之規定；該二法未規定者，依本法之規定。其體系可參閱圖1-1。

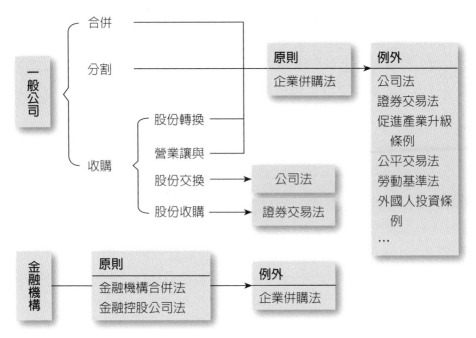

圖 1-1　企業併購相關之法律體系

第三節 企業併購董事之法定義務及責任

第一項 應為公司之最大利益行之（企併法§5Ⅰ前段）

依照104年7月8日修正企業併購法第5條第1項：「公司進行併購時，董事會應為公司之最大利益行之，並應以善良管理人之注意，處理併購事宜。」104年7月8日修法前之條文為董事會應為全體股東最大利益行之，當時之立法目的為股份有限公司之董事係由股東會選出，董事執行業務自應以全體股東之最大利益為之，故第1項明定董事於進行併購決議時，應以全體股東最大利益行之，不得為董事本人之利益或公司之大股東或指派其擔任董事之法人股東等其他人之利益作為決議併購行為之考量，且董事受公司有償委任，執行公司業務，參照民法第535條及公司法第23條之規定，應以善良管理人之注意處理公司併購事宜。高等法院[10]亦認為依照當時企業併購法第5條之立法理由及公司經營運作，須平衡不同利害關係人之利益衝突，因此董事會關於企業併購之決議時，除應盡善良管理人注意義務外，其忠實義務應以全體股東之最大利益為考量。

學者認為董事會固不得為「董事本人」之利益或「公司之大股東或指派其擔任董事之法人股東等其他人」之利益作為決議併購行為之考量，而傳統理論認為股東為公司所有人，因此「公司的最大利益即為全體股東之最大利益」，但於股東與員工之衝突時，全體股東之最大利益即非為公司之最大利益，蓋若過度注重股東（企業所有者）利益可能會犧牲若干員工利益，進而使其工作士氣低落，降低生產值，最後造成股東利益之減損；反之，過度注重員工利益，同樣會造成股東股利收入之

---

[10] 參閱臺灣高等法院96年度重上字第145號判決。

減少。準此，董事之決策應以追求「公司之最大利益」爲依歸，其中股東之最大利益爲其考量之重要依據，惟其仍須注意其他族群之利益，以創造公司最大之價值[11]。

　　依照德國企業併購暨公開收購法第3條第3項，目標公司董事會作爲時應以目標公司利益爲之。因全體股東之最大利益僅爲公司最大之利益之一環，公司在進行併購時必須做系統性之考量，平衡董事會與其他利害關係團體所認爲之企業利益[12]，故現已修法採取該見解。其修法理由爲，「鑑於公司法第二十三條規定，董事係對『公司』而非『全體股東』負有忠實義務與善良管理人注意義務。按董事處理併購事宜與爲公司執行業務之注意義務並無二致，爰修正第一項文字，以求體例之一貫。」

第二項　應盡善良管理人之注意義務（企併法§5 I後段）

　　依照企業併購法第5條第1項：「公司進行併購時，董事會應爲全體股東之最大利益行之，並應以善良管理人之注意，處理併購事宜。」且依照公司法第8條及第23條之規定，董事爲公司當然之負責人，受公司有償委任，執行公司業務處理公司併購事宜，應依善良管理人注意義務爲之。而善良管理人注意義務於公司法上學說皆認爲係抽象輕過失。而抽象輕過失依實務上[13]之判斷大致爲：「行爲人注意之程度，依一般

---

[11]　參閱前註5，第78頁；劉連煜，企業併購時董事之受任人（受託）義務，月旦法學雜誌，第195期，2011年8月，第234-235頁，亦採相同見解，毋寧謂公司整體之最大利益即爲全體股東之最大利益，董事會關於併購決議時應盡之忠實義務乃以追求公司最大利益爲考量依據。

[12]　參閱陳彥良，企業併購中目標公司之董事責任，臺北大學法學論叢，第89期，2014年3月，第246頁。

[13]　參閱最高法院79年度台上字第1203號判決。

社會上之觀念，認為具有相當知識及經驗之人對於一定事件所能注意者，客觀的決定其標準。」將此標準適用於公司董事，即表示董事應具備相當之知識、經驗與能力；且董事為股東所選任，代為經營管理公司之資產，自應盡社會上一般誠實、勤勉且有相當知識經驗之人於相類似之情境下，所採行之注意程度。若非如此，則可能使董事於公司業務之執行，率爾輕忽為之，造成公司與股東之損害[14]。

第三項　公司董事應向董事會及股東會說明自身利害關係之重要內容及決議之理由（企併法§5Ⅲ）

　　104年7月8日增訂企業併購法第5條第3項：「公司進行併購時，公司董事就併購交易有自身利害關係時，應向董事會及股東會說明其自身利害關係之重要內容及贊成或反對併購決議之理由。」立法理由為按公司董事在具有自身利害關係下所為之併購決議，雖未必有害於股東權益，但難免有公平性與合理性上之質疑。為健全公司治理，促使董事之行為更透明化以保護投資人之權益，爰參考美國德拉瓦州一般公司法第114條之規定，要求具有自身利害關係之董事，應向董事會及股東會說明利害關係之重要內容；為避免董事可能透過併購案圖謀自己利益，或僅考量到併購公司之利益而危害目標公司之利益，藉由說明義務說明其同意與反對併購決議之理由，預先告知股東與其他利害關係人，供投資人謹慎評估投資之時機，俾保障股東權益。

　　依照公司法第178條：「股東對於會議之事項，有自身利害關係致有害於公司利益之虞時，不得加入表決，並不得代理他股東行使其表決權。」第206條第3項於董事會準用之。當公司股東或董事，因「自身

---

[14]　參閱陳俊仁，董事之積極作為義務──論我國公司法第193條之缺失，成大法學，第13期，2007年6月，第93頁。

利害關係」及「致有害於公司利益之虞」條件皆構成時，不得參與該次表決。雖說有自身利害關係不一定即有害於公司利益，但在發生多次糾紛[15]後，參照外國立法例及股東及其他董事「知的權利」下，訂立不論目標或收購公司董事應就自身利害關係向董事會及股東會說明，在符合說明之要件下，即可排除公司法不得加入表決，並不得代理他股東行使其表決權之規定適用而參與表決，此次修法不但保留舊法時代合併類型股東或董事毋庸利益迴避（企併法§18Ⅵ），更擴及到收購（企併法§27Ⅶ）、股份轉換（企併法§29Ⅶ）以及分割（企併法§35Ⅺ），故本條之增訂更有其意義。

第四項　股東會召集通知應敘明公司董事利害關係之重要內容及決議之理由（企併法§5Ⅳ）

109年10月7日經濟部預告企業併購法修正草案增訂第5條第4項略以，依前項進行併購事宜時，公司董事就併購交易有自身利害關係時，應於股東會召集事由中敘明董事利害關係之重要內容及贊成或反對併購決議之理由，其內容亦得公告於證券主管機關或公司指定之網站，但仍應將其網址載明於通知。立法理由為按司法院大法官第770號解釋之理由書意旨，應於股東會開會通知時揭露充分資訊，使股東於開會之一定合理期間前，及時獲取相關資訊，於開會前給予其足夠時間判斷並行使表決權，俾符前揭司法院解釋意旨及落實保障股東權益。又除本條規定外，第6條、第7條、第19條第2項、第22條第3項、第30條第2項、第31條第7項、第37條第3項、第38條第2項亦明定使股東獲得充足資訊與相

---

[15] 參閱後文台新金併購彰銀一案；臺灣高等法院臺中分院89年度上更（一）字第52號判決，台昇民主視聽股份有限公司合併案；最高法院101年度台上字第1093號判決，中華開發併購金鼎證券一案；臺灣臺北地院104年度訴字第786號判決，雷亞遊戲與光州公司合併案等。

關審議結果及意見之機制，以確保資訊透明。本項修正草案亦於110年12月30日行政院第3784次會議通過，並提請立法院審議。

相同地，於公開收購案件亦有相同規定，如目標公司董事對公開收購存在利害關係，依證交法第43條之1授權頒布之「公開收購公開發行公司有價證券管理辦法」（下稱公開收購辦法）第14條之1規定，目標公司於接獲公開收購人依規定申報及公告之公開收購相關書件後，應即設置審議委員會。審議委員會就本次公開收購相關背景情形進行查證、審議，就上開查核內容及包含委託專家出具意見書均須完整揭露公告。審議委員會同意或反對之明確意見及其所持理由提報董事會，並應於十五日內公告審議結果，以期股東得及時獲取充分資訊，可理性判斷行使表決權。

值得一提的是，本規定修正草案預告前即有實務判決採取相同看法，認為公司進行併購程序時，應認公司應於發送合併承認決議股東會開會通知時，併同寄發揭露前開與存續公司因合併對於消滅公司股東換發現金與配發方法有關事項之合併契約書予股東，且應於相當時日前使未贊同合併之股東及時獲取合併對公司利弊影響之重要內容、有關有利害關係股東及董事之自身利害關係之重要內容、贊成或反對併購決議之理由、收購價格計算所憑之依據等完整資訊，使股東得以判斷是否參與股東會及贊否合併及確保遭現金逐出之股份對價公平性，其召集始符合正當程序之要求，否則即應認有召集程序之違法[16]。基於以上理由，如因未及時向股東為前開併購相關資訊之揭露，依公司法第189條之1規定，系爭股東會之召集程序違法而應予撤銷。

---

[16] 光舟公司現金合併雷亞公司案（最高法院107年度台上字第1834號民事判決、臺灣高等法院108年度上更一字第49號民事判決）。有關雷亞案法院判決評析請參閱周振鋒，自雷亞案歷審判決析論我國法制下現金逐出合併規範之缺失，全國律師，第25卷第5期，2021年。

　　綜上觀察，無論本規定幾經相關行政機關酌修條文內容，我國現行企業併購法應加強股東權益保障是肯定的，對於本項規定修正方向，我國實務與學界見解多認為有二：一、股東會議決前應使股東有充分資訊獲知權；二、股東會議決前應予股東有理性思考判斷之合理期間。透過本次修法期能改善少數股東資訊取得困難的惡境。

第五項　決議併購前，應設置特別委員會，就本次併購計畫與交易之公平性、合理性進行審議
（企併法§6）

一、104年7月修法前

　　依104年7月修法前企業併購法第6條：「公開發行股票之公司於召開董事會決議併購事項前，應委請獨立專家就換股比例或配發股東之現金或其他財產之合理性表示意見，並分別提報董事會及股東會。但本法規定無須召開股東會決議併購事項者，得不提報股東會（第1項）。於公司分割案件時，前項委請獨立專家表示意見之內容，為分割後受讓營業或財產之既存或新設公司發行新股之價格及所受讓營業或財產價值之合理性（第2項）。」此舉為保障股東權益並藉助獨立專家之意見及判斷，來補足董事會之不足[17]。

（一）要件

　　1. 應發表之主體：公開發行公司

　　2. 獨立專家：係指併購雙方以外不具利害關係之會計師、律師或證券承銷商[18]。

---

[17]　參閱經濟部93年5月5日經商字第09300553740號函。

[18]　參閱93年8月16日證期一字第0930130304號函。

3. 委請時點：召開董事會決議併購事項前。

4. 該獨立專家意見應分別提交董事會及股東會：於例外情形得不提報股東會，如企業併購法中規定無須召開股東會之情形（企併法§18Ⅵ之非對稱式合併及§19簡易合併等），但有得不提報股東會之情形時，金管會證期局認為得毋庸委請專家表示意見。

5. 意見之內容：依照企業併購法第6條於併購時應就換股比例或配發股東之現金或其他財產之合理性，而於分割案件時，就分割後受讓營業或財產之既存或新設公司發行新股之價格及所受讓營業或財產價值之合理性。而若交易涉及不動產、有價證券或其他無形有形資產之取得或處分，則依公開發行公司取得或處分資產處理準則相關規定辦理。依照聯合國公司治理資訊揭露最佳實務原則[19]，原則上須提出投資人身分、交易內容、和交易後股東控制權之變化，而現在增加須揭露反併購（敵意併購防禦措施）之方式、公司員工離開的補償政策，即高階管理人員之黃金降落傘[20]契約內容。

（二）對於獨立專家意見之提出是否符合忠實義務之實現實務及學說見解

依照高等法院見解[21]，企業併購法第6條第1項規定，乃課以董事會於併購決策前向獨立專家之諮詢義務，以彌補董事本身專業性之不足，目的在使董事會能於重大決策前，就合併事項得獲悉充分之資訊，以提升決策之品質，並降低錯誤判斷之可能性。所謂獨立專家，依公開發行公司取得或處分資產處理準則第22條之規定，係指會計師、律師或證

---

[19] 其內容為：「...In the interest of protecting minority shareholders, the principle of equality of disclosure should be practiced, such that all shareholders receive information equally...」

[20] 黃金降落傘條款為標的公司與其董事間所訂定之退職金契約，其目的乃在增加併購者的財務負擔。若是併購者將現任之董事解任、削弱其地位及權限或減少其報酬，則必須給付巨額補償金。

[21] 參閱前註10。

券承銷商等相關專業人員。又依金融機構合併法第16條第6款之規定，擬合併之金融機構向主管機關申請許可時，並應附具會計師對合併換股比率之意見書。準此，董事會於決議換股比例等併購事項前應諮詢獨立專家之意見，乃其應盡之善良管理人注意義務。

　　但學者[22]認為董事會委請財務顧問評估併購對價等併購重要事宜，僅為盡其注意義務之一部分，並非注意義務之全部，故公司董事為併購決策時，仍應澈底盡善良管理人注意義務，否則可能有法律責任之產生，本文亦同此見解。

二、104年7月修法後

　　依照新修正之企業併購法第6條：「公開發行股票之公司於召開董事會決議併購事項前，應設置特別委員會，就本次併購計畫與交易之公平性、合理性進行審議，並將審議結果提報董事會及股東會。但本法規定無須召開股東會決議併購事項者，得不提報股東會（第1項）。前項規定，於公司依證券交易法設有審計委員會者，由審計委員會行之；其辦理本條之審議事項，依證券交易法有關審計委員會決議事項之規定辦理（第2項）。特別委員會或審計委員會進行審議時，應委請獨立專家協助就換股比例或配發股東之現金或其他財產之合理性提供意見（第3項）。特別委員會之組成、資格、審議方法與獨立專家之資格條件、獨立性之認定、選任方式及其他相關事項之辦法，由證券主管機關定之（第4項）。」

　　修正理由：

　　「一、修正第一項，情形如下：（一）按公司併購行為涉及公司之法人格消滅、經營權變動、組織重大改變及重要資產交易，影響股

22　參閱劉連煜，同前註11，第238頁。

東權益甚鉅，而公開發行公司股東由於人數眾多，影響層面更廣，為使股東在進行併購決議時獲得充足之資訊與相關評估建議，爰參考美國德拉瓦州最高法院Weinberger v. UOP（Del. 1983）、Kahn v. Lynch Communication System, Inc.（Del. 1994）等案例法之精神、香港證券及期貨事務監察委員會『公司收購合併及股份購回守則』第2.1條及公開收購公開發行公司有價證券管理辦法第14條之1規定，要求公開發行股票之公司於召開董事會決議併購事項前，應組成特別委員會，以經營者之經驗與角度，為股東就本次併購交易之整體公平性、合理性進行審議，並提報於董事會及股東會。（二）本法此次修正，增訂多種簡式併購之類型，包括非對稱式合併（第18條第7項）、兄弟公司間之簡易合併（第19條）、非對稱式股份轉換（第29條第6項）、母子公司間之簡易股份轉換（第30條）、非對稱式分割（第36條）及母子公司間之簡易分割（第37條）等無須經股東會決議之簡式併購類型，特別委員會或審計委員會就審議結果於上述情形，得不提報股東會。

　　二、證券交易法第14條之5已規定依該法設置審計委員會之公開發行股票之公司，就有關涉及董事自身利害關係之事項或與公司之重大資產交易事項應經審計委員會同意，並提報董事會決議，已能涵蓋本法所定特別委員會之功能，爰新增第2項，定明公司依證券交易法設有審計委員會者，應由審計委員會就併購計畫與交易之公平性、合理性進行審議。

　　三、按本次修正擴大了併購對價之彈性及增加多種併購類型，從而特別委員會或審計委員會就關於換股比例或配發股東之相關資產交換之合理性評估資訊，自不應限於分割交易及其資產交換內容，爰修正原條文第2項，並移列為第3項。

　　四、新增第4項。特別委員會之組成、資格、審議方法與獨立專家之資格條件、獨立性之認定、選任方式等事項尚難於本法一一明定，爰

規定由證券主管機關以辦法定之。併購案件力求各項併購條件之公平性，以確保資訊透明及價格合理，故應組成具有客觀性之委員會審議，就併購合理性、價格決定及商業條件進行客觀評估。至於違反本條規定，自應依民法及公司法相關規定處理，併予敘明。」

依照德拉瓦州一般公司法第141條C項規定，可將公司董事會權限授與不具利害關係之董事所組成的委員會決定之。這樣的委員會通稱為特別委員會（special committees），在美國這種委員會約分三種，第一種為特別磋商委員會（special negotiating committee）負責處理合併、收購或其他可能使公司結構改變之交易；第二種為法令遵行委員會（qualified legal compliance committee），依沙賓法案規定所組成；第三種為特別訴訟委員會（special litigation committee）處理股東代位訴訟。

而這次修法所引進為第一種特別委員會，並在該公司設有審計委員會時，由審計委員會代替該特別委員會，但該制度之規劃，其前提為該委員會成員能發揮客觀、獨立與公正之功能，因此是否能達到杜絕弊案之效果，值得後續觀察。

三、公開發行公司併購特別委員會設置及相關事項辦法

（一）本辦法依企業併購法（以下簡稱本法）第6條第4項規定訂定之（特委會辦法§1）。

（二）公開發行公司於召開董事會決議併購事項前，應依本法及本辦法規定設置併購特別委員會（以下簡稱特別委員會）[23]。

前項規定特別委員會之職權，於公開發行公司依證券交易法設有審

23　金融監督管理委員會104年11月17日金管證發字第1040046153號函，認為母公司將其獨立營運部門分割予其100%持有之子公司或公司簡易合併100%投資之子公司，為同一集團間之組織重整，僅為母公司帳列會計科目間之調整，無損及母公司股東權益，其設置特別委員會似尚無實益，得排除設置特別委員會。

計委員會者，由審計委員會行之；其辦理之審議事項，依證券交易法有關審計委員會決議事項之規定辦理（特委會辦法§2）。

（三）公開發行公司設置特別委員會，應訂定特別委員會組織規程，其內容應至少記載下列事項：

1. 特別委員會之成員組成及人數。

2. 特別委員會之職權事項。

3. 特別委員會之議事規則。

4. 特別委員會行使職權時，公司應提供之資源。

前項組織規程之訂定，應經董事會決議通過；修正時，亦同（特委會辦法§3）。

（四）特別委員會成員之人數不得少於三人，其中一人為召集人，公開發行公司設有獨立董事者，應由獨立董事組成；無獨立董事、獨立董事未符合第2項資格或獨立董事人數不足之部分，由董事會遴選之成員組成。

特別委員會成員之資格，應符合公開發行公司獨立董事設置及應遵循事項辦法第2條及第3條規定，且不得與併購交易相對人為關係人，或有利害關係而足以影響獨立性。

前項及第6條第2項所稱關係人，依證券發行人財務報告編製準則規定認定之（特委會辦法§4）。

（五）特別委員會成員應以善良管理人之注意，忠實履行職責（特委會辦法§5）。

（六）特別委員會進行審議時，應委請獨立專家協助就換股比例或配發股東之現金或其他財產之合理性提供意見。

獨立專家係指會計師、律師或證券承銷商，且不得與併購交易當事人為關係人，或有利害關係而足以影響獨立性。

獨立專家之委任，應由特別委員會全體成員二分之一以上同意行之

（特委會辦法§6）。

（七）特別委員會為決議時，應有全體成員二分之一以上同意，並將審議結果與成員同意或反對之明確意見及反對之理由提報董事會。

特別委員會成員應親自出席特別委員會，不得代理出席，其出席之委員意見應明確表示同意或反對，不得棄權。如以視訊參加會議者，視為親自出席。

特別委員會之議事，應作成議事錄，其議決事項應將成員同意或反對之明確意見及反對之理由列入。

公司應於第1項董事會決議之日起算二日內將董事會之決議及特別委員會之審議結果，於證券主管機關指定之網站辦理公告申報，並載明任何持反對意見之董事及特別委員會成員之姓名及其所持理由（特委會辦法§7）。

（八）特別委員會得請獨立專家、公司相關部門經理人、內部稽核人員、會計師、律師或其他人員列席會議並提供相關必要之資訊（特委會辦法§8）。

（九）所有參與或知悉公司併購計畫之人，應出具書面保密承諾，在訊息公開前，不得將計畫之內容對外洩露，亦不得自行或利用他人名義買賣與併購案相關之所有公司之股票、其他具有股權性質之有價證券及其衍生性商品（特委會辦法§9）。

（十）特別委員會之議事錄，應永久妥善保存，備供查核。

公司應將特別委員會之開會過程全程錄音或錄影存證，並至少保存五年，其保存得以電子方式為之。

前項保存期限未屆滿前，發生關於相關議決事項之訴訟時，相關錄音或錄影存證資料應續予保存至訴訟終結止。

以視訊會議召開特別委員會者，其視訊影音資料為議事錄之一部分，應永久妥善保存（特委會辦法§10）。

第六項　企業併購董事違背法定義務之賠償責任

　　依照企業併購法第5條第2項：「公司董事會違反法令、章程或股東會決議處理併購事宜，致公司受有損害時，參與決議之董事，對公司應負賠償之責。但經表示異議之董事，有紀錄或書面聲明可證者，免其責任。」該規定相似於公司法第193條，即參加決議之董事致公司受有損害時對公司負賠償責任，但經表示異議者，有紀錄或書面聲明可證者，免其責任。

　　但第5條第2項之請求權主體應為公司，在未賦予股東直接訴權下，對於股東因併購決議受有損害時，難謂得以該條向公司董事為求償。當初起草者或可能謂：基於當時立法之急迫而未於本條明示此旨[24]。但在104年修法仍未修正，基於保障股東之權益，建議應予修法加入股東直接訴權。

第四節　企業併購之決議方式、內容及影響

第一項　公司對於公司併購之處理

第一款　公司之決議方式

　　因公司之併購為影響公司股東權益之重大事項，依照我國公司法規定，於第72條無限公司於合併時公司須得全體股東同意；第113條有限公司於合併時準用無限公司；第316條股份有限公司於合併時須經股東會應有代表已發行股份總數三分之二以上股東之出席，以出席股東表決

---

[24] 參閱劉連煜，敵意併購下目標公司董事的受任人（受託）義務，政大法學評論，第125期，2012年2月，第45頁。

權過半數之同意行之。公開發行股票之公司,出席股東之股份總數不足前項定額者,得以有代表已發行股份總數過半數股東之出席,出席股東表決權三分之二以上之同意行之。除非爲控制與從屬公司得經控制公司及從屬公司之董事會以董事三分之二以上出席,及出席董事過半數之決議規定於第316條之2。

　　而企業併購法於第7條第2項規定,公司董事會依第18條第7項（非對稱式合併）、第19條第1項（母子公司或兄弟姊妹公司合併）、第29條第6項（非對稱式合併董監選舉）、第30條第1項（母子公司股份轉換）、第36條第1項（非對稱式分割）及第2項（非對稱式營業讓與）、第37條第1項（母子公司簡易分割）爲併購之決議,免經股東會決議且決議無須通知股東者,應於最近一次股東會就併購事項提出報告。

第二款　公司併購決議之資訊揭露

　　依照104年7月公布之企業併購法第7條第1項,公開發行股票之公司依本法應發送股東之併購文件屬下列之一者,經公司於證券主管機關指定之網站公告同一內容,且備置於公司及股東會會場供股東索閱者,對於股東視爲已發送:

　　一、依第22條第3項、第31條第7項、第38條第2項規定應附於股東會召集通知之合併契約、轉換契約或分割計畫之應記載事項、特別委員會或審計委員會審議結果及獨立專家意見。

　　二、依第19條第2項、第30條第2項或第37條第3項規定於董事會決議後,應附於對股東通知之合併契約、轉換契約或分割計畫之應記載事項、特別委員會或審計委員會審議結果及獨立專家意見。

　　其修正理由爲基於股東知的權利,須提供股東充分之資訊,以利股東做出最有利之決定,該決議不論是否須經過股東會決議,都須公布;

並因近年我國推動公開發行公司股東會電子投票，擴大股東參與投票，而其資訊之知悉，股東可從證券主管機關指定之網站等公開網站查詢相關資料，因此修法為將該部分予以明文規定。

第三款　併購後公開發行之排除及新股認購權

併購後被併購公司可取得金錢對價或者是存續公司或新成立公司之股票，但此舉有可能稀釋原有股東之持股比例或是使併購公司於併購時尚需考慮給與股票之來源；基於此，為避免股份全部不斷膨脹而導致股權稀釋及股權分散之效果、延長發行新股作業程序與時間，以及併購對象無法事先確定認購之股份和比例而增加併購難度，於企業併購法第8條規定排除新股認購權：「公司有下列情形之一者，得不保留發行之新股由員工承購、通知原有股東儘先分認或提撥一定比率對外公開發行，不受公司法第二百六十七條第一項至第三項及證券交易法第二十八條之一規定之限制：

一、存續公司為合併而發行新股，或母公司為子公司與他公司之合併而發行新股。

二、發行新股全數用於被收購。

三、發行新股全數用於收購他公司已發行之股份、營業或財產。

四、因進行股份轉換而發行新股。

五、因受讓分割而發行新股。

公司依前項發行之新股，得以現金或公司事業所需之財產為出資，且不受公司法第二百七十二條規定之限制。」

民國104年7月以前企業併購法對於得不保留員工承購新股，並未提及合併，此次修法已補正該部分，並考慮今日併購型態多元，外國實務上常見由母公司為併購目的先出資設立子公司與他公司合併，但由他

公司發行新股予母公司或母公司發行新股於他公司之原股東，作為合併對價，此時母公司發行新股，亦有排除上揭規定之必要，以增加企業併購方法選擇之彈性。

第四款　發行股份之對價

依照企業併購法第8條第2項，公司得以現金或公司事業所需之財產為出資標的，但未就細部有所規定，而須回歸到公司法觀之，公司法第156條第5項經多次修正後，目前規定股東出資標的除現金外，得以對公司所有之貨幣債權、公司事業所需之財產或技術抵充之；其抵充之數額需經董事會決議。刪除之前規定中較具爭議之商譽及股份，因此即可認定企業併購法第8條第2項之公司事業所需之財產，回歸公司法之規定，即為對公司所有之貨幣債權，或公司所需之技術。

於企業併購法中亦規定排除公司法第272條發行新股規定，讓體質不佳或財務欠佳之公司，亦得以發行新股、收購、股份轉換等方式，透過企業併購多元之方式，達成組織再造或引進新資金，使公司產生新契機。然公司法第272條係規範出資之種類，與第156條第5項規定非現金出資時，其抵充之數額需經董事會決議，係屬二事。公司法於107年8月1日修正時，已刪除「不受第二百七十二條之限制」之文字。

第五款　重整公司於併購時之特別規定

一、以債作股

基於鼓勵重整公司與債權人進行協商，藉由以債作股之方式來降低公司負債之比例，並引進新股東及經營團隊，使公司得以順利進行重整，於企業併購法第9條明定得依照公司法第304條於公司之重整計畫，以債權人對公司之債權繳納債權人承購公司發行股份之股款，僅須

依公司法第305條經關係人會議可決者，重整人應聲請法院裁定認可後執行之，並報主管機關備查即可。但該部分似有重複立法之虞，因於公司法第156條已有規定得由對公司所有之貨幣債權爲出資標的。

二、重整債權順序之排除

依照公司法第296條規定，公司之債權得分爲優先債權、有擔保重整債權及無擔保重整債權，各該債權非依重整程序，均不得行使權利，但仍應依各該債權人分別處理以保護其權利；但重整公司以債作股時，得不受公司法第296條限制，於訂立重整計畫時，各該債權無須區分其種類，均得以該債權作爲對承購公司發行新股之對價，而該部分雖爲著重公司存續之保障，卻忽略各債權人之公平性，且較難辨認區分何者爲併購案何者爲重整案，該部分應待修法予以處理。

第六款　臨時管理人之選任

爲避免公司於進行併購時，公司董事會有不能行使職權之情事，如全體董事因併購於其任期中轉讓股份超過選任時持有股份之二分之一者當然解任，當董事會有不能行使職權之虞，得經代表已發行股份總數三分之二以上股東出席股東會，以出席股東表決權過半數之同意選任臨時管理人，並訂定行使職權之範圍及期限，由臨時管理人於董事會不能行使職權時，代行董事長、董事會依公司法規定之職權。而公開發行股票之公司，出席股東之股份總數不足前項定額者，得以有代表已發行股份總數過半數股東之出席，出席股東表決權三分之二以上之同意行之。且臨時管理人之委任，應於就任後十五日內向公司登記主管機關辦理登記；其解任，應併同改選董事、監察人後十五日內爲之。與公司法第208條之1規定不同的是公司法是由法院因利害關係人或檢察官之聲請。

　　另母公司與持股百分之百之子公司進行合併換股，而子公司為存續公司者，子公司董事有不能行使職權之虞，亦得經股東會特別決議同意選任臨時管理人，代行董事會之職權[25]。

　　在開發金與金鼎證併購案中，雙方因敵意併購互不相讓，曾由臺北地檢署派駐金管會之檢察官依照公司法第208條之1向臺北地院聲請選任金鼎證券（即被併購公司）之臨時管理人，解決當時公司經營權懸而未決之狀況。

第二項　公司併購對於股東之影響

第一款　股東之表決權

　　由於公司進行收購將對公司內部營運結構產生重大影響，因而必須先經過股東會決議同意始得為之。又為確保股東係在資訊充分的情形下為理性之決定，故公司法第172條第5項規定，公司解散、合併、分割或第185條第1項各款之事項，應在召集事由中列舉並說明其主要內容，不得以臨時動議提出。另於企業併購法第31條第7項亦規定，轉換契約或轉換決議應於發送股東會之召集通知時，一併發送各股東。此乃為藉由禁止公司併購事宜以臨時動議之方式提出，使股東得免受突襲之結果，以保障股東於股東會決議前有足夠的時間準備之。關於公開發行公司之部分，企業併購法第6條另設有規定，公開發行股票之公司於召開董事會決議併購事項前，應設置特別委員會，就本次併購計畫與交易之公平性、合理性進行審議，並將審議結果提報董事會及股東會。

　　在資訊充分揭露的情形下，原則上股東應透過股東會特別決議表決公司之收購案，即須由公司以發行股份總數三分之二以上股東出席，以

---

[25]　經濟部102年7月23日經商字第10202069810號函。

出席股東表決權過半數之同意行之。具體而言，公司概括承受或概括讓與時，依企業併購法第27條第1項規定；公司讓與全部或主要部分之營業或財產或者公司受讓他人全部營業或財產，而對公司營運有重大影響時，依公司法第185條第1項規定；公司股份轉換時，依企業併購法第29條第1項規定，均須經股東會特別決議。其中，營業讓與之部分，依公司法第185條第2項之規定，公開發行股票之公司，出席股東之股份總數不足前項定額者，得以有代表以發行股份總數過半數之股東出席，出席股東表決權三分之二以上之同意行之。至於無限公司、有限公司及兩合公司則公司法並無直接規定，管見以為，讓與公司全部或主要部分之營業或財產及受讓他人全部營業或財產，對公司營運有重大影響者，將造成公司組織之重大改變與營業政策之重大變動，根本性影響公司內部架構，故應準用公司法第72條之規定，得全體股東同意行之。

為利於企業併購之進行，簡化企業併購之程序，企業併購法設有許多無須經股東會決議之例外規定，原先僅在簡易併購或非對稱式併購之情形始為例外，現多增設兄弟公司類型合併（§19Ⅱ）、非對稱式股份轉換（§29Ⅱ）等。

第二款　併購時股東持股轉讓及限制

在併購實務上常約定有股份移轉之限制，其目的在於擬達成掌握經營權、考量業務競爭或延攬特定人員為公司服務，故企業併購法有以下之規定：

我國公司法第163條基於股份自由轉讓原則，規定公司股份不得以章程禁止或限制移轉，惟公司發行實務上及基於業務競爭或符合法令之目的，在基於合理目的及公司全體股東最大利益之考量而以契約適當之限制，如證券交易所要求上市櫃公司之董事、監察人及股東於一定期間

強制集保[26]之約定。而在企業併購法第11條第1項規定，六種基於合理目的及公司全體股東最大利益之考量，不論公開發行或非公開發行公司、公司與股東間或者是股東與股東間皆予以限制：

一、股東轉讓持股時，應優先轉讓予公司、其他股東或指定之第三人。

二、公司、股東或指定之第三人得優先承購其他股東所持有股份。

三、股東得請求其他股東一併轉讓所持有股份。

四、股東轉讓股份或將股票設質予特定人應經公司董事會或股東會之同意。

五、股東轉讓股份或設質股票之對象。

六、股東於一定期間內不得將股份轉讓或股票設質予他人。

前三種為股東得積極請求之權利，後三種為積極限制之權利，且因公司章程即為拘束全體股東之集體契約，於企業併購法第11條第2項規定該限制得於非公開發行公司於章程中規定，此為參閱美國模範公司法第6.27條、德拉瓦州公司法第202條及日本會社法第204條，因公開發行公司有實務上窒礙難行之情形，無法限制股東股權之移轉及設質之情形，僅得規定於非公開發行公司之章程始可為之。

企業併購法第11條第3項，參照美國模範公司法第6.27(d)條，列舉了公司股份轉讓或股票設質合理限制事項：一、符合證券交易法、稅法或其他法令規定所為之限制，例如與母公司適用連結稅制之子公司，與母公司書面約定使母公司不得出售持股使其低於90%之持股比例，使公司得以享有連結稅制之優惠；二、為其他因股東身分、公司業務競爭或

---

[26] 強制集保為就申請上櫃日至掛牌日止之期間，發行公司增資發行並完成經濟部變更登記者，其所因此而取得之增資新股，及因其他原因而取得之股票，皆不得予以質押或移轉等處分，全數應一併提交保管。此為參閱櫃檯買賣中心電子報，集中保管制度相關規章之檢討，2006年5月。

整體業務發展限制目的所爲之必要限制，例如員工配發公司之股份得限制員工於一定期間內不得轉讓，或限制公司大股東於一定期間不得將股份出售與本公司爲競爭對手之公司。

企業併購法第11條第4項，參照美國模範公司法第6.27(b)條，公司在進行併購發行新股而有第1項之限制時，應依證券交易法於公開說明書或其他證券管理機關規定應交付投資人之書面文件載明。而同時於同條第5項，明文排除公司法第163條發起人之股份轉讓限制，且參照日本舊商法第204條之3規定公司依第1項第1款或第2款買回股份之數量併同依其他法律買回股份之總數，不得超過該公司已發行股份總數的20%，且其收買股份之總金額，不得逾保留盈餘加已實現之資本公積之金額。

第三款　表決權迴避制度

公司法第178條規定，股東對於股東會之事項，有自身利害關係致有害於公司利益之虞時，不得加入表決，並不得代理他股東行使其表決權。公司進行收購時，股東行使表決權是否應迴避，此一爭議在我國企業併購法中常被討論。鑑於公司之合併係爲促進組織再造，提升公司經營體質，強化公司競爭力，故不至於發生有害於公司利益之情形，且公司持有參與合併公司之股份，爲常見之做法，因此企業併購法第18條第6項規定，公司持有其他參加合併公司之股份，或該公司或其指派代表人當選爲其他參加合併公司之董事者，就其他參與合併公司之合併事項爲決議時，得行使表決權，明文排除公司法第178條股東迴避之適用[27]。企業併購法第18條僅適用於公司合併之情形，先前收購或分割並未設有準用規定，但此次修法亦增列準用於收購（企併法§27Ⅶ）、

---

[27]　參閱企業併購法第10條立法理由。

股份轉換（企併法§29Ⅶ）以及分割（企併法§35Ⅺ）。

第四款　表決權拘束契約及表決權信託契約

　　我國為鼓勵公司或股東間成立策略聯盟或進行併購行為，參考美國主要各州公司法，就表決權行使之部分，於企業併購法第10條明文承認表決權拘束契約（voting agreement）與表決權信託契約（voting trust）[28]。

一、表決權拘束契約

　　係指股東與他股東約定，於一般的或特定的場合，就自己持有股份之表決權，為一定方向之行使所締結之契約而言[29]。表決權拘束契約之

---

[28] 學者批評我國企業併購法在引進表決權拘束契約與表決權信託契約制度時，並未考慮美國及日本法上此一制度目的僅係為維持閉鎖公司之閉鎖性，因此我國法之引入似已曲解該制度之本質。王志誠，企業組織再造彈性化之政策取向與課題，中正法學集刊，第11期，2003年4月，第147-148頁。

[29] 最高法院71年度台上字第4500號判決：「按所謂表決權拘束契約，係指股東與他股東約定，於一般的或特定的場合，就自己持有股份之表決權，為一定方向之行使所締結之契約而言。此項契約乃股東基於支配公司之目的，自忖僅以持有之表決權無濟於事，而以契約結合多數股東之表決權，冀能透過股東會之決議，以達成支配公司所運用之策略。此種表決權拘束契約，是否是法律所准許，在學說上雖有肯定與否認二說。惟選任董事表決權之行使，必須顧及全體股東之利益，如認選任董事之表決權，各股東得於事前訂立表決權拘束契約，則公司易為少數大股東所把持，對於小股東甚不公平，因此，公司法第198條第1項規定：『股東會選任董事時，每一股份有與應選出董事人數相同之選舉權，得集中選舉一人，或分配選舉數人，由所得選票代表選舉權較多者當選為董事』。此種選舉方式，謂之累積選舉法；其立法本旨，係補救舊法時代當選之董事均公司之大股東，只須其持有股份總額過半數之選舉集團，即得以壓倒數使該集團支持之股東全部當選為董事，不僅大股東併吞小股東，抑且引起選舉集團收買股東或其委託書，組成集團，操縱全部董事選舉之流弊而設，並使小股東亦有當選董事之機會。如股東於董事選舉前，得訂立表決權拘束契約，其結果將使該條項之規定形同虛設，並導致選舉董事前有威脅、利誘不法情事之發生，更易使有野心之股東，以不正當手段締結此種契約，達其操縱公司之目的，不特與公司法公平選舉之原意相左且與公序良俗有違自應解為無效。」最高法院94年度台上字第2242號民事判決、最高法院96年度台上字第134號民事判決採取相同見解。

存在，一般係在閉鎖性公司裡，其參與者爲了能積極投入公司之經營，而與其他股東所簽訂之合約，針對表決權行使方向，相互約定遵行之情形。換言之，表決權拘束契約乃股東基於支配公司之目的，自覺僅以自己持有之表決權將無濟於事，而以契約結合多數股東之表決權，冀能透過股東會之決議以達成支配公司所運用之策略，此一手段可利用於作爲確保決議成立所需之必要多數、作爲擔保權設定時的附帶契約、作爲董事會等公司機關安定營運之確保、作爲契約結合之手段等情形。

　　我國實務上對於股東表決權契約之效力採否定見解，最高法院71年度台上字第4500號判決認爲表決權拘束契約違反公序良俗而無效，然公序良俗係在防止私法自治之濫用，因屬概括條款、不確定之法律概念，更常涉及法律規範以外之價值標準，故宜適應社會經濟之需要，與時俱進[30]。因此在企業併購法第10條第1項明文規定，公司進行併購時，股東得以書面契約約定其共同行使股東表決權之方式及相關事宜，回歸股東自治原則及契約自由原則[31]。故股份有限公司於爲併購行爲時，股東得以表決權拘束契約約定其共同行使股東表決權之方式及相關事宜，進而透過股東會之決議以達成支配公司所運用之策略。

　　公司進行併購，其目的之一在於取得公司經營權之控制，持股未過半數之股東間常藉由表決權契約及表決權信託契約，取得股東表決權之方式，以強化參與公司之經營權，且有關股東表決權契約之效力，因有助於股東間成立策略聯盟及穩定公司決策爲美國主要各州公司法所承認，爲鼓勵公司與股東成立策略聯盟及進行併購，並穩定公司政策，基於股東自治原則及契約自由原則[32]，於企業併購法第10條參酌美國模範

---

[30]　參閱劉連煜，表決權拘束契約與表決權信託，月旦法學教室，第23期，2003年11月，第26頁。

[31]　參閱王澤鑑，民法總則，2004年12月，三民書局，第312頁。

[32]　參閱黃偉峯，企業併購法，2007年10月初版，元照出版社，第81-82頁。

公司法第7.31條而爲相關之規定。

　　至於表決權拘束契約非因併購而約定，因無企業併購法適用，應回歸公司法第175條之1規定，原則上我國公司法尙未准許公開發行公司約定表決權拘束契約，於法院實務上亦保持保守態度，大多認爲表決權拘束契約限制股東意思形成自由，且公司法第198條已規定選舉投票制度，如肯認表決權拘束契約有效性，應有違反公司法規定，且股東間得於事前訂立表決權拘束契約，則公司易爲少數大股東所把持，對於小股東甚不公平，更易使有野心之股東，以不正當手段締結此種契約，達其操縱公司之目的，不特與公司法有關股東會或董事會決議規定之原意相左，無益於公司治理及與公序良俗有違，自應解爲無效。

　　惟最高法院106年度台上字第2329號民事判決認爲表決權拘束契約倘締約目的與上開各規定之立法意旨無悖，非以意圖操控公司之不正當手段爲之，且不違背公司治理原則及公序良俗者，尙不得遽認其契約爲無效，至於表決權拘束契約期間是否已逾合理範圍，造成股份與表決權長期分離，對公司治理實屬不利，就此部分是否有違公序良俗，容有值得商榷餘地[33]。

二、表決權信託契約

　　係由公司二個以上之股東，將其對股份之法律上之權利，包括股份之表決權，在一定期間內，以不能撤回之方法，讓與於由此等股東所指定之表決權受託人；由受託人持有此等股份並行使其表決權。簡言之，表決權信託係指閉鎖性公司股東，爲取代表決權拘束契約，而藉由形式

---

[33] 最高法院106年度台上字第2329號民事判決（台新彰銀案）採取肯定見解，認爲股東表決權拘束契約，有助於經營團隊鞏固公司主導權，提高經營效率，併購公司於進行併購過程之準備階段，以書面與被併購公司其他股東成立股東表決權拘束契約，倘無違背公司治理及公序良俗者，應認爲有效，始符法意。

上股份所有權之移轉於受託人，並由受託人依據信託條款之本旨享有股份之表決權。從而，該股東即成為股份之受益所有人，其仍享有股利分派請求權或剩餘財產分派之權利[34]。

表決權信託能確保公司之繼續與穩定、保障債權人貸款之償還而協助公司之重整、防止其他相競爭之公司獲得本公司之控制權與保護少數股東[35]，我國公司法雖未明文承認，然企業併購法為鼓勵併購行為，藉由股東表決權信託，透過受託人行使表決權而有一致之投票行為，擴大公司決策力，助於公司形成穩定決策，故於企業併購法第10條第2項規定，公司進行併購時，股東得將其所持有股票移轉予信託公司或兼營信託業務之金融機構，成立股東表決權信託，並由受託人依書面信託契約之約定行使其股東表決權。該條之立法理由提到，我國現行公司法並無明文承認股東得成立表決權信託，但為鼓勵公司或股東間成立策略聯盟或進行併購行為，藉由書面信託契約之約定成立股東表決權信託，透過表決權受託人行使表決權而有一致之投票行為，擴大影響公司決策力，對於公司形成穩定決策有所助益。再者股東表決權之行使，係屬股東自益權之一種，股東有自行處分之權利，並受憲法第15條財產權之保障，自無不許股東以書面信託契約成立股東表決權信託而共同行使，以強化該等股東參與公司決策之理。

換言之，股份有限公司於為併購行為時，股東得將其所持有股票移轉予信託公司或兼營信託業務之金融機構，成立股東表決權信託。而在美國主要各州公司法均承認股東表決權信託契約，為鼓勵公司及股東間成立策略聯盟或進行併購行為，因此企業併購法在參照美國模範公司法第7.30條，明定公司進行併購時，股東得將其所有股票移轉與信託公司或兼營信託業務之金融機構，成立股東表決權信託，並由受託人依書

34　參閱劉連煜，同前註11，第26頁。

35　參閱楊崇森，論表決權信託，中興法學，第9期，1974年12月，第27-29頁。

面信託契約之約定行使股東表決權。且參閱美國模範公司法第7.30(a)條明定股東非將書面信託契約、股東姓名或名稱、事務所或住（居）所與移轉股東表決權信託之股份總數、總類及數量於股東會五日前送交公司辦理登記者，不得以其成立股東表決權信託對抗公司。至於公司法第175條之1第3項規定，公開發行股票之公司不適用股東表決權信託契約之規定，於公開發行股票之公司股東間就併購決議事項，應優先適用本法第2條第1項規定，得成立股東表決權信託，併予敘明。據此，109年10月7日經濟部預告新增第10條第4項規定，爲俾利公司明確計算表決權，規定公開發行股票公司之股東應於股東常會開會六十日前，或股東臨時會開會三十日前送交公司辦理登記之規定。如未向公司辦理前開登記事項，不得以股東表決權信託對抗公司。本項修正新增規定經行政院110年12月30日通過提請立法院審議。

第五款　股東之反對併購權益及保障

一、反對股東收買請求權

　　股份有限公司進行收購時，對公司之股東權益影響甚鉅，因此，除例外情形僅需經過董事會決議者外，原則上應經過股東會特別決議同意行之。惟股東會決議目前我國係採多數決，故除非全體股東均同意該收購案，否則即有少數股東成爲異議股東。爲保障此等少數股東之基本之投資回收，因此美國法制設計出反對股東股份收買請求權（appraisal right）之機制。

　　我國公司法及企業併購法均引入美國法制，於兩法規中均設有股份收買請求權之機制，藉以落實保護股東權益之目的。所謂「股份收買請求權」，依我國學者之見解，係指當公司股東不同意公司進行某一重要而具有基礎性變更之行爲時，依法給予該股東得請求公司以公平價格購

買其持股之權利[36]。

依企業併購法第12條第1項，於併購案中，異議股東得請求公司按當時公平價格，收買其所持有股份之條件如下：

（一）公司股東對公司依前條規定修改章程記載股份轉讓或股票設質之限制，於股東會集會前或集會中，以書面表示異議，或以口頭表示異議經記錄，並投票反對或放棄表決權者。

（二）公司進行第18條之合併時，存續公司或消滅公司之股東於決議合併之股東會集會前或集會中，以書面表示異議，或以口頭表示異議經記錄，並投票反對或放棄表決權者。但公司依第18條第7項進行合併時，僅消滅公司股東得表示異議。

（三）公司進行第19條之簡易合併時，其子公司股東於決議合併之董事會依第19條第2項公告及通知所定期限內以書面向子公司表示異議者。

（四）公司進行第27條之收購時，公司股東於股東會集會前或集會中，以書面表示異議，或以口頭表示異議經記錄，並投票反對或放棄表決權者。

（五）公司進行第29條之股份轉換時，進行轉換股份之公司股東及受讓股份之既存公司股東於決議股份轉換之股東會集會前或集會中，以書面表示異議，或以口頭表示異議經記錄，並投票反對或放棄表決權者。但公司依第29條第6項規定進行股份轉換時，僅轉換股份公司之股東得表示異議。

（六）公司進行第30條股份轉換時，其子公司股東於決議股份轉

---

[36] 通說認為此項制度為形成權，蓋股東行使股份收買請求權僅須符合特定之法定要件，即得由其單方面之意思，強制公司收買其股份，毋庸公司再為承諾，公司與股東之間即發生成立股份買賣契約之效果，縱使股東對於公司之收買價格有爭議，仍無礙法律關係效力之發生。劉連煜，合併異議股東之股份收買請求權，月旦法學教室，第23期，2004年9月，第26頁。

換之董事會依第30條第2項規定公告及通知所定期限內，以書面向子公司表示異議者。

（七）公司進行第35條之分割時，被分割公司之股東或受讓營業或財產之既存公司之股東於決議分割之股東會集會前或集會中，以書面表示異議，或以口頭表示異議經記錄，並投票反對或放棄表決權者。

（八）公司進行第37條之簡易分割時，其子公司股東，於決議分割之董事會依第37條第3項規定公告及通知所定期限內，以書面向子公司表示異議者。

依上開規定放棄表決權者，其股份數不算入已出席股東之表決權數[37]。又企業併購法為公司法之特別法，修正前除於收購且非概括承受、概括讓與或股份轉換之情形（如重大資產收購）應回歸適用公司法第186條以下關於讓與或受讓營業或財產時異議股東之股份收買請求權之規定，但現在修正後已明確加入非對稱式或母子公司間之簡易股份轉換及其他之情形時，賦予轉換股份公司之異議股東股份收買請求權。又企業併購法第12條規定收買異議股東之股份，致該公司除自身所持股份外，僅存另一法人股東，於未及依合併契約約定將該買回股份轉讓予他股東，或逕行辦理變更登記，或於三年內按市價將其出售前，是否適用公司法第128條之1有關法人股東一人公司之規定一節？按企業併購法第13條第2項規定：「公司依本法規定買回之股份，不得質押；於未出售或註銷前，不得享有股東權利。」倘公司之股份，除自身所持因合併買回屬「不得享有股東權利」之股份外，僅存另一法人股東持有者，該合併存續之公司視同法人股東一人公司，而有公司法第128條之1規定之適用[38]。

---

[37]　行政院110年12月30日第3784次會議通過企業併購法修正草案第12條第2項規定：「前項放棄表決權之股份數，不算入已出席股東之表決權數。」

[38]　經濟部97年5月8日經商字第09702048410號函。

表1-1　異議股東股份收買權之新舊法比較

	舊法	新法
出席股東會表決贊成	X	X
出席股東會表決反對	X	O
放棄＋異議經記錄	O	O

二、反對股東收買請求權之限制

　　為確保股份收買請求程序與聲請公平價格裁定程序之有效進行，參酌公司法第187條第1項及美國模範商業公司法第十三章中異議股東收買請求權規定，增訂股東為股份收買之請求，應於股東會決議日起二十日內以書面提出，同於公司法之規定，並列明請求收買價格及交存股票之憑證。且依現行公司法第187條並無允許請求期間經過後仍得補正之情形，因此若未依規定之期間內，以書面提出請求、列明請求收買價格及交存股票之憑證者，其效果與未請求相同。

　　另外，考量併購成本及為求公平、禁反言等前提下，在本規定修正後，行使收買請求權前提上限制仍需於股東會議表決時投票反對者或會議前或會議中異議並放棄表決權者始得行使請求權。此際要求異議股東仍需出席股東會投票反對，可能徒增其負擔。再者，大多數的投資人、股東並非專業投資人或熟稔法律之人，主管機關未考量到現實情形中，大多投資人仍會先蒐集相關併購資訊及觀察公司履行併購程序進展才會形成明確具體的意向，如此規定嚴格要求股東必須於股東會投反對票或放棄表決權才可行使，但若股東仍處於蒐集資訊階段或於冷靜觀察期未能立即表示意見，恐怕未充足考量股東權益面向。此修正草案預告後亦引來批評[39]，後續修法趨向仍有待觀察。

---

[39]　戴銘昇，2020年台灣「企業併購法」修正草案—修法重點快覽，台灣法學雜誌，第409期，2021年，第7-8頁。

三、公平價格之認定

公開市場之股份：依照非訟事件法第182條第2項[40]，法院得斟酌聲請時當地證券交易實際成交價格核定之。而最高法院71年度台抗字第212號裁定認為：公司法第317條所謂「按當時公平價格，收買其股份」如為上市股票，依非訟事件法第89條第2項規定，法院得斟酌當地證券交易所實際成交價格核定之，而所謂「當時公平價格」，係指股東會決議之日，該股份之市場價格而言。該部分究竟以向法院聲請之時間或者是以股東會決議之日，實務趨勢多參酌最高法院之裁定，公平價格為股東會決議當日其股票在證券交易市場之收盤或股東會決議當日其股票在證券交易市場最高價格及最低價格之平均值。

而現行企業併購法第12條第7項規定，法院提出公正價格時，除依上述判決所示方法外，仍須提出會計師查核簽證公司財務報表及公平價格評估說明書，並按相對人之人數，提出繕本或影本，由法院送達之，以力求公正價格之衡量。

四、買回股份之處理

因為股份收買回來，有可能造成減資之效果、不利債權人及經營者控制股東會之情形發生，故須依照（一）消滅公司自合併後買回股東之股份，應併同消滅公司其他已發行股份，於消滅公司解散時，一併辦理註銷登記；（二）依合併契約、股份轉換契約、分割計畫或其他契約約定轉讓予消滅公司或其他公司股東、逕行辦理變更登記、於買回之日起

---

[40] 非訟事件法第182條：「公司法所定股東聲請法院為收買股份價格之裁定事件，法院為裁定前，應訊問公司負責人及為聲請之股東；必要時，得選任檢查人就公司財務實況，命為鑑定。前項股份，如為上櫃或上市股票，法院得斟酌聲請時當地證券交易實際成交價格核定之。第一項檢查人之報酬，經法院核定後，除有第二十二條之情形外，由為聲請之股東及公司各負擔二分之一。對於收買股份價格事件之裁定，應附理由，抗告中應停止執行。」

三年內，按市價將其出售，屆期未經出售者，視爲公司未發行股份，並辦理變更登記。且當然不得質押；於未出售或註銷前，不得享有股東權利。

第六款　現金逐出合併之反對併購股東資訊權保障

一、現金逐出合併之反對併購股東資訊權保障

　　合併爲企業尋求發展及促進經營效率之正當方式之一，立法者就此，原則上有相當之立法裁量權限，使企業得以在維護未贊同合併股東之權益下，進行自主合併。惟倘企業合併之內容對未贊同合併股東之權益影響甚大，諸如以強制購買股份之方式使未贊同合併股東喪失股權，或使有利害關係之股東及董事，就其他參加合併公司之合併事項爲決議時，得行使表決權，基於權衡對未贊同合併股東之周全保障，及企業尋求發展與促進效率等權衡考量，股東及董事得參與其他參加合併公司之股東會及董事會之決議，並使此種持股企業，得以利用其持有相對多數股份之優勢，違反未贊同合併股東之意願，爲現金逐出合併之決議，以剝奪其股權，但立法者至少應使未贊同合併股東及時獲取有利害關係之股東及董事有關其利害關係之資訊，以及就股份對價公平性之確保，設置有效之權利救濟機制。

　　另公司股東及董事於參與表決時之利益迴避規範，本爲公司治理之重要原則，目的在確保公司股東及董事於參與決策時，不至於爲自己利益，而傷害公司或其他股東之正當利益。然鑑於合併通常係爲提升公司經營體質，強化公司競爭力，故不致發生有害於公司利益之情形，且公司持有其他參加合併公司之一定數量以上股份，以利通過該參與合併公司之決議，亦爲國內外合併收購實務上常見之先購後併做法，故股東及董事參與其他參加合併公司之合併決議，尙非全無正當理由。是關鍵並

非在於有利害關係之股東及董事應否迴避，而係在於相關規定對未贊同合併之股東之利益，有無提供充分保護。

二、修正前現金逐出合併之反對併購股東資訊權保障之欠缺

依企業併購法第4條第3款規定：「合併：指依本法或其他法律規定參與之公司全部消滅，由新成立之公司概括承受消滅公司之全部權利義務；或參與之其中一公司存續，由存續公司概括承受消滅公司之全部權利義務，並以……現金……作為對價之行為。」91年2月6日制定公布之同法第18條第5項規定：「公司持有其他參加合併公司之股份，或該公司或其指派代表人當選為其他參加合併公司之董事者，就其他參與合併公司之合併事項為決議時，得行使表決權。」然104年7月8日修正公布前，未使因以現金作為對價之合併而喪失股權之股東，及時獲取合併對公司利弊影響暨有前揭企業併購法第18條第5項所列股東及董事有關其利害關係之資訊，亦未就股份對價公平性之確保，設置有效之權利救濟機制，上開二規定經107年11月30日大法官釋字第770號解釋，認為與憲法第15條保障人民財產權之意旨有違。法院應命合併存續之公司提出會計師查核簽證之公司財務報表及公平價格評估說明書，並準用104年7月8日修正公布之企業併購法第12條第8項至第12項規定辦理。

三、修正前現金逐出合併之反對併購股東資訊權保障之欠缺

民國104年7月8日修正公布之企業併購法就股東主動請求收買之情形，企業併購法第5條第3項雖規定：「公司進行併購時，公司董事就併購交易有自身利害關係時，應向董事會及股東會說明其自身利害關係之重要內容及贊成或反對併購決議之理由。」然該條就董事或其所代表之股東利害關係之說明，並未要求於董事會及股東會開會之一定合理期

間前，及時使其他股東獲取相關資訊。且於有利害關係之股東及董事所提供之資訊仍有不足時，在現行企業併購法之下，其他股東並無有效之機制，促使其提供完整之資訊。依企業併購法第12條第1項第2款前段規定：「公司於進行併購而有下列情形之一，股東得請求公司按當時公平價格，收買其持有之股份：……二、公司進行第十八條之合併時，存續公司或消滅公司之股東於決議合併之股東會集會前或集會中，以書面表示異議，或以口頭表示異議經記錄，放棄表決權者。」同條第6項前段復規定：「股東與公司間就收買價格自股東會決議日起六十日內未達成協議者，公司應於此期間經過後三十日內，以全體未達成協議之股東爲相對人，聲請法院爲價格之裁定。」且同條第7項至第12項並就法院爲價格裁定之相關程序及費用負擔等爲規定，以保護未贊同合併之股東。是現行企業併購法就確保公平價格，已設有較爲完整之保障機制。惟此法院裁定之機制，僅適用於股東主動請求收買股票之情形，並不適用於未贊同合併之股東不願被逐出，然卻因現金逐出合併而遭剝奪股權之情形。現行企業併購法就此等部分，大法官釋字第770號解釋仍未臻妥適。

四、修正後現金逐出合併之反對併購股東資訊權保障之補強

因司法院釋字第770號解釋提及現行企業併購法有關股東資訊獲知權保障仍有不足應加強保障，爰經濟部109年10月7日所預告之修正草案第5條及第5條之1明定公開發行公司於併購時，有自身利害關係之董事及持有超過10%以上股東，需於股東會召集通知時揭露利害關係之重要內容，給予其他股東合理期間理性判斷其利害關係及併購案對於其本身利益權衡後行使表決權。意即，如經立法院通過修法草案後，公開發行股份有限公司於併購時，參加併購公司之董事對於併購案如有自身利

害關係者，除於董事會及股東會上說明利害關係重要內容及贊成或反對
之意見外，就前開資訊應於股東會召集通知書上載明，如不於股東會召
集通知書載明者，可放置主管機關指定之網站或公司網站上，並將該網
站連結網址列載於前開通知書。

　　關於上開經濟部預告修正草案第5條經行政院通過，但第5條之1規
定似係預告後經經濟部提送行政院審議時刪除，故第5條之1規定未經
通過。觀察本次修正草案，大致對於少數股東資訊獲知權已有相當程度
的保障，惟修正草案第5條之1規定最後並未提送至行政院審議較為可
惜，因我國對於併購時公司股東會決議之通過門檻較其他國家已屬寬
鬆，又司法院釋字第770號解釋文中可得知，有利害關係之股東不需迴
避的前提下，我國法制度上應要求有利害關係之多數股東於股東會召集
通知書明確揭露相關資訊使股東知悉，否則多數股東於併購案中仍有相
當的影響力，可能影響其他股東作理性判斷。據此，應維持經濟部於
109年10月7日所預告修正草案之內容較為周全。

第三項　公司勞工之保護

　　公司併購所伴隨而來的企業組織變動，除了對公司股東之利益造成
影響，而產生所有權或經營權改變之法律問題外，亦使公司勞工法律地
位改變而生勞雇雙方關係是否應繼續維持的人事管理問題及勞工權益保
障問題。

　　在企業併購過程中，由於企業經營權或所有權之變動，勢必導致勞
工之勞動契約受到影響，對勞工之工作權與生存權產生嚴重威脅。因此
政府除了放寬併購限制，提供企業主併購優惠外，如何在企業併購時保
障勞工權益，實為應值得關注之問題。

　　關於勞工權益，學理上多區分為個別勞動關係以及集體勞動關係而

論述之[41]。所謂個別勞動關係，係指個別勞動者透過勞動契約與雇主所建立之勞動關係，其中包括勞動契約、薪資與福利、年資、調職、留用與資遣、退休等。在個別勞動關係中，雇主對於勞動契約中所載明之事項條件，均應確實遵守，即為對勞工權益之保護。

集體勞動關係，指個別勞工組合而成之集體與資方彼此間之關係，亦即勞資關係。勞資關係中就勞工權益保護最重要者有三，分別為團結權[42]、協商權[43]及爭議權[44]，這三權為實現生存權及工作權實質內容所必須之勞動者力量的保障，故有集體的基本權之稱。對此集體之基本權，學者稱之為勞動三權[45]。

在企業進行收購行為時，公司就勞工問題，應同時顧及個別勞工權益及集體勞工（即工會）之意見，以平衡兼顧公司營利之目的與勞工權益之基本保護。

第一款　雇主之商定留用權

依照勞動基準法第20條[46]之規定，當事業單位改組或轉讓[47]時，新

---

41 參閱張昌吉、黃柏禎，企業併購員工權益問題之研究，發表於「政府與企業法制關係」學術研討會，2006年10月，第7-17頁。

42 團結權指勞工有組成工會之權利。

43 協商權指勞工有透過團結形成之工會與資方就勞資雙方事項談判協商之權利。

44 爭議權指勞工於不滿意資方所提供之勞動條件時得採取爭議行為之權利。

45 參閱陳繼盛，建立勞工法規完整體系之研究，行政院委託研究報告，1982年7月，第26頁。

46 勞動基準法第20條：「事業單位改組或轉讓時，除新舊雇主商定留用之勞工外，其餘勞工應依第十六條規定期間預告終止契約，並應依第十七條規定發給勞工資遣費。其留用勞工之工作年資，應由新雇主繼續予以承認。」

47 行政院勞工委員會（80）台勞資二字第30491號：「勞動基準法第二十條所稱『事業單位改組或轉讓』，係指事業單位依公司法之規定變更其組織型態；或其所有權（所有資產、設備）因移轉而消滅其原有之法人人格；或獨資或合夥事業單位之負責人變更而言。」

雇主並非當然繼受原來的勞動契約，對於新雇主不願留用的勞工，舊雇主應以預告終止勞動契約和資遣方式處理[48]。該條文賦予雇主有是否留用員工之決定權，而使勞工之工作權喪失保障[49]。直至民國91年公布施行企業併購法，為一體規範國內併購法制關於勞工之保障，且儘速確定公司進行併購時勞動契約之移轉與員工是否留用，因此於第16條第1項規定「併購後存續公司、新設公司或受讓公司應於併購基準日三十日前，以書面載明勞動條件通知新舊雇主商定留用之勞工。該受通知之勞工，應於受通知日起十日內，以書面通知新雇主是否同意留用，屆期未為通知者，視為同意留用」，承襲勞動基準法第20條之規定，賦予新舊雇主商定留用權。此為儘速確定公司進行併購時勞動契約之移轉勞工是否留用而規定，因勞工為公司重要之資源，優良人力之資源取得為公司進行併購之重要一環，且公司併購所致勞動關係，依商定留用權可緩和勞務專屬性要求之必要。

應注意者為，此處之「併購」，一般認應指合併、營業或財產收購、或分割之情形，並不及於股份收購[50]。但勞動基準法第20條所謂「事業單位改組或轉讓」，如事業單位為公司組織者，係指事業單位依公司法之規定，變更其組織或合併或移轉其營業、財產而消滅其原有之法人人格，另立新之法人人格而言[51]。

企業間資產收購之行為得否適用企業併購法，必須視公司取得他公司之營業或財產，是否符合企業併購法中對於「併購」之定義而定。依

---

[48] 參閱張昌吉、黃柏禎，同前註41，第7頁。

[49] 參閱詹文凱，企業併購對於勞動契約之影響，月旦法學雜誌，第83期，2002年4月，第87頁。

[50] 參閱黃馨慧，企業併購中之個別及集體勞動關係，發表於「勞動基準法釋義─施行二十年之回顧與展望」，2009年2月，第229頁。

[51] 最高法院84年度台上字第997號判決、行政院勞工委員會（80）台勞資二字第12992號函。

企業併購法第4條第2款、第4款與第27條及公司法第185條之規定，公司取得他公司之營業或財產，並以股份、現金或其他財產作為對價之資產收購行為，必須符合企業併購法第27條規定之併購行為始得以適用之。

可知企業併購法之「收購」概念所涵蓋之範圍，較勞動基準法第20條所謂「事業單位改組或轉讓」之範圍更廣，而企業併購法又為勞動基準法之特別規定，因此勞動基準法第20條員工留用規定幾無適用餘地。而企業間收購資產是否適用企業併購法關於員工留用之規定，其判斷重點在於公司取得他公司之營業或財產，並以股份、現金或其他財產作為對價之資產收購行為，是否已達到概括承受、概括讓與，或依據公司法第185條第1項第2款或第3款之規定，資產收購行為之一方乃為營業讓與全部或主要部分之營業或財產，或受讓他人全部營業或財產，而對公司營運有重大影響之程度[52]。

而現行商定留用權於實施多年後受到了學界及實務界之批評。有關勞動基準法第20條與企業併購法第16條、第17條關於商定留用權之規定，有學者[53]認為我國現行法之設計賦予雇主較大之意思決定空間，對勞工之保障相對薄弱，因此可能造成勞動基準法解僱原因法定原則之破壞，而使雇主無形中取得任意解僱之權限。因而有學者[54]建議應參考德國立法與實務見解，要求於併購時新事業原則上概括承受所有舊事業既有勞動關係，再透過新舊事業詳細告知員工其勞動條件及未來可能之變動，並且賦予勞工異議權。關於未被留用之員工，學者[55]認為應適用勞

---

[52] 參閱顏雅倫，企業資產併購與員工留用，管理雜誌，2002年5月，第3-5頁。

[53] 參閱黃馨慧，同前註50，第230頁。

[54] 參閱郭玲惠，企業併購爭議問題——臺北地方法院91年勞訴字第144號判決評釋，台灣本土法學雜誌，第75期，2005年10月，第220-221頁。

[55] 詹文凱，同前註49，第88-89頁。

動基準法第11條之規定，以避免對解僱原因法定原則及概括承受基本法理構成破壞。

在2010年1月，行政院勞工委員會公告草擬之勞動基準法修正草案，其中即廢除商定留用權制度。對於這次修正，有認為基本上係符合世界潮流，且因企業仍可循修正後勞動基準法第11條[56]之規定合法解僱勞工，而無太大影響，故本次修法僅係使企業併購時勞工之保護回歸常軌[57]。但由於企業併購法並未有相應之修法，因此日後該勞動基準法修正草案通過後，將形成「股份有限公司之併購仍依企業併購法之規定，有商定留用權之適用；非公司之併購，如獨資、合夥等，適用修正後之勞動基準法，並無商定留用權之適用」[58]之情形。

關於商定留用權之存廢問題，牽涉到企業併購所欲追求之整合效果，若採取全面否定之見解，將可能因此降低企業併購之誘因。有學者認為，商定留用權制度不論採取任何方式，均需與解僱法理相互補充。雖勞動基準法第11條修正條文根本性否定企業併購本身得構成資遣解僱之事由，然基於避免人力重疊配置及其他資遣解僱事由有其侷限性兩點理由，學者認為企業併購得作為新舊事業商定不留用勞工及解僱不留用勞工之事由，否則無法適切因應因併購活動之活絡所帶來之衝擊。且更進一步主張，新舊事業固享有商定留用權，但在解釋論上，仍需如同勞動基準法第11條，受廣義比例性原則與平等待遇原則此兩不成文之資遣解僱法理之拘束，違反者其解僱自屬無效，因此將商定留用權在解釋上

---

[56] 勞動基準法第11條修正草案：「非有下列情形之一，致有減少勞工之必要，且無適當工作可供安置者，雇主不得預告勞工終止勞動契約：一、歇業時。二、虧損時。三、不可抗力暫停工作在一個月以上時。四、業務緊縮時。五、業務性質變更時。勞工對於所擔任之工作確不能勝任，亦無適當工作可供安置時，雇主得預告勞工終止勞動契約。」

[57] 洪素卿，勞基法將修企業轉讓不能隨意裁員，http://www.1ibertytimes.com.tw/2010/new/jan/12/today-e5.htm，最後瀏覽日：2013年3月11日。

[58] 餘麗姿，金融合併員工全數移轉，http://www.coolloud.org.tw/node/49860，最後瀏覽日：2013年3月11日。

輔以資遣解僱法理以限縮新舊事業商定留用權之行使，較完全廢除商定留用權，更可以保障勞工之權益。

第二款 員工之異議權

原先企業併購法第16條第2項規定，勞工依同條第1項以書面通知新雇主同意留用，或因逾期未爲通知而被視爲同意留用後，若因個人因素而不願留任者，視爲自願辭職，不得請求雇主給與資遣費。亦即我國允許被商定留用之員工得向公司表達拒絕留用之意願。至於未留用之勞工，並無本條之適用，僅得被動依同法第17條對公司請求資遣費，無法對當事公司主張勞動契約繼續存在。有學者[59]認爲，依上述之規定，不僅違背了「概括承受」之原則，且結果恐與勞動基準法第11條、第12條[60]勞動契約存續之保障相牴觸。因此本次修法爲維繫民法第484條「勞務專屬性」規定之精神，提高勞工權益之保障，針對企業發生併購等經營因素，致勞動契約提供勞務對象轉變，對於經新舊雇主商定留用勞工雖已同意留用，但如因個人因素不願留用，亦不改變勞工係面臨併購情事及勞動契約提供對象及內容有改變之事實而喪失工作，故刪除本項不得請求資遣費之規定，來符合勞動基準法之精神。

---

[59] 參閱詹文凱，同前註49，第90頁。

[60] 勞動基準法第11條：「非有左列情形之一者，雇主不得預告勞工終止勞動契約：一、歇業或轉讓時。二、虧損或業務緊縮時。三、不可抗力暫停工作在一個月以上時。四、業務性質變更，有減少勞工之必要，又無適當工作可供安置時。五、勞工對於所擔任之工作確不能勝任時。」
勞動基準法第12條第1項：「勞工有左列情形之一者，雇主得不經預告終止契約：一、於訂立勞動契約時爲虛僞意思表示，使雇主誤信而有受損害之虞者。二、對於雇主、雇主家屬、雇主代理人或其他共同工作之勞工，實施暴行或有重大侮辱之行爲者。三、受有期徒刑以上刑之宣告確定，而未諭知緩刑或未准易科罰金者。四、違反勞動契約或工作規則，情節重大者。五、故意損耗機器、工具、原料、產品，或其他雇主所有物品，或故意洩漏雇主技術上、營業上之秘密，致雇主受有損害者。六、無正當理由繼續曠工三日，或一個月內曠工達六日者。」

　　營業讓與屬於企業組織再造程序之一，其員工保護之適用法條，於企業併購法制定之後，自應依企業併購法爲之。然若依照企業併購法第16條與第17條之規定，則受讓公司以書面載明勞動條件，通知其讓與公司商定留用員工，並由該員工決定是否接受留用，若不願意，則讓與公司即將該部分員工併同未獲留用員工，一併資遣，其依據何在？觀諸日本，就營業讓與與勞動契約之關係，有兩種不同見解：一說認爲應參照德國民法第613a條買賣不破僱傭之規定，在企業進行營業讓與時，受讓公司應連同資產設備，全盤繼承讓與公司與勞工間之勞動契約關係；另一說則認爲，勞動契約之繼承，應三方（讓與公司、受讓公司及勞工）之合意，若未獲合意，讓與公司得就實際營業需要，解僱員工[61]。我國之部分，考量營業讓與之行爲目的係在可預留選擇性承受目標公司特定債務之空間，且可避免採取法定合併所面臨的概括承受對方隱藏性債務之潛在風險[62]，因此營業讓與不適用概括承受之法理，故關於勞動契約是否隨同該特定目的的營業或財產移轉，應依雙方公司合意而定，且基於勞動契約專屬性原則，雇主爲營業讓與時，屬勞務請求權轉讓第三人，應依民法第484條之規定，經員工同意後始得爲之才是[63]。

第三款　員工之資訊請求權

　　企業係員工等多方努力的成果，企業創立雖由股東投資組成，但之後爲由員工、上游、下游產業等互動而紮根、茁壯、擴大，且股東資金可經華爾街法則游動變化快速；員工則相對不是那麼容易變動，反而會

---

[61] 參閱日本勞働法学会，勞働契約，2000年10月，有斐閣，第276頁。

[62] 參閱陳介山，論資產收購，中正大學法學集刊，第8期，2002年4月，第194頁。

[63] 參閱杜怡靜，企業組織再造與公司分割制度—以日本公司分割制度之研究爲中心，月旦法學雜誌，第81期，2002年2月，第144頁。

落地深根與企業共存共榮，企業經營不顧及這些關係人[64]，實在難以保障關係人之權利。而就個別勞動契約觀之，併購公司取得被併購公司所有權、經營權後，企業為求併購綜效，基於人事精簡考量，可能不願全部承接被併購公司所有員工，而產生留用員工與資遣員工之行為。

企業併購員工留用與資遣可分為四種情形[65]：一、新舊雇主商定不留用；二、員工不接受新舊雇主留用；三、員工接受新舊雇主留用；四、員工留用後基於非個人因素終止勞動契約，並請求給付資遣費。因此企業併購法第16條第1項規定，併購後存續公司、新設公司或受讓公司應於併購基準日三十日前，以書面載明勞動條件通知新舊雇主商定留用之勞工。因此就關於員工之資訊請求權，僅限於新舊雇主商定留用之勞工，未被商定留用之勞工則無法獲得相關之資訊。對於員工而言，重要的是其工作機會、員工福利及未來升遷之可能性，因此對於商定留用權之運用或者是選擇請求資遣費，應賦予員工有資訊取得權，讓員工可以慎重之考慮，如同聯合國揭露指令中，對於高階主管之「黃金降落傘條款」，但在不論是基層或高階員工，都需要擁有更多資訊，而且相較於高階員工，基層員工更無法取得相關資訊，因此應該立法保障其資訊取得權。

關於員工資訊請求權之爭點有二：其一，為以「併購分割基準日」為通知期限之起算標準原因何在；其二，為所通知之事項規定籠統。關於第一點，有認為在通常公司併購之程序中，股東大會之決議日，必較公司併購基準日為早，為使企業主能及早知悉究竟有多少勞工不留任，而必須支付資遣費，以評估並掌握其併購成本，故給予公司勞工有關併購資訊，以在目標公司召開承認併購計畫書或併購契約之股東大會決議

---

[64] See Keith Davis and Robert Blomstrom, Business and Society: Environment and Responsibility, New York: McGraw-Hill, 3rd ed., 1963, p. 144.

[65] 參閱張昌吉、黃柏禎，同前註41，第7頁。

日前為之，似屬較為妥當立法；第二點就所通知之事項，本條僅述及「勞動條件」，而並未就應通知之事項為詳盡明確之規定，為避免產生爭議，應修法將應通知之事項列舉於條文中，至於在修法之前，實務上解釋「勞動條件」時，應參酌其他相關之勞工法令以為輔助。

第四款　員工之資遣請求權

企業併購法第17條規定，公司進行併購，未經留用或不同意留用之勞工，應由併購前之雇主終止勞動契約，並依勞動基準法第16條規定期間預告終止或支付預告期間工資，並依法發給勞工退休金或資遣費。即勞工因企業併購而未獲留用時，依勞動基準法第16條之規定，得向併購前之雇主請求資遣費；至於消滅公司之勞工如因勞務給付的對象變更，而不願意繼續留任者，消滅公司應比照未獲留用勞工之模式辦理。

民國104年11月19日修正發布之勞工退休準備金提撥及管理辦法第10條規定，事業單位歇業時，其已提撥之勞工退休準備金，除支付勞工退休金外，得先行作為勞動基準法勞工資遣費，再作為勞工退休金條例之勞工資遣費。有賸餘時，其所有權屬該事業單位，係考量因事業單位因素致勞工之工作年資中斷，非可歸責於勞工，無論是勞動基準法或勞工退休金條例規定工作年資之資遣費，雇主應負最終給付責任，惟勞工退休準備金係依勞動基準法第56條規定設立專戶儲存，故勞工退休準備金專戶支付順序，仍應先行支付勞動基準法之勞工資遣費，再支付勞工退休金條例之勞工資遣費[66]。

又企業併購法第15條之立法精神，非留用勞工之退休金及資遣費，應由消滅公司或讓與公司負責支付。又該法第16條規定，留用勞

---

[66]　參閱勞動部106年11月17日勞動福三字第1060136361號函。

工於併購前在消滅公司、讓與公司或被分割公司之工作年資，併購後存續公司、新設公司或受讓公司應予以承認。基於企業因經營考量進行併購，不可歸責於勞工，非留用勞工之權益仍應予以保障，故企業併購法第15條第2項所稱資遣費，應涵蓋未留用勞工適用勞動基準法及勞工退休金條例工作年資之資遣費[67]。

惟本條應注意者有二：第一，本條所謂之「公司進行併購時」，解釋上似僅限於「依本法規定所為之合併、收購或分割」，蓋本法第4條第2款明定「併購：指公司之合併、收購及分割」，且同條及本法均就合併、收購或分割另設有相關明文[68]；第二，如員工於合併基準日後因適應不良而提出辭職，依現行法規定無法獲得補償，是否應立法補償或增加員工之猶豫期，雖有悖於企業合併及整合效率，且該情形似可解釋為員工因「個人因素」而不願留任，故不得向雇主請求資遣費，然所謂「個人因素」之範圍究竟為何？法條內容並不明確，應明確規範「個人因素」為涉及併購後員工之勞動條件有不利變更之情形為佳。

第五款　退休準備金之提撥

基於對於雇主之期待可能保障與分散勞工退休金請求權支付之風險[69]，企業併購法第15條第1項規定，公司進行合併時，消滅公司提撥之勞工退休準備金，於支付未留用或不同意留用勞工之退休金後，得支付資遣費；所餘款項，應自公司勞工退休準備金監督委員會專戶移轉至合併後存續公司或新設公司之勞工退休準備金監督委員會專戶。此係針對退休準備金移轉之問題為明文之規定。依該規定可知，消滅公司仍應

67　同前註。

68　參閱黃偉峯，同前註32，第158頁。

69　參閱郭玲惠，企業併購勞工權益之保障，勞工研究，第6卷第2期，2006年12月，第106頁。

就所有留用及非留用員工之退休金，全部提足。又同條第2項規定，公司進行收購財產或分割而移轉全部或一部營業者，讓與公司或被分割公司提撥之勞工退休準備金，於支付未留用或不同意留用勞工之退休金後，得支付資遣費；所餘款項，應按隨同該營業或財產一併移轉勞工之比例，移轉至受讓公司之勞工退休準備金監督委員會專戶。依勞動基準法第56條第1項係規定，雇主應按月提撥勞工退休準備金，專戶存儲，並不得作為讓與、扣押、抵銷或擔保之標的；故如若當事人為公司之主要營業、資產及受僱勞工者，則該公司自應遵照該規定為勞工退休準備金之提撥[70]。

而此應移轉之勞工退休準備金為依勞動基準法第56條，提撥之舊制勞工退休準備金，因新制退休金制度為提撥至勞工之個人專戶。有學者[71]認為，因同條第3項規定「前二項之消滅公司、讓與公司或被分割公司應負支付未留用或不同意留用勞工之退休金及資遣費之責，其餘全數或按比例移轉勞工退休準備金至存續公司、受讓公司之勞工退休準備金監督委員會專戶前，應提撥之勞工退休準備金，應達到勞工法令相關規定申請暫停提撥之數額。」將可能對那些原本提撥數額不足，而又無能力補足退休金，但急著想進行合併之公司，形成另類的合併障礙。

現該第3項已修改成「讓與公司或被分割公司依前項規定比例移轉勞工退休準備金前，其提撥之勞工退休準備金，應達到勞工法令相關規定申請暫停提撥之數額。」但仍有同樣之疑慮。

第六款　未獲留用勞工之權益

在全球化經濟風潮下，企業為求生存與永續發展，勢必對生產和工

---

[70] 最高行政法院101年度判字第960號判決。

[71] 參閱張世宗，企業合併法律規範之研究—以企業併購法為中心，中國文化大學法律學研究所碩士論文，2003年，第159頁。

作組織之調整進行策略性布局，例如合併、轉讓、組織改造或生產基地移轉等經營變革，在此情況下，大量解僱勞工勢將難以避免。為保障勞工工作權及調和雇主經營權，避免企業大量解僱勞工，造成員工權益受損，我國於民國92年5月7日公布施行《大量解僱勞工保護法》保護員工權益，降低企業經營策略調整伴隨而來之大量解僱行為對勞工工作權之影響[72]。該法揭諸「為保障勞工工作權及調和雇主經營權，避免因事業單位大量解僱勞工，致勞工權益受損害或有受損害之虞，並維護社會安定」為立法目的[73]。

　　大量解僱勞工保護法提供勞資雙方協商機制，勞工有機會與雇主協商解僱計畫內容，若融合勞動基準法第20條、企業併購法第16條與大量解僱勞工保護法之規定，企業併購過程中，雖然新舊雇主有商定留用權，但若欲解僱人數達到大量解僱勞工保護法之要件[74]時，解僱行為之雇主（即目標公司）應與勞工協商解僱計畫內容[75]。

　　大量解僱勞工保護法看似保護勞工協商權與工作權，但實質上對於企業併購員工權益保障仍顯不足，蓋若雇主解僱人數未達大量解僱勞工

---

[72] 參閱張昌吉、黃柏禎，同前註41，第9頁。

[73] 行政院勞工委員會，「大量解僱勞工保護法草案」第1條之規定及立法說明。

[74] 大量解僱勞工保護法第2條：「本法所稱大量解僱勞工，指事業單位有勞動基準法第十一條所定各款情形之一、或因併購、改組而解僱勞工，且有下列情形之一：一、同一事業單位之同一廠場僱用勞工人數未滿三十人者，於六十日內解僱勞工逾十人。二、同一事業單位之同一廠場僱用勞工人數在三十人以上未滿二百人者，於六十日內解僱勞工逾所僱用勞工人數三分之一或單日逾二十人。三、同一事業單位之同一廠場僱用勞工人數在二百人以上未滿五百人者，於六十日內解僱勞工逾所僱用勞工人數四分之一或單日逾五十人。四、同一事業單位之同一廠場僱用勞工人數在五百人以上者，於六十日內解僱勞工逾所僱用勞工人數五分之一或單日逾八十人。五、同一事業單位於六十日內解僱勞工逾二百人或單日逾一百人。前項各款僱用及解僱勞工人數之計算，不包含就業服務法第四十六條所定之定期契約勞工。」

[75] 大量解僱勞工保護法第5條：「事業單位依前條規定提出解僱計畫書之日起十日內，勞雇雙方應即本於勞資自治精神進行協商。勞雇雙方拒絕協商或無法達成協議時，主管機關應於十日內召集勞雇雙方組成協商委員會，就解僱計畫書內容進行協商，並適時提出替代方案。」

保護法第2條要件時，員工即喪失與雇主協商解僱計畫之機會，且協商對象僅限於舊雇主，但真正決定留用與否多在於併購公司，則此解僱計畫之協商是否能爲併購公司所承認，仍有疑慮[76]。另外，該法規雖然建立了一勞資協商機制，但是在主管機關召集組成協商委員會後，勞資雙方如仍無法達成協議，應如何處理？

　　大量解僱勞工保護法的立法，固然在程序面上加強了勞工的保障，但是仍有許多法律上漏洞有待填補。唯有整體地就供給、需求面之勞動市場法制以及勞工保險法制爲全面性的檢討與規劃，方能眞正落實勞工保護的同時，並兼顧企業經營與經濟發展的效益。

第四項　公平交易法對於企業併購與結合之規定

　　企業進行併購時須踐行一定之法定程序，如企業併購致二事業結合，攸關競爭市場的公平性，當與公平交易關係緊密，以公平交易法（下稱公平法）爲例，本法第11條規定事業之結合須向公平交易委員會（下稱公平會）申報並取得許可，此稱「結合」亦包含企業併購法上之「合併」、「收購」與「分割」。因此，企業併購之法定程序如符合法定申報門檻，必須向公平會申報許可，直言之，並非所有併購案皆須向公平會申報，僅符合公平法規定申報門檻者始須踐行。

　　依公平法第11條第1項規定，事業結合時，有下列情形之一者，應先向主管機關提出申報：

　　一、事業因結合而使其市場占有率達三分之一。

　　二、參與結合之一事業，其市場占有率達四分之一。

　　三、參與結合之事業，其上一會計年度銷售金額，超過主管機關所公告之金額。

---

[76]　參閱張昌吉、黃柏禎，同前註41，第9頁。

　　另外，於申報許可方面，除非不符上開標準，否則企業之併購或結合皆須事前向公平會申報並取得許可，公平會於申報後三十天內審查完畢，得再延長六十天以一次爲限，故最多九十天的審查期限[77]，若公平會未於期間內審查完畢[78]，則企業得不待審查結果逕行結合[79]。

　　如違反本法第11條申報門檻規定，未申報許可者，其結合之效力可區分爲民事與行政方面探討，民事上有無效、效力未定、有效三說。採無效說係基於民法第71條之違反強行規定無效爲基礎；而效力未定係以民法第79條爲論理基礎，法律行爲須得第三人同意始生效力，故未得其同意則效力未定；有效說認爲依公平法第12條規定觀之，應係先承認結合的民事效力，嗣後公平會得以行政處分之方式要求全部或部分回復原狀。事前申報機制在理論上當然沒有事後追認之餘地，因此不宜採效力未定說；若採無效說，恐與公平法第12條之規定格格不入，觀察公平法係先承認其結合之民事效力，再以行政處分介入，且站在交易安全及經濟效益方面，亦不宜採無效說。綜上，以有效說爲妥[80]。

　　關於公平法第11條事業結合之規定，適用範圍應包含所有的併購型態，亦即企業併購法所規定的範圍，皆可能有本規定之適用。公平會審查結合申報案係以整體經濟利益與限制競爭不利益作爲唯一評估，通常

[77] 吳盈德，日月光與矽品結合案—兼談公平交易法事業結合之規定，台灣法學雜誌，第327期，2017年，第1、6頁。謝宜芬、吳爲涵，公平交易法修正結合申報案件審查期間之計算，理律法律雜誌，2017年，第5頁。上開論者認爲合意併購與敵意併購，公平會應採不同審查角度。敵意併購或稱非合意併購，應被併購方處於資訊上的弱勢，公平會審查許可僅有三十天，必要時最多僅有九十天，被併購方實有困難於期限內尋求反併購措施，因此，在敵意併購時，除審查期限應延長外，應賦予被併購方有知情權及表達意見之權利。
[78] 楊岳平，公司治理與公司社會責任：企業併購下股東、債權人、員工、投資人之保護，2011年，元照出版社，第128頁。
[79] 楊麗娜，從遊戲橘子併購案論事業結合之規範—以公平交易法爲核心，中央警察大學法學論集，第28期，2015年，第107頁。
[80] 黃茂榮，公平交易法理論與實務，1993年，三民書局，第74頁。郭土木、賴源河，公平交易法新論，2006年，元照出版公司，第228-229頁。

僅審視併購、相結合之公司的利益及參與者的競爭利益，而忽略其他部分的重要利益，例如企業併購已通過股東會決議，股東將其持有股份移轉給併購公司已成既定事實，不得拒絕；而被併購方的股東可換取併購方的股票或現金。對此，強制股東移轉股份或現金逐出的代價是否公平合理，其併購條件之公平性關乎廣大投資人及勞工的權益，可能與整體經濟利益息息相關，公平法卻遺漏此部分，實有檢討改進之必要。又在併購或結合方面，應攸關市場競爭，特別是在垂直整合或垂直結合之情形，上、下游廠商為拓展其事業規模並減少成本支出，很可能考慮以此方式結合，此結合結果恐影響消費者權益重大，例如價格，故公平法的審查、介入即有其必要性[81]。

又再按同法第13條之規定，公平會對於併購案之審查標準係以「對整體經濟利益大於限制競爭之不利益者，主管機關不得禁止其結合」，惟上開審查標準未臻具體明確，恐致併購案審查標準搖擺不定之嫌[82]，此觀日月光與矽品之公開收購案方得略知一二，況且亦僅審視大方向的結合利益，而忽略大部分股東，甚至是勞工的權益。

因此，公平會在審查結合案方面，應審慎評估影響整體經濟利益的各種情形，例如股東權益之保障、勞工延用問題等與國家整體經濟利益息息相關，然仍留下填空題，是否應對此亦一併有所規範配套，值得期待。

---

[81] 王文宇，商業交易與競爭法——以垂直限制約款為例，會計研究月刊，第386期，2018年，第103頁。惟本篇文章與本文著重點不同，其在主張上下游間以垂直條款約定最低價格並非負面，反而促使下游廠商能努力推銷，促使消費者關注於產品品質與交易效率，而不低價競爭，有助整體經濟效益，公平法應從經濟效益分析，不宜一味禁止。王立達，公平會結合申報簡化作業程序評釋——實務上重要性與修正建議，月旦會計實務研究，第27期，2020年，第42頁。

[82] 大多論者僅著墨於論理基礎，鮮少具具體實證之研究。對此，有企業管理學者認為可從水平結合後產生之「市場績效」，作為評估整體經濟利益與限制競爭之不利益之審查標準。請參閱余朝權、施錦村，整體經濟利益、限制競爭之不利益、產業別隊水平結合管制市場績效影響之實證研究，公平交易季刊，第14卷第1期，2006年，第11-14頁。

CHAPTER

2

合　併

第一節　概論

　　合併之意義爲二家以上之公司經由法定程序合而爲一家公司，此爲企業外部擴張之重要手段，爲企業結合最直接之方式。由於對公司法及企業併購法之發展，促成合併及對價種類之放寬、引進略式合併及非對稱合併、縮短債權人異議期間、容許跨國性合併及採取租稅優惠等措施。

第二節　合併之種類

　　依照企業併購法第4條第3款之規定：「合併：指依本法或其他法律規定參與之公司全部消滅，由新成立之公司概括承受消滅公司之全部權利義務；或參與之其中一公司存續，由存續公司概括承受消滅公司之全部權利義務，並以存續或新設公司之股份、或其他公司之股份、現金或其他財產作爲對價之行爲。」其爲二個以上之公司，訂立合併契約，依照法定程序，該數公司結合成一企業組織體[1]，而合併之結果可以法人格是否消滅及以參與公司之決議方式來作爲區分標準。

第一項　法人格消滅區分

　　企業併購法第24條前段：「因合併而消滅之公司，其權利義務應由合併後存續或新設之公司概括承受。」該條免除了公司於合併後之清算過程，且資產依法自動移轉，減少公司合併之瑣碎程序，以法人格是否消滅可區分爲吸收合併與新設合併，分述如下：

---

[1]　參閱黃偉峯，企業併購法，2007年10月，元照出版社，第35頁。

第一款　吸收合併

　　吸收合併（merger），又稱存續合併，係指兩家以上之公司以其中一家爲存續公司，其他公司依法定合併程序，以交付現金、交換股份或其他資產、或發行權益證券、債券等對價方式，歸併入存續公司之併購方式，在此種併購方式中，通常由存續公司須發行新股予消滅公司之原有股東，消滅公司股東透過合併契約中之換股比例，轉換持股，成爲存續公司之新股東，存續公司則必須概括承受消滅公司之權利義務，被併購公司之法人格因合併而消滅（參圖2-1）。

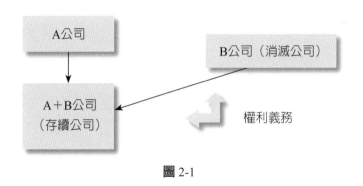

圖 2-1

第二款　新設合併

　　新設合併（consolidation），又稱爲創設合併，爲兩家以上之公司依法定合併程序，以創設另一新公司之方式辦理合併，而參與合併之公司法人格，均因合併而消滅，由新設立之公司以交付現金、交換股份或其他資產、或發行權益證券、債券等對價方式，使新成立之公司得以控制原有被消滅公司之資產，其權利義務由新創設公司概括承受[2]（參圖2-2）。

---

[2]　參閱廖大穎，公司法原論，2002年2月，三民書局，第393頁。

圖 2-2

第二項　以參與公司之決議方式

　　企業併購法第18條第1項：「股東會對於公司合併或解散之決議，應有代表已發行股份總數三分之二以上股東之出席，以出席股東表決權過半數之同意行之。」同法第18條第7項：「存續公司為合併發行之新股，未超過存續公司已發行有表決權股份總數之百分之二十，且交付消滅公司股東之現金或財產價值總額未超過存續公司淨值之百分之二者，得作成合併契約，經存續公司董事會以三分之二以上董事出席及出席董事過半數之決議行之。但與存續公司合併後消滅之公司，其資產有不足抵償負債之虞或存續公司有變更章程之必要者，仍應適用第一項至第四項有關股東會決議之規定。」及同法第19條第1項：「公司合併其持有百分之九十以上已發行股份之子公司或公司分別持有百分之九十以上已發行股份之子公司間合併時，得作成合併契約，經各該公司董事會以三分之二以上董事出席及出席董事過半數之決議行之。」從決議方式之不同可分為一般合併、簡易合併及非對稱式合併。

第一款　一般合併

　　一般合併（general merger），依企業併購法第18條第1項之規定，

股東會對於公司合併或解散之決議，應有代表已發行股份總數三分之二以上股東之出席，以出席股東表決權過半數之同意行之。因此，一般合併應經由參與合併公司之股東會特別決議。至於公開發行公司因股權分散、股務繁瑣等因素，以致股東會之召集不易，故企業併購法第18條第2項仿公司法第185條第2項規定，降低股東會的表決門檻，以助合併議案的通過，提升公司的經營綜效[3]，並考量上市（櫃）公司進行私有化併購交易上市（櫃）地位即隨公司主體消滅而無從附麗，亦無從適用臺灣證券交易所股份有限公司及財團法人中華民國證券櫃檯買賣中心之自願申請下市（櫃）規範及考量上市（櫃）公司因決議合併而致下市（櫃）對股東權益影響甚大，且兼顧股東權益保障及減少上市（櫃）公司之併購成本，而爰參酌香港上市公司私有化股東決議相關規範、臺灣證券交易所股份有限公司及財團法人中華民國證券櫃檯買賣中心所訂公司決議下市（櫃）門檻，增訂第3項：「前二項股東會決議，屬上市（櫃）公司參與合併後消滅，且存續或新設公司為非上市（櫃）公司者，應經該上市（櫃）公司已發行股份總數三分之二以上股東之同意行之。」

第二款　簡易合併

依企業併購法第19條第1項之規定，公司合併其持有90%以上已發行股份之子公司或公司分別持有90%以上已發行股份之子公司間合併時，得作成合併契約，經各該公司董事會以三分之二以上董事出席及出席董事過半數之決議行之。公司法第316條之2規定，控制公司持有從屬公司90%以上已發行股份者，得經控制公司及從屬公司之董事會以董事三分之二以上出席，及出席董事過半數之決議，與其從屬公司合併。其合併之決議，不適用第316條第1項至第3項有關股東會決議之規定。

---

[3]　參閱黃偉峯，同前註1，第168頁。

因此簡易合併（short-form merger）的條件爲母公司合併子公司或兄弟
型公司合併，兄弟型公司合併爲企業併購法新修正，母公司擁有子公司
「90%以上之已發行股份」或持有該子公司「90%以上之資本總額」；
兄弟型公司即母公司分別持有90%以上已發行有表決權股份之子公司間
合併，得以各子公司董事會三分之二以上董事出席及出席董事過半數
決議行之。由企業併購法第19條第1項之規定可知，簡易合併之門檻頗
高，因此就有學者[4]認爲，依企業併購法第4條第7款之規定，直接或間
接持有他公司已發行有表決權股份超過半數者爲母公司，而母公司若能
進一步掌握子公司三分之二以上之股權者，即幾乎全面控制子公司，若
爲達成控制、從屬公司合併之便利，可考慮將企業併購法第19條第1項
之持股要求降爲70%。而多數學者[5]認爲，因合併子公司之合併行爲，
對母公司的財務狀況並無重大影響，因此沒有給母公司股東請求收買股
份權益之必要，而僅賦予子公司股東異議收買請求權。

第三款　非對稱合併

　　非對稱式合併（whale-minnow merger），係指當存續公司很大，
而消滅公司很小，依企業併購法第18條第7項規定，存續公司爲合併發
行之新股，未超過存續公司已發行有表決權股份總數的20%，且交付消
滅公司股東之現金或財產價值總額未超過存續公司淨值之2%者，得作
成合併契約，經存續公司董事會以三分之二以上董事出席及出席董事過
半數之決議行之。但與存續公司合併後消滅之公司，其資產有不足抵償
負債之虞或存續公司有變更章程之必要者，仍應適用第1項至第4項有
關股東會決議之規定。此種合併，對於存續公司及其股東經濟上影響較

---

[4]　參閱黃偉峯，同前註1，第178頁。
[5]　參閱劉連煜，公司合併態樣與不同意股東股份收買請求權，月旦法學雜誌，第128期，
　　2006年1月，第26-36頁。

小，故無須經存續公司股東會特別決議，有加速合併之優點，而變更章
程之部分，仍須經股東會決議，加以敘明修正。

第三項 三角合併

　　另有所謂之三角合併，是指先由母公司成立一子公司，再由子公
司與目標公司合併，在本質上屬於一種間接合併的態樣，其目的是希望
之後能轉換成控股公司。若以合併公司為存續公司或以被合併公司為
存續公司之不同型態區分，又可區分為正三角合併（forward triangular
merger）及反三角合併（reverse triangular merger）。合併後目標公司
消滅、子公司存續者為「正三角合併」；而反之，若子公司消滅、目標
公司存續者為「逆三角合併」。此外，選擇「逆三角合併」的方式，通
常是因為目標公司擁有契約上的權利或經法律上認可、許可、特許或優
惠之權利，故須維持其法律上的人格，甚至有於合併後再行更改公司為
原來消滅公司名稱之方式，此為跨國併購時大多之選擇方式[6]。

第三節 合併之主體及限制

　　各國立法例上對於合併之公司種類，有嚴格限制說、適度限制說及
自由說[7]。嚴格限制說認為要合併之公司必須為同種類之公司；適度限
制說認為僅要為性質相同之公司即可；而自由說認為基於促進企業併購
的目的下，不應該有任何限制。日本於2005年所公布之會社法，從第

---

[6]　參閱王文宇，我國公司法併購法制之檢討與建議—兼論金融機構合併法，月旦法學雜誌，第68期，2001年1月，第24-45頁。

[7]　參閱黃偉峯，同前註1，第32頁。

748條以下至第756條，關於合併之相關規定，採取自由說，而我國經濟部以函釋[8]表示我國採取適度限制說（參表2-1）。

表 2-1　適度限制說之當事公司

合併前之公司及種類		合併後存續公司（甲或乙）或新設公司（丙）之類型		適用之法規
（甲）	（乙）			
無限公司	無限公司	由甲存續	無限公司	公司法
		由乙存續	無限公司	
		新設丙公司	無限公司或兩合公司	
無限公司	兩合公司	由甲存續	無限公司	公司法
		由乙存續	兩合公司	
		新設丙公司	無限公司或兩合公司	
兩合公司	兩合公司	由甲存續	無限公司	公司法
		由乙存續	兩合公司	
		新設丙公司	無限公司或兩合公司	
有限公司	有限公司	由甲存續	有限公司	公司法
		由乙存續	有限公司	
		新設丙公司	有限公司或股份有限公司	
有限公司	股份有限公司	由甲存續	禁止	甲存續→公司法 乙存續→企業併購法
		由乙存續	股份有限公司	
		新設丙公司	股份有限公司	
股份有限公司	股份有限公司	由甲存續	股份有限公司	企業併購法
		由乙存續	股份有限公司	
		新設丙公司	股份有限公司	

---

[8]　參閱經濟部91年4月8日經商字第09100099560號函。

　　依照我國公司法第72條、第113條、第115條及第317條規定，於無限公司、有限公司、兩合公司及股份有限公司皆有適用，但在企業併購法第4條第1款提及本法所指之公司爲股份有限公司及第20條規定可知，企業併購法僅適用於「股份有限公司相互間」或「股份有限公司與有限公司間」之合併，其他種類之合併行爲，並不適用之；縱使合併雙方皆爲有限公司，且採創設合併，新設公司爲股份有限公司型態，亦無企業併購法之適用。

第四節　合併之程序

表 2-2　公司與公司之合併流程[9]

商業流程	法律流程
1.成立併購小組決定購併策略 ↓ 2.選擇合併目標公司 ↓ 3.就目標公司蒐集財務業務資料 ↓ 4.與目標公司進行接觸與洽談 ↓ 5.如協談成功簽定備忘錄確定評價原則及其他條件 ↓	1.訂立換股比例並簽署合併契約書草案及保密協定 ↓ 2.召開併購審議委員會、董事會決議合併契約及換股比例、股東會決議合併案 ↓ 3.對外揭露合併資訊 ↓ 4.向公平會申請結合許可 ↓ 5.向目的事業主管機關申請合併許可 ↓

---

[9]　參閱陳春山，企業併購及控股公司法實務問題，2005年11月，新學林出版社，第26頁，圖表自製。

表 2-2　公司與公司之合併流程（續）

商業流程	法律流程
6.就目標公司進行審查評價了解公司實際財務業務狀況	6.收購不同意見股東之股份
↓	↓
7.進行公司之評價	7.編製財產目錄及資產負債表
↓	↓
8.就評價結果進行協商以確定換股比例	8.債權人通知或公告
↓	↓
9.簽定併購契約	9.向證交所或櫃買中心申請合併同意函
↓	↓
10.執行併購契約之法定程序	10.向經濟部申請專案合併
↓	↓
11.就併購後人事為安排並解決併購後之衝突	11.證期會申請合併公開發行新股
↓	↓
12.審核併購後之企業	12.訂立合併基準日及其實施
	↓
	13.股票集保
	↓
	14.股份或新股權利證書上市
	↓
	15.增資變更登記
	↓
	16.公布財務預測等

依照合併之階段大致能分為五階段[10]：

---

[10]　參閱馮震宇，高科技產業進行購併應注意的法律問題，經濟情勢暨評論季刊，第4卷第2期，1998年，第103-124頁。

第一階段　規劃階段

在許多商業或技術掮客之幫忙下，根據客戶的需要，來作初步調查與研究，以協助買方或賣方選擇且確定目標公司，有時也會協助進行談判或確立併購之架構。而雙方不論係透過第三人或直接接觸，往往都會簽訂保密協定（Non-Disclosure Agreement, NDA），就可能接觸的營業秘密有所規定。尤其是高科技產業廠商之併購案，各項相關技術與商業資訊均屬營業秘密，除應慎選掮客外，對於所簽訂的保密協定亦應加以注意，以免發生併購不成，營業秘密反被侵害之情況。

第二階段　初步評估──對目標公司進行初步評估

在進行正式協商前，雙方均應就買賣標的物的價值加以估算，包括有形資產（如廠房、設備、土地、現金及應收帳款等）及無形資產（著作權、專利權、商標權及商譽等）。一般而言，於評估價值時，應同時考量併購標的之經營管理、組織架構、獲利情況、財務狀況、現金流量、銷售業績以及產品或技術的競爭力等因素。至於估價方式，則有各種不同的模式，例如重置成本法、帳面價值法、市場價值法以及其他各產業特殊的估價方法等。而對於高科技產業來說，應特別注意無形資產中智慧財產權與技術創新的能力，對無形資產的估價與其他有形資產的估價大不相同，更應審慎處理。

第三階段　協商階段──併購價格及條件之談判

在展開正式談判之前，雙方最好就基本條款，例如：標的、價金與併購架構等基本問題達成共識，而將會引發爭議的細節問題留待往後解決，以免混淆談判的目的。若基本條款與原則獲得雙方同意，則可以準備一份意向書（Letter of Intent, LOI），並於意向書中將雙方已同意的

原則列出，以作爲日後談判的基礎。意向書就是否具有拘束力可分爲：未具拘束力（non-binding）的意向書與具拘束力（binding）的意向書。於國外併購實務上，雙方應對意向書是否具拘束力這點加以規定，特別是若雙方不欲受到該意向書的拘束時，更應明文規定，以避免嗣後可能的法律爭議。

　　由於租稅影響購併甚鉅，因此，在進行購併前，欲從事購併的一方大多會委任專業人士進行租稅規劃，以減輕或免除租稅的負擔。除此之外，雙方亦可能對下列問題進行進一步的協商，例如併購的價格是固定的或是可變動的價格、評估未來的租稅問題並進行租稅規劃、考慮融資的取得與支付價金規劃。因此，購併雙方必須對支付價金之方式達成共識。再者，許多併購案往往會加上視融資取得情況之條款，是故融資與支付方式亦爲一個重要考慮因素。上開所述的重要問題，若能在協商階段達成共識獲得解決者，亦應列入意向書，以作爲未來進行購併時之參酌。

第四階段　實質查核──進行正當注意調查程序

　　所謂實質查核（due diligence），又稱正當注意調查程序，爲確保併購標的具買方所承諾的實際價值，並避免承擔不必要的法律風險。在併購的過程中，買方會進行所謂的「正當注意調查程序」，以確保雙方談判基礎的正確性，此包括財務方面的調查與法律方面的調查。而在進行盡職評鑑時，收購公司往往會組成一支由經營階層、投資銀行、法務人員、會計師以及外部律師事務所所共同組成的團隊來進行盡職評鑑。調查的內容，包括公司的經營管理與實際運作的各個不同面向，只要與併購有關的問題，均可列入調查的內容。例如：評估併購標的過去的財務情況與財務預測等資料、查核併購標的之財務報表、審閱併購標的所

締結之重要契約或協定、評估併購標的是否具潛在風險與責任、技術與智慧財產權之有效性及授權情況、供應商與客戶之反應、並對其主要經營管理人員進行訪談，以確保相關資訊之正確。

　　調查完成後，即會產生一份調查報告書，其主要在說明調查之內容與範圍，並評估可能產生的問題，以作為買方評估之依據。就一般併購程序而言，通常在踐行實質查核程序後，才會簽訂正式的併購契約。換言之，契約之效力在於是否得到滿意的評鑑結果。因此，對於實質查核完成期限之掌握極為重要，以免拖延併購契約之進行[11]。

第五階段　執行與整合 —— 草擬併購契約，進行正式談判與簽約

　　在雙方已協商完成併購之基本原則、價格以及簽訂意向書後，即可進一步確定併購之架構，並個別委任律師草擬併購契約。由於併購案往往牽涉廣泛，所考慮的因素眾多，故併購契約的內容通常極為複雜，並附帶各種附件，例如：財產目錄、財務目錄、資產負債表、智慧財產權清單、訴訟資料等。

　　對此被併購公司應作充分的揭露，以滿足併購契約中「擔保承諾條款」的要求。所謂「擔保承諾條款」，亦稱保證與承諾條款，「保證條款」係當事人一方或雙方針對過去曾發生或現在存在，可能影響合約效力之「事實狀況」，保證確實不虛假之條款；而「承諾條款」係指當事人雙方對於未來之情事承諾作為或不作為之條款。此外，某些併購案，除併購本約外，有時尚須簽訂其他相關契約，例如：技術移轉或技術授權契約、競業禁止約定、保密協定等，或於主要的供應者、主要客戶之間，亦可能需要簽訂必要的供銷合約，以維持併購後的正常運作。

---

[11]　參閱薛明玲、廖烈龍、林宜賢，企業併購策略與最佳實務，2006年，資誠教育基金會，第20-28頁。

　　而於一般情況，併購案大多是由雙方董事會授權開始進行接觸與談判，且在併購契約正式簽定前，須經過雙方公司股東會的決議通過。但在履行併購契約前，仍應先完成其他所需之工作，例如：取得主管機關之准許或同意、備妥融資及資產移轉的文件等。而併購契約的後續履行問題，即是考驗併購契約是否周延的階段，若併購契約之規定不周延，或雙方對於執行併購契約有所爭議，例如資產估價、價金給付、危險責任等，則併購契約簽訂履行後，往往才是訴訟長期的開始。

第一項　依據合併方式之不同

第一款　一般合併

　　依公司法第316條規定，合併契約作成後，將合併提交股東會，並由股東會就有代表已發行股份總數三分之二以上股東之出席，以出席股東表決權過半數之同意行之。至於公開發行股票之公司，出席股東之股份總數不足前項定額者，得以有代表已發行股份總數過半數股東之出席，出席股東表決權三分之二以上之同意行之。對於前二項出席股東股份總數及表決權數，章程有較高之規定者，從其規定。而依經濟部函釋[12]，若股東就欠缺公司法第316條所規定之定足數，致決議效力有疑義時，應訴請司法機關解決。至於無限公司、有限公司或兩合公司，因合併所訂定的合約書，則應分別準用公司法第72條、第113條或第115條規定，由公司全體股東同意後，才能與他公司進行合併。

　　若合併公司已發行特別股，是否應經存續公司或消滅公司特別股股東會同意，公司法並未明文規定。而企業併購法於第18條第5項規定，公司已發行特別股者，就公司合併事項，除本法規定無須經股東會決議

---

[12]　參閱經濟部91年8月1日經商字第09102151250號函。

或公司章程明定無須經特別股股東會決議者外,應另經該公司特別股股東會決議行之。有關特別股股東會之決議程序,則準用一般合併股東會決議之規定,以達到保護特別股股東權益之目的,有關合併案之法定程序可參圖2-3。

圖 2-3　一般合併案之法定程序

第二款　簡易合併

　　依公司法第316條之2規定，當控制公司持有從屬公司90%以上已發行股份時，得經控股公司及從屬公司之董事會以董事三分之二以上出席，及出席董事過半數之決議，即可與其從屬公司合併，無須召開股東會同意。就控制公司而言，由於從屬公司90%的營業成本，也因控制公司依長期投資所應採用的權益結合會計方法，而將從屬公司損益依投資比例，將應認列之投資損益，列入控制公司的合併財務報表中[13]。因此，當兩者合併時，實質上對於控制公司的股東也無太大影響，亦不需另經股東會的通過。

　　依據經濟部函釋[14]，公司法第316條之2第1項規定，為便利企業經營策略之運用，讓雙方公司得以董事會之特別決議為合併，而不經過股東會為合併契約之承認。依照前揭規定應得不召開股東會之控制公司，如因合併註銷交叉持股而須減少章程訂立資本總額者，自應於合併基準日前召開股東會修正章程，才符合法定程序，目前公司登記實務上，公司因合併需要修正章程（如資本額變動、董監席次、營業項目等）者，大多數存續公司均於決議合併之股東會即配合修正章程，極少數公司係依公司法第318條規定於合併後所召集之股東會為變更章程之決議。又股份有限公司之股本係屬授權資本制，公司因合併有須增資時，亦須符合公司相關章程變動之規定。因此公司因合併須要修正章程者，不宜強制應於合併後之股東會始得為之，亦即公司因合併需要修正章程者，亦

---

[13] 參閱經濟部91年5月31日經商字第09102095820號函釋，子公司持有母公司股票，母公司於認列投資損益及編製財務報表時，應將子公司持有母公司股票視同庫藏股票處理。另經濟部95年7月11日經商字第09502096910號函釋，認為如因合併導致從屬公司取得控制公司股份者，與公司法第167條第3項所謂「收買或收為質物」之情形不同，不可一概而論。

[14] 參閱經濟部91年2月27日經商字第09102029280號函。

可先於合併前之股東會為之[15]。

第三款 非對稱式合併

我國企業併購法第18條第7項係仿造美國模範公司法第1.03(g)條及德拉瓦州公司法第251(g)條規定，為增加併購彈性，增設多種形式使公司選擇適合之型態完成併購。又因非對稱式合併對於存續公司股東權益影響較小，故僅由董事會特別決議進行合併即可而毋庸召開股東會決議。在金管會函釋[16]下，基於有利企業進行併購，股票公開發行公司依據發行人募集與發行有價證券處理準則辦理合併、受讓他公司股份或依法律規定進行收購發行新股，及依據《發行人募集與發行海外有價證券處理準則》辦理合併外國公司、受讓外國公司股份，或依法律規定收購外國公司而發行新股參與發行海外存託憑證，如其併購條件及發行價格之訂定經專家評估合理而對股東權益無不利之影響，且有採折價發行新股之必要，並依下列事項辦理者，得不受公司法關於股票發行價格不得低於票面金額規定之限制。但有以下二個要件：

一、應於召開董事會決議併購案前，委請會計師等專家就併購採折價發行新股之必要性、合理性及對股東權益之影響等表示意見，並於董事會通過後，於公開資訊觀測站揭露相關訊息。

二、除依法無須提股東會決議之案件外，應將前項專家意見併同股東會開會通知交付股東，以作為股東是否同意併購案之參考。

另外，本法於110年12月30日行政院通過修正草案，為鼓勵併購及增加併購彈性，本次修正放寬第18條第7項所定非對稱式併購之條件，「且」修正為「或」，並提高以淨值為計算基準之比率為20%，並將交

---

[15] 參照經濟部92年6月5日經商字第09202110090號函。

[16] 參閱金管會證期局94年2月1日金管證一字第0940000486號函。

付「股份」之情形一併納入計算外，簡言之，非對稱式合併適用情形有二，且僅需符合其中一種樣態即可適用[17]：

一、存續公司爲合併發行之新股，未超過存續公司已發行有表決權股份總數之20%。

二、交付消滅公司股東之股份、現金或其他財產價值總額未超過存續公司淨值之20%者。

對於本次修正似放寬併購條件及增加併購選擇之彈性，但細察本項修正規定，可能導致股價高於淨值之公司，修法後之門檻則變嚴，只有淨值高於股價之公司時，修法後之門檻獲得放寬[18]，且本次修正後上開二種樣態僅得擇一，不得併用，故修正後於實務上是否能達到修法的預期目的，仍有待商榷[19]。

第二項　合併契約之內容

依公司法第317條之1規定，股份有限公司合併契約應以書面爲之，同時並記載以下事項：

一、合併之公司名稱，合併後存續公司之名稱或新設公司之名稱。

二、存續公司或新設公司因合併發行股份之總數、種類及數量。

---

[17] 行政院110年12月30日第3784次會議。

[18] 試以二家發動併購之公司爲例（以2022年2月10日查得數據爲準）：
　　1. 富邦金融控股股份有限公司已發行股份總數：13,404,954,394，股價77.40元；已發行股份總數20%：2,075億；每股淨值：67.30；淨值：9,022億；淨值（2%）：180億；淨值（20%）：1,800億；修法前極大值：2,255億；修法後極大值：1,800億。
　　2. 環球晶圓股份有限公司已發行股份總數：437,250,000，股價732元；已發行股份總數20%：640億；每股淨值：108.93；淨值：476億；淨值（2%）：9.5億；淨值（20%）：95億；修法前極大值：649.5億；修法後極大值：640億。

[19] 戴銘昇，2020年台灣「企業併購法」修正草案──修法重點快覽，台灣法學雜誌，第409期，2021年，第8-9頁。

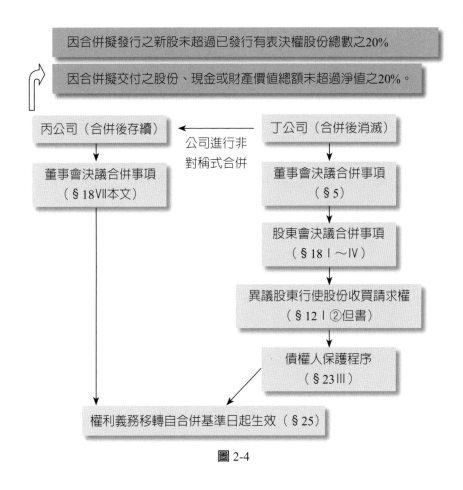

因合併擬發行之新股未超過已發行有表決權股份總數之20%

因合併擬交付之股份、現金或財產價值總額未超過淨值之20%。

丙公司（合併後存續）　　　公司進行非　　丁公司（合併後消滅）
　　　　　　　　　　　　　 對稱式合併

董事會決議合併事項
（§18Ⅶ本文）

董事會決議合併事項
（§5）

股東會決議合併事項
（§18Ⅰ～Ⅳ）

異議股東行使股份收買請求權
（§12Ⅰ②但書）

債權人保護程序
（§23Ⅲ）

權利義務移轉自合併基準日起生效（§25）

圖 2-4

　　三、存續公司或新設公司因合併對於消滅公司股東配發新股之總
數、種類及數量與配發之方法及其他有關事項。

　　四、對於合併後消滅之公司，其股東配發之股份不滿一股應支付現
金者，其有關規定。

　　五、存續公司之章程需變更者或新設公司依第129條應訂立之章
程。除依第316條之2規定之簡易合併和第128條之1股份有限公司僅一
人之合併外，該合併契約書應於發送合併承認決議股東會之召集通知

時，一併發送於股東。

　　依企業併購法第22條規定合併契約內容，該規定大致上與公司法相同，仍有幾處不同[20]：

　　一、依法買回存續公司之股份，作為配發消滅公司股東股份之相關事項：除依照公司法規定，合併時得配發外，於證券交易法第28條之2，亦得配發舊股份，但須記載於合併契約中。

　　二、三角合併：公司法未排除但亦未明文規定之，而我國企業併購法第22條第2款及第3款，仿造德拉瓦州公司法及日本會社法訂立，得基於母公司之股份作為換發消滅公司股東所持股份之對價。

　　三、換股比例：企業併購法第22條第6款規定，其換股比例計算之依據和得變更之條件，應記載於合併契約。

　　四、外國公司與本國公司之合併：外國公司若尚未依公司為登記，為準用企業併購法，應於合併契約中記載之。

　　另有學者[21]提及若合併契約有所欠缺，是否會造成契約無效？而其認為該相關規定為訓示規定，並非強制規定，避免其影響交易安全，而若有涉及契約之重要內容，則依個案調整其效力。

第五節　合併之效力及影響

第一項　公司之消滅

　　公司進行合併之後，在數公司中必有一個以上之公司歸於消滅，而消滅公司雖應辦理解散登記，因其權利義務由存續或新設之公司概括承

---

[20]　參閱陳春山，同前註9，第29頁。

[21]　參閱陳春山，同前註9，第19-30頁。

受，無了結清算之必要，而與一般解散不同。因此依照公司法第24條規定，合併不必履行清算程序，人格直接消滅[22]。

第二項 權利義務之移轉

依照公司法第75條規定，因合併而消滅之公司，其權利義務應由合併後存續或另立之公司概括承受。概括承受之部分，為公司之全部權利義務不論就訴訟上或營業及財產上之移轉皆同，無須就各權利義務為個別之移轉，但若營業及財產上之移轉，須以登記為生效或對抗要件為成立者，仍須履行登記程序（詳見企併法§25 I），對於相關土地之登記，除其他法規另有更長期間之規定外，應於合併基準日起六個月內為之，不適用土地法第73條第2項前段有關一個月內辦理土地權利變更登記之限制。也不能以合併契約，來免除其中一部分之責任或義務。

第三項 利害關係人之保護

一、少數股東之保護：於無限、有限及兩合公司，因須獲得全部股東之同意，無特別設機制之必要；股份有限公司之一般合併，有異議股東之收買請求權；非對稱式合併僅有消滅公司異議股東有異議收買請求權；略式合併為子公司股東於決議合併董事會，公告及通知所定期間內以書面向子公司表示異議者。而企業併購法中未規定者，因立法者認該合併對其影響較小未有異議股東反對請求權。

二、債權人之保護：合併後須編造資產負債表、財產目錄及為合併之通知，但於非對稱式合併之存續公司及略式合併之母公司特別排除該規定，因對其（債權人）影響較小。

---

[22] 參閱陳春風，公司法精義，1998年6月，東華圖書出版社，第175頁。

　　三、員工之保護：在於企業併購法第15條以下，有關於員工商定留用權及退休準備金等之規定，關於員工之保護參圖2-5。

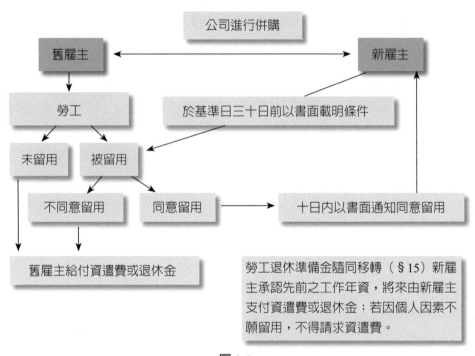

公司進行併購

舊雇主 ⟷ 新雇主

勞工　　　　　於基準日三十日前以書面載明條件

未留用　　被留用

不同意留用　　同意留用 ⟶ 十日內以書面通知同意留用

舊雇主給付資遣費或退休金

勞工退休準備金隨同移轉（§15）新雇主承認先前之工作年資，將來由新雇主支付資遣費或退休金；若因個人因素不願留用，不得請求資遣費。

圖 2-5

第六節 案例分析

第一項 捷普與綠點合併案

第一款 併購雙方

一、美商捷普公司

美商捷普公司（Jabil Circuit, Inc.）爲一著名的美資企業，成立於1966年，總部設於美國佛羅里達州，全球員工約10萬名，於全球21個國家設有據點。上市於紐約證券中心NYSE：JBL，2011年財政年度收入165億美元，目前爲全球第三大的電子合約製造服務商（EMS），於2011年全球財富500強中排名第182名。

其主要營業項目在電腦周邊設備、數位印表機、事務機、數據傳輸、自動化及消費產品等多個領域，捷普集團向全球各地的客戶提供從設計、開發、生產、裝配、系統技術支援，甚至到最終用戶分銷等優質服務。憑藉強大的技術優勢、銳意創新的專業態度和盡善盡美的服務精神，捷普集團一直處於國際市場領先地位，擁有分布在美洲、亞洲及歐洲等超過40個高度自動化的生產基地，資金、技術實力雄厚。

捷普集團除提供強大的生產技術外，近年來亦積極投入產品技術研發，於臺灣、美洲、歐洲及上海皆設有研發單位。臺灣捷普科技專注於設計研發，積極發展數位家庭、印表機、事務機、白色家電等產品技術，目前於臺北內湖及新竹竹北設有設計服務中心[23]。

---

[23] 參閱http://zh.wikipedia.org/wiki，最後瀏覽日：2012年1月6日。

二、綠點公司

綠點公司全名為綠點高新科技股份有限公司，簡稱GPG，創立於1981年，公司股票於1998年開始公開發行，並於2002年4月26日正式掛牌上市。

綠點高新科技為一世界知名的通訊及光電零組件製造公司，為世界知名手機大廠最信賴的供應商之一，在臺灣手機機殼之製造居於領導地位。全球生產據點分布於臺灣、大陸（華北、華東、華南）、馬來西亞，總員工人數達2萬人以上。綠點主要產品為為多家世界級大廠之通訊與手機機殼等之零組件專業代工（OEM）及專業代工設計（ODM），全球市占率高達15%，並積極朝向通訊／光電／汽車產業發展，汽車產業則與德國大廠合資成立子公司，通訊產業則以就近生產服務客戶之成功策略，及專責研發團隊，取得競爭優勢及市場先機。

綠點高新科技具有堅強之經營及垂直整合生產與事業群團隊，業績逐年快速成長，甚至超越預期，未來希望全球市占率由15%提升至20%以上，並朝全球通訊／光電專業代工領導廠商、及新機種研發設計領導趨勢擴展邁進。新北市三重區目前設有模具設計中心[24]，於2006年11月被美商捷普公司併購。

第二款　併購原因及經過

一、併購原因

捷普集團進入臺灣設點始於2005年6月，為加強消費性電子代工實力，合併無線通訊廠凱宣科技，成立臺灣捷普科技，資本額為新台幣1.5億元。延續凱宣原先發展GPS、藍牙天線的基礎，臺灣捷普則以設

---

[24]　參閱http://zh.wikipedia.org/wiki，最後瀏覽日：2012年1月6日。

計、製造無線通訊與液晶電視相關零組件爲主。2006年11月捷普再以新台幣300億元買入手機零組件大廠綠點科技。綠點主要產品爲專業設計與代工世界級大廠手機機殼，全球市占率爲12%；購併時，總員工人數達2.5萬人以上。購併除使捷普取得手機機殼設計技術，亦有開拓客戶之效。原先捷普主要客戶爲諾基亞（Nokia），而綠點則有摩托羅拉（Motorola）與索尼愛立信（Sony Ericsson）等訂單[25]。

二、併購經過

綠點公司主要經營項目爲行動電話通訊零組件、陸上行動通訊零組件、充電器零組件等模具射出成型機，爲著名手機機殼製造商。自2005年間起，綠點公司集思擴大客戶群，欲爭取成爲Nokia手機之供應商，考量美商捷普公司是紐約證券交易所上市公司，且該公司並無生產製造手機機殼之能力，在斟酌客戶面與產業垂直整合面之互補性，認爲美商捷普公司爲綠點公司最適合之合作對象，便積極尋找管道爭取與美商捷普公司合作機會；於2005年10月間，綠點公司董事兼總經理江陵海先透過何正卿之介紹，認識臺灣花旗環球財務管理顧問股份有限公司臺灣亞太區環球投資銀行（下稱臺灣花旗投資銀行）董事李明山，透過李明山之介紹，前往位在美國佛羅里達州之美商捷普公司總部，與美商捷普公司負責開發新領域投資業務之高階主管Scott Brown、該公司負責投資併購之高階主管Donald Myers及該公司負責Nokia業務之高階主管Mike Ward會面，再於2005年10月中旬由美商捷普公司Mike Ward帶領相關技術人員先後至綠點公司大陸天津廠與臺灣廠進行參訪，雙方就此建立溝通管道。

---

[25] 參閱360° Research，捷普買下臺廠凱宣興綠點，http://www.digitimes.com.tw/tw/dt/n/shwn-ws.asp?CnlID=10&id=0000l38877-XQ57TPCJ85LCW46J37SZJ#ixzzlidw JYG0fv，最後瀏覽日：2012年1月6日。

　　美商捷普公司雖一度提出欲以綠點公司合組合作團隊或併購綠點公司等提案，然並無結論，惟美商捷普公司高階主管經過多次至綠點公司各工廠參訪，了解綠點公司之科技能力後，自2006年6月起，再次重提欲與綠點公司合作事宜，使綠點董事江懷海於2006年7月27日綠點公司策略會議會前會中，向該公司董事長李毓洲、高階主管陳泰源、李聰龍、林欽棟及獨立董事何正卿、胡明智等人表示美商捷普公司有意投資綠點公司事宜，綠點公司在場主管經商討後形成綠點公司要成為獨立經營團隊，與美商捷普公司的合作方式再議。

　　2006年8月25日，美商捷普公司Mike Ward先以電子郵件通知江懷海美商捷普公司執行團隊想繼續推動與綠點公司交易，該筆交易經內部討論可能會直接採取一階段併購，而非之前所討論過的三階段方式等語，復由Donald Myers以電子郵件寄送內容為美商捷普公司欲以現金百分之百收購在外流通的綠點公司股數，總收購價格在6億2,500萬到7億美元之間，美商捷普公司在2006年12月31日排他期間內會提出詳盡契約，綠點公司在排他期間內則不得跟第三人進行收購，如果第三人提出收購要求，應速告知美商捷普公司，綠點公司需於2006年8月31日前回覆美商捷普公司此初始意向書（Jabil Initial Indication of Interest），兩公司高層應於9月中會面，協商實地查核之時程、公布交易之時間、交易之架構，並完成協議等內容之初始意向書予江懷海，江懷海於2006年8月26日收受上開檢附初始意向書之電子郵件後，旋以該初始意向書為電子郵件附件之方式，將之寄送予李毓洲知悉。

　　2006年8月28日綠點公司董事會結束後，方由江懷海向在場之董監事表示美商捷普公司有意以現金收購綠點公司一事，江懷海在理律法律事務所葉雪暉律師之協助下，於2006年8月30日以標題為「Re: Taiwan Green Point Enterprises ("TGP")」之電子郵件回覆美商捷普公司，表達綠點公司願意於2006年10月31日前排他期間內，在20%至33%溢價率

內，給予美商捷普公司二週實地查核期間，以與美商捷普公司繼續討論
進一步之合作等語。美商捷普公司於接獲江懷海上開電子郵件後，於
2006年9月3日以標題為「Indication of Interest for Taiwan Green Point」
之電子郵件回覆江懷海，表達美商捷普公司依據綠點公司於2006年8月
30日回覆之電子郵件內容修正並提出以綠點公司2006年8月24日股票收
盤價即每股新台幣（下同）79.9元為基準計算收購價格之溢價率之意向
書版本予綠點公司；綠點公司內部對美商捷普公司前開意向書再度提出
修正後，綠點公司於2006年9月6日召開之董事會中決議通過與美商捷普
公司簽訂內容為美商捷普公司以100%現金方式併購或取得公司股權，
美商捷普公司與綠點公司合併後，美商捷普公司為存續公司，綠點公司
為消滅公司，美商捷普公司同意以2006年8月24日綠點公司每股收盤價
79.9元為基礎，每股溢價率為18%至38%，價格為94元至110元之現金
取得綠點公司100%流通在外股權，在雙方簽訂該不具約束力之意向書
後，美商捷普公司並將執行為期二週的「Offsite Due Diligence」（即
實地查核），且排他條款期間將持續至2006年10月31日，以供雙方進
行本併購案最後合約之討論，綠點不可與其他第三方進行。

　　由其他第三方所提出之可能的股權或資產交易之不具約束力意向書
案後，美商捷普公司於2006年9月11日對綠點公司提出與綠點公司董事
會決議通過內容大致相同之美商捷普公司將以2006年8月24日綠點公司
股票收盤價即每股79.9元為基準，每股溢價率為18%至38%之價格收購
綠點公司在外流通股數以及可轉換公司債，綠點公司容許美商捷普公司
在簽署意向書後，進行二週實地查核。

　　美商捷普公司與綠點公司復於2006年9月29日簽署保密協定後，美
商捷普公司自2006年10月2日起，在綠點公司向位在臺中工業區國際會
議中心承租之會議室內，進行為期四週之實地查核。於實地查核完成
後，美商捷普公司於2006年11月3日另由Nadeem Jeddy以電子郵件表示

本件交易架構為公開收購後，綠點公司董事長李毓洲、總經理江懷海、副總經理嚴功瀛、財務長李聰龍、財務經理鄭筱雯、法務經理薛雅倩、普訊集團美國代表王秀鈞、胡明智及理律法律事務所範鮫律師等人乃於2007年11月6日前往美國舊金山Holland & Knight律師事務所內，與美商捷普公司Donald Myers等人洽談美商捷普公司公開收購綠點公司股票之價格及合併契約細節等事項，美商捷普公司與李毓洲、江懷海及嚴功瀛於2006年11月8日達成協議，約定美商捷普公司將以每股109元之價格，收購李毓洲、江懷海及嚴功瀛持有之全部股份，以利美商捷普公司後續公開收購綠點公司股票之計畫進行，並將由臺灣捷普公司與綠點公司簽署合併契約案。臺灣捷普公司與綠點公司合併後，將以臺灣捷普公司為存續公司，綠點公司為消滅公司。

　　於2006年11月16日下午2時許，美商捷普公司透過其直接及間接持有100%之子公司即英屬開曼群島商Jabil Circuit Cayman L. P.，臺灣捷普科技股份有限公司（下稱臺灣捷普公司），召開臺灣捷普公司董事會，通過該公司擬公開收購綠點公司股份，並進而依公司法及企業併購法等相關規定，採吸收合併之方式，合併綠點公司，合併後臺灣捷普公司為存續公司，另擬自2006年11月24日起至2007年1月12日止，以現金每股109元之公開收購對價，以公開收購方式，收購綠點公司之股份，預定最高可收購綠點公司股權100%，而綠點公司則先於2006年11月22日14時35分許，召開董事會，通過與臺灣捷普公司簽署合併契約案，合併後，以臺灣捷普公司為存續公司，綠點公司為消滅公司，經參考專家意見，現金合併價格為每股109元，並授權董事長及總經理與臺灣捷普公司簽訂合併契約案後，於2006年11月22日，在臺灣證券交易所舉行記者會宣布合併案，並於同日16時14分17秒，在公開資訊觀測站公布此一重大消息；再於2006年11月23日8時45分，綠點召開董事會，通過該公司於2006年11月23日接獲臺灣捷普公司之通知欲以每股109元公開

收購該公司普通股股票，而於2006年11月23日上午8時57分28秒，在公開資訊觀測站公布此一重大消息。併購流程見表2-3。

表 2-3　併購流程表

時間	事件	備註
2005.10	綠點與捷普第一次接觸，有意合作未成功	
2006.6	捷普再提合作	
2006.6.27	綠點公司策略會議會前會中，董事提及前項合作	
2006.8.25	捷普以E-MAIL提及合併案，但未提出詳盡契約	內容為：該筆交易經內部討論可能會直接採取一階段併購，而非之前所討論過的三階段方式等語，以電子郵件寄送內容為美商捷普公司欲以現金100%收購在外流通綠點公司股數，總共收購價格在6億2,500萬到7億美元之間
2006.8.26	綠點回函捷普可以進一步討論（於公司內部管理會議逐條逐點之討論）	
2006.8.28	綠點召開董事會，並告知董事會成員，捷普有意併購綠點	當場與會人士對於購併案無意見，僅對併購價格有不同之意見
2006.9.3	捷普回函綠點，提出交易價格	以綠點公司2006年8月24日股票收盤價即每股新台幣（下同）79.9元為基準計算收購價格之溢價率之意向書版本予綠點公司

表 2-3　併購流程表（續）

時間	事件	備註
2006.9.6	綠點董事會通過與捷普之合併案	決議通過與美商捷普公司簽訂內容為美商捷普公司以100%現金方式併購或取得公司股權，美商捷普公司與綠點公司合併後，美商捷普公司為存續公司，綠點公司為消滅公司，價格為79.9元
2006.9.11	捷普提出與綠點董事會所通過內容大致相同未有拘束力之意向書	內容為：美商捷普於2006年8月24日之收盤價及每股79.9元之價格，以每股溢價率18%至38%收購綠點在外流動股數及可轉換公司債
2006.9.13	捷普與花旗銀行簽約，委任花旗銀行辦理其併購綠點一案	
2006.9.29	雙方於舊金山簽訂保密協定	
2006.10.2	捷普來臺進行四週之實地查核	
2006.11.3	實地查核完成後，以E-MAIL方式告知綠點表示本件交易結構為公開收購	
2006.11.6	雙方於舊金山協議合併內容	
2006.11.8	雙方於舊金山達成協議合併之內容	
2006.11.16	捷普召開董事會	

表 2-3　併購流程表（續）

時間	事件	備註
2006.11.22	綠點召開董事會通過與臺灣捷普公司簽署合併契約案 臺灣證券交易所舉行記者會宣布合併案，在公開資訊觀測站公布此一重大消息	以美商捷普公司為存續公司，綠點公司為消滅公司，經參考專家意見，現金合併價格為每股109元
2006.11.23	綠點董事會通過臺灣捷普公司之通知，欲以每股109元公開收購該公司普通股股票，在公開資訊觀測站公布此一重大消息	

第三款　法律爭點分析

　　本案中最大之爭點在於公司併購之重大性消息，在我國無論就實務或學說對於時點之認定有所歧異。而最高法院判決[26]認為重大消息於達到最後依法應公開或適合公開階段前往往須經一連串處理程序或時間上之發展，之後該消息所涵蓋之內容或所指之事件才成為事實，其發展及經過情形因具體個案不同而異。因此對於適用證券交易法第157條之1第5項重大消息範圍及其公開方式管理辦法外，仍應以個案衡量，且以公司與他人業務合作之策略聯盟而言，可能有雙方之磋商（協議）、訂約、董事會通過、一方通知他方變更或終止（解除）合作、實際變更合作內容或停止合作、對外公布停止合作等多種事實發生之時點。於有多種時點存在時，依上揭規定，為促進資料取得平等，以維護市場交易

---

[26]　參閱最高法院99年度台上字第3770號判決。

之公平，應以消息最早成立之時點為準；而另有判決[27]認為公司之合併案，進行後又暫停，而其協理與監察人買進又賣出股票，對此法院認為其消息未確定（董事會決議時）而無罪，由於實務上認定不同，就以本案來探討於公司合併時，其重大性消息之確立時點。

對於本案之合併消息時點之成立，由於企業主合併並非一蹴可成，須經過雙方公司長時間之磋商，來取得雙方利益之平衡點，對此法院[28]認為重大性消息之成立在於消息有具體內容並達明確之程度，若重大消息所涉之事實是否發生，仍具高度不確定性或有其他變數存在，而未達確定成立之際，內部人與一般投資人所面臨之交易風險相同，得為理性判斷之基礎無異，何來資訊不平等、違背信賴關係可言，故重大消息必以確實成立且可明確界定成立時點為認定標準。

學說[29]認為任何重大消息都有它形成之過程，如果固守僵硬之標準，認為凡程序尚未完成，消息尚未確定者，即謂未成立而非內線消息，此見解過於僵化，可能導致有心人士之操作，而違背內線交易之立法目的，就如同美國Basic Inc. v. Levison案，以衡量交易可能完成的機率或完成後對投資決定可能產生之影響作綜合判斷，非以程序是否完成來判定其消息。而我國法在證券交易法第36條之1中授權主管機關所定之資產管理規則第24條第4項，將併購行為揭露時點，以董事會決議後二日，將其資料上傳至網際網路備查，由此可看出主管機關似有意將合併資訊揭露之時點確定於董事會決議之日。因此認為對於合併之重大消息成立時點，應以董事會成立或相當於該階段之時點，為成立時點。

---

[27]　參閱臺灣臺北地方法院91年度訴字第845號刑事判決、臺灣高等法院92年度上訴字第605號刑事判決。

[28]　參閱臺灣臺北地方法院96年度重訴字第132號刑事裁定。

[29]　參閱賴英照，股市遊戲規則─最新證券交易法解析，2009年10月再版，元照出版社，第525頁。

就本案分析，首先2006年8月25日前，併購雙方之初步接觸，綠點公司之策略會議，爲雙方合併初步評估之階段，公司無須揭露資訊。而於2006年8月25日至同年9月29日，爲出價前之評估階段，捷普公司已發出初始意向書，以100%現金方式併購或取得公司股權，美商捷普公司與綠點公司合併後，美商捷普公司爲存續公司，綠點公司爲消滅公司，美商捷普公司同意以2006年8月24日綠點公司每股收盤價79.9元爲基礎，每股溢價率爲18%至38%，價格爲94元至110元之現金取得綠點公司100%流通在外股權，而此時其內容仍爲概略之初稿，但可見其合併之可能性已大大提高，可能成爲高可能及高影響度之消息。以「可能性及影響程度權衡」爲判斷標準，衡量交易可能完成的機率或完成後對投資決定可能產生之影響作綜合判斷，該消息於2006年9月6日似已成立，雖然雙方僅簽署不具法效力之意向書，而已就該合併之架構與交易價格先於討論，但因尚無拘束力，故應以2006年11月3日爲其最後必須揭露之時點，因爲雙方已完成實地查核，其合併契約之架購與詳細內容已完成。

而2006年11月16日捷普之董事會，由於捷普非公開發行公司，毋庸踐行董事會或相當同階段之日的資訊公開程序，但於2006年11月18日之經濟日報報導[30]，由於綠點之前傳出富士康、偉創力及捷普等全球三大EMS廠皆有意收購，每股售價介於110元至120元，對此消息綠點在可能被併購時，綠點表示無被併購意願，此時該併購已成爲重大之消息，應予揭露，但綠點公司未予揭露，還表示並無併購意願，應已違背重大性資訊揭露之原則。

本件北院、高院更一審及最高法院[31]見解認爲當雙方公司簽署無拘

30 參閱費家琪、陳雅蘭，併購題材助派，經濟日報B4版，2006年11月18日。

31 參閱臺灣臺北地院96年度重訴字第132號判決、臺灣高等法院102年度金上重更（一）字第7號判決及最高法院104年度台上字第3877號判決。

束力意向書時，爲成立重大消息，但這讓產業界重量級代表聯合發出聲明[32]，認爲重大消息明確的時點應爲實地查核完成時，非爲簽署無拘束之意向書，尤其涉及跨國併購時，認爲不可能僅就無拘束意向書投資大筆金額，仍應經實地查核，故應可認定爲重大消息之成立，如高等法院對於力晶[33]案之認定。就現行法院見解，仍採二種不同之看法，但依照併購實務之情形，簽訂意向書既不表示已有併購之合意，則簽訂時點自難謂併購案之重大消息時點，此時併購案仍有許多變數，尚不足以達到促成或改變理性投資人之投資決定，故不具備重大性消息明確之要件[34]。

第二項　台新金控併購彰化銀行案

第一款　併購雙方

一、台新金控

　　這幾年來，臺灣金融業正經歷著各種不同的變動與衝擊——新外商銀行以及國際大型證券投資機構等加入市場，帶來了新的金融商品與新的金融商業模式，使得競爭更爲劇烈；隨著金融控股公司成立，更完整且多元的金融服務紛紛出爐。自金融機構合併法及金融控股公司法通過以後，金融機構整合金融商品跨業經營已成未來趨勢。台新銀行、大安銀行、台新票券及臺證證券共同以股份轉換方式設立台新金控。先由台新銀行與大安銀行合併並以股份轉換方式於2002年2月18日共同設立

---

[32]　參閱鍾張涵、董介白，產業四大咖：紅線在哪裡，聯合晚報A3版，2015年12月21日。

[33]　參閱臺灣高等法院103年度金上重更（一）第3號判決。

[34]　參閱賴源河、郭土木，論企業併購案涉及內線交易之重大消息何時明確，月旦法學雜誌，第244期，2015年9月，第192頁。

台新金控。台新金控爲臺灣領先之金融機構，在消費金融與銀行業務上著墨甚深。目前台新金控的銀行主體——台新銀行總資產超過新台幣7,500億元，共有101家分行據點，股本新台幣1,043.62億元[35]。

二、彰化銀行

彰化銀行創設於1905年6月5日，由彰化縣吳汝祥先生集合中部地方士紳，集資22萬日圓，充爲股本。於當年發起組織設立「株式會社彰化銀行」，設總行於彰化，是爲本行發展之開始，迄今已逾105年。1945年10月25日臺灣光復，1946年10月16日本行成立彰化商業銀行籌備處，由林獻堂先生擔任籌備主任，並由政府接收日籍股東之股份。1947年2月舉行創立股東大會，由董事會推選林獻堂先生爲董事長。同年3月1日正式改組成立爲彰化商業銀行，率先成爲公營銀行民營化第一家，資本總額定爲舊台幣1,500萬元。1949年6月臺灣實施幣制改革，發行新台幣，1950年12月本行將資本總額調整爲新台幣240萬元。其後經過多次增資，至今本行資本總額爲新台幣620億9,475萬6,000元，爲國內資本雄厚，基礎穩固之商業銀行。1997年12月，臺灣省政府將其持有之本行普通股股票進行公開招募，以執行公營事業民營化之政策，1998年1月1日正式改制民營。彰化銀行除在臺的178家分行外，另於世界主要金融中心設有9家分行及1家支行，包括紐約分行、洛杉磯分行、東京分行、倫敦分行、香港分行、新加坡分行、昆山分行、昆山花橋支行（臨近上海）、東莞分行以及福州分行等[36]。

---

[35]　參閱https://tw.stock.yahoo.com/d/s/company_2887.html，最後瀏覽日：2018年12月31日。

[36]　參閱https://www.chb.com.tw，最後瀏覽日：2018年12月31日。

第二款　併購背景及經過

一、併購之背景

自政府開放新銀行設立以來，銀行總分支機構大幅增加，自1990年之前只有24家，1992年增至40家，2001年更多達53家，再加上部分信用合作社亦因改制或合併相繼加入市場競爭，以至於同質銀行家數過多而造成過度競爭。銀行業者為能在激烈競爭環境中求生存，放寬授信標準，使得放款餘額大幅增加，整體金融機構放款餘額增加幅度遠超過經濟成長率，同時帶來銀行不良授信資產的快速累積，進而影響金融產業健全經營與未來發展。政府部門為協助銀行業者改善經營體質，積極提出各項金融改革措施，鼓勵銀行轉銷呆帳，逐步提高產業競爭力與獲利率。

臺灣的金融改革，源自「挑戰2008國家發展重點計畫」中，將金融改革列為三大改革之一，並於2002年7月，組成「行政院金融改革專案小組」，分別就銀行、保險、資本市場、基層金融查緝金融犯罪等方面規劃，並推動各項興革措施，其中逾期放款比率，在政府督促金融機構大力打消呆帳下，已由2002年3月的最高8.04%，下降至2003年底的4.33%，2004年3月更下降至3.31%，且2003年資本適足率10.07%，高於國際標準8%，順利達成陳總統宣示的「二五八金改目標」，即在二年內，逾放比降到5%以下，且資本適足率提至8%以上，此稱為第一次金融改革。

第一次金改是以「除弊」為重點，政府想在改革成效的基礎上，以進一步提升我國金融服務業的國際競爭力為施政重點，主軸在於「興利」，因此，第二次金改的目標，將是建構與國際接軌的金融環境與法制、推動臺灣成為區域金融服務中心。簡單的說，就是金融機構大型

化、國際化，以增加臺灣金融產業的競爭力。2004年10月20日，陳水扁總統在主持經濟顧問小組會議後，宣布第二次金改四大目標，這四大目標分別是：

（一）明年底前至少三家金控市占率超過10%。

（二）公股金融機構的家數今年底以前由12家減六家。

（三）金控家數明年底前減半成為七家。

（四）至少一家金控到海外掛牌或引進外資。

政府宣示第二階段金改目標，希望以鼓勵合併方式，使2006年底前國內14家金控公司家數減半，以強化競爭力。金管會擬定的金控併購可能出現的三大模式，即以民營化官股金融機構互相合併、民營化官股與民營金融機構合併，或與民營化官股金控、純民營金控、加上外資共同合併。

二、併購經過

彰化銀行於2004年董事會及股東常會通過辦理現金增資案14億股，打算參與GDR（海外存託憑證），希望可以引進國外投資人。彰化銀行之所以要增資參與海外存託憑證一方面是為了強化自身的財務基礎，另一方面也希望可以藉此引進外國投資人的經營技術、管理策略。

其實彰化銀行的GDR發行案背後有著很多目標及方向，例如所引入的外國投資人能和彰化銀行配合，在業務方面能互相補足；折價的幅度不能太多等等。後來，因為外資的出價低於預期，出價高者亦非彰銀所預期的投資人性質，所以財政部宣布將此發行案暫緩施行。

由於彰化銀行的資本適足率低、呆帳也多，所以彰化銀行在2005年6月召開董事會，決議以私募方式發行乙種特別股，定每股為17.89元，作為競標之最低價格。

　　此次參與競標的公司主要還有另外三家，兆豐金、富邦金、新加坡淡馬錫。

　　台新金在2005年6月董事會通過募集丙種特別股5億股及230億元的次順位公司債，展開競標彰化銀行的籌資行動。台新金原定24元為競標價，然而，台新金董事長吳東亮提高至26.12元；於是，同年7月22日的公開資訊觀察站上公示的消息是：台新金以每股26.12元，總價365.68億元得標，將持有彰化銀行22.5%之股權（參表2-4）。

　　而該次彰銀之特別股特色具有：（一）乙種特別股具有普通股的投票權及被選舉權；（二）規定乙種特別股自發行滿一年後至發行滿三年之期間內，得轉換為普通股，且轉換時須全數轉換，若滿三年未轉換，則強制轉換；（三）以發行價格為基礎去計算股息，股息為1.8%（甲種為6.1%）；（四）未來特別股不掛牌，轉換時價值將與普通股市價背離；（五）乙種特別股及由乙種特別股轉換之普通股，自乙種特別股股票交付特別股股東之日起三年內，不得轉讓；（六）此特別股係採權益法認列，而非成本法。

　　且採私募可轉換特別股，為避免內部人賤賣公司股票與外部人怕買貴之心態，彰銀透過可轉換特別股來募資，可以高於目前市價（18元）之價格（26.12元）來募集，且對買入特別股之台新金而言，有三年緩衝期，可以觀察彰銀之經營狀況，亦可以特別股股東身分享有三年穩定股息。

表 2-4　台新金併購彰銀流程表

時間	事件
2004.3.23	彰銀董事會決議辦理現金增資14億
2004.6.11	彰銀股東會常會決議發行海外存託憑證
2005.5.6	彰銀公告現金增資參與私募海外存託憑證案暫緩施行

表 2-4　台新金併購彰銀流程表（續）

時間	事件
2005.6.14	台新金董事會決議通過申請發行230億元公司債、丙種特別股5億股，募集到380億元資金
2005.6.24	彰銀董事會決議以私募方式發行乙種特別股
2005.7.22	彰銀公告國內現金增資私募發行乙種特別股14億股之得標投資人為台新金控，得標價格為每股26.12元
2005.7.29	彰銀董事會討論公司章程通過特別股增資案
2005.8.1	台新金和彰銀締約
2005.8.4	台新金公告丙種特別股5億股發行價格暫定為每股新台幣30元，發行總金額為新台幣150億元，全數用以認購彰銀乙種特別股
2005.8.18	台新金說明2005年公司債發行將全數用以認購彰銀乙種特別股
2005.9.23	彰銀股東臨時會表決通過辦理國內現金增資私募發行乙種特別股14億股
2005.10.3	台新金完成股款繳納手續，以新台幣365.68億元投資彰銀乙種特別股，取得22.5%之表決權比例
2005.11.25	彰銀股東臨時會，台新金取得彰銀15席董事中之八席，五席監察人中之三席
2006.10.14	彰銀召開董事會，遴選「換股比例」財顧公司，造成官股董事退席
2006.11.24	原彰銀總經理陳辰昭辭職，由台新金總經理陳淮舟出任

第三款　法律爭點分析

一、彰銀私募有價證券未事先經過股東會通過，是否違法？

依照證券交易法第43條之6[37]公司辦理私募，應通過股東會特別決

---

[37] 證券交易法第43條之6第1項：「公開發行股票之公司，得以有代表已發行股份總數過半

議，而本案中為台新金高價標得後，才由彰銀召開臨時股東會，修改章程列入乙種特別股。在實務上公司與特定人洽定私募意願與價格後，因其非公司單方設定條件即可成立，須在關鍵條件談定後，再行召開股東會同意，證期局認為並未違法。

二、彰化銀行董事會官股退席之董事會決議的效力？

彰化銀行在2006年召開董事會，當天原要討論選出合併財務顧問公司，由顧問公司先評估是否要合併，如果能合併，再進一步討論換股比例之問題。然而，當天的議程和原先討論的不同，跳過是否合併之討論，直接進入討論換股比例的顧問公司。官股認為，須有緊急情況才能臨時變動討論的議程，否則，應給予七天的時間；惟，台新金利用其代表董事相對多數的情況下，照案通過，導致四席官股退席，由台新金控八席董事及彰化銀行二席董事繼續開會，通過遴選財務顧問公司的程序。此次臨時董事會決議是否違法，引起各界質疑。

依當時公司法第204條第1項規定：「董事會之召集，應載明事由，於七日前通知各董事及監察人。但有緊急情事時，得隨時召集之。」[38]針對此決議，財政部認為，彰銀官股董事退席事件，只是對董事會程序有疑義，要求補正程序以符合公司法的規定；而財政部並沒有明白表示應如何補正程序上之瑕疵。對此認為彰化銀行此次董事會決

數股東之出席，出席股東表決權三分之二以上之同意，對左列之人進行有價證券之私募，不受第二十八條之一、第一百三十九條第二項及公司法第二百六十七條第一項至第三項規定之限制：一、銀行業、票券業、信託業、保險業、證券業或其他經主管機關核准之法人或機構。二、符合主管機關所定條件之自然人、法人或基金。三、該公司或其關係企業之董事、監察人及經理人。」

[38] 依2018年8月1日修正之公司法第204條規定：「董事會之召集，應於三日前通知各董事及監察人。但章程有較高之規定者，從其規定。公開發行股票之公司董事會之召集，其通知各董事及監察人之期間，由證券主管機關定之，不適用前項規定。有緊急情事時，董事會之召集，得隨時為之。前三項召集之通知，經相對人同意者，得以電子方式為之。董事會之召集，應載明事由。」

議應爲無效。首先，按公司法第204條第1項但書之規定，有緊急情事時，始得隨時召集，在本案中，並無緊急之事由，且其在七日前所寄發之通知非爲此次董事會所討論之事項；再者，雖謂董事有出席董事會之義務，不得任意退席，然此前提應建立在會議召集的程序合乎法律規定時，況且董事應被賦予事前知悉議案的權利，利於事前之準備工作及資料的蒐集，若因臨時變動討論議案，會使得董事無法準備而做出不適當的決定，此時對於公司將更加不利。綜合上述兩點理由，認爲董事會決議無效。

三、台新金控派駐彰化銀行之董事，在換股比例一案，須否迴避？

依照公司法第178條規定：「股東對於會議之事項，有自身利害關係致有害公司利益之虞時，不得加入表決，並不得代理他股東行使其表決權。」以及公司法第206條第4項就董事會之決議規定準用第178條之規定。董事於董事會中，就會議之事項有自身利害關係致有害公司利益之虞時，不得加入表決，故依現行公司法規定，董事應迴避表決之情形，必須符合「有自身利害關係」且「致有害於公司利益之虞」兩個要件。而所謂「有自身利害關係」係指董事因該事項之決議特別取得權利或免除義務，又或喪失權利或新負義務[39]；而「有害於公司利益」應包括所有對公司利益造成損害之情形[40]。然而，上述兩種判斷方式過於抽象，遇到實際案例仍不易適用。

依企業併購法第18條第6項規定：「公司持有其他參加合併公司之股份，或該公司或其指派代表人當選爲其他參加合併公司之董事者，就

---

[39] 參照大理院11年統字第1766號解釋。

[40] 參照經濟部91年12月6日經商字第09102287950號函。

其他參與合併公司之合併事項為決議時，得行使表決權。」其立法意旨係基於先購後併乃國內合併之常態，且利於公司日後通過決議，所以於本條規定排除公司法中有關利益迴避表決之規定。惟本條之規範對象為「合併」，對於股份轉換是否能適用，則有爭議。經濟部曾作出函釋，表示股份轉換之情形不能適用[41]，然而均未說明何以不能適用之理由。關於此問題，有認為企業併購法第18條第6項並無明文，所以當然不能予以適用；然有學者認為，就合併與股份轉換之收購行為做不同之規範，殊不合理[42]，且依舉重以明輕之原則，既影響股東利益最大的合併行為都能免除利益迴避之表決，則排除股份轉換之併購類型理由何在。

　　本案董事在換股比例一案中，應不需迴避。蓋依我國企業併購法第18條第6項之立法理由：「企業進行合併通常為提升公司經營體質，強化公司競爭力，故不致發生有害公司利益之情形，且公司持有其他參與合併公司之一定數量以上之股份，以利通過該參與合併公司之決議，亦為國內外合併收購實務上常見之做法。」雖企業併購法中僅就合併之類型加以規範，然依前述之說明，以舉重以明輕之法理，應讓企業併購法第18條第6項適用於股份轉換之併購類型上。再者，董事與公司間具有委任關係，對公司負有忠實義務，董事行使職務時如涉有個人利益時，要求其迴避應具有正當性。然若每項涉及個人利益時即要迴避，則易造成董事會決議動輒被推翻或無效，影響公司經營。美國法上關於董事有利益衝突應迴避表決之情況，大多都適用在董事與公司間有交易行為的時候，藉此來加以平衡。最後，若以股份轉換方式進行併購後，仍要遵守利益迴避之規定，則將使得企業併購成本提高。綜上所述，應認為台新金控派駐彰化銀行之董事，在換股比例一案，不需迴避表決。

---

[41]　參照經濟部91年6月3日經商字第09102102680號函。

[42]　參閱劉連煜，股東及董事因自身利害關係迴避表決之研究─從台新金控併購彰化銀行說起，台灣本土法學雜誌，第112期，2008年9月15日。

第三項 富邦金吸收合併日盛案

第一款 併購雙方

一、富邦金融控股股份有限公司

富邦金融控股股份有限公司（以下簡稱富邦金控）是我國上市的金融控股公司[43]，創立於2001年12月19日，並於2001年12月19日正式掛牌上市。富邦金控係以台北富邦商業銀行、富邦產物保險、富邦人壽保險、富邦綜合證券為核心企業，截至2021年6月底，富邦金控總資產達9兆9,905億元，為台灣第二大金融控股公司，2021年連續四年入選《財星》（Fortune）雜誌全球500大企業（Fortune Global 500）；2021年連續兩年蟬聯《品牌金融》（Brand Finance）全球500大最有價值品牌[44]。

拓展規模事業體方面，在2005年富邦銀行合併台北銀行，以富邦銀行為存續公司，合併後改名為台北富邦銀行；2008年底，富邦金控透過富邦銀行（香港）成功參股廈門銀行，成為首家參股登陸之台資金融機構，並陸續於2010年成立富邦財產保險公司、2011年合資成立方正富邦基金管理公司。2014年富邦金控及台北富邦銀行正式取得華一銀行80%股權，隨後更名為富邦華一銀行，並於2016年成為富邦金控全資子公司，富邦金控成為在兩岸均擁有銀行子行的台資金融機構。2018年富邦金控並進一步正式直接持有廈門銀行19.95%股權，推升大陸投資布局之效益。同時，富邦金控也持續進行亞洲區域布局，2015

---

[43] 金融控股公司法第4條第1項第2款規定：指對一銀行、保險公司或證券商有控制性持股，並依本法設立之公司。

[44] 參閱https://www.fubon.com/financialholdings/about/info.html，最後瀏覽日：2022年2月16日。

年底富邦人壽取得韓國現代人壽48%股權，成為僅次於韓國現代汽車集團的第二大股東；2018年9月，富邦人壽提高持股比例至62%，正式取得該公司控制權，並更名為「富邦現代人壽」；2021年6月富邦人壽完成現金增資，再將持股比例由原62%提高至77%。台北富邦銀行持續深耕東南亞市場，新加坡分行及雅加達辦事處分別於2016年及2019年開業，此外，台北富邦銀行與富邦產險自2008年相繼於越南設立分行與全資子公司，迄今為越南據點最多的台資銀行與產險公司。

為強化銀行及證券業務，擴大整體規模經濟與效益，富邦金控於2021年3月底取得日盛金控過半股權，富邦金控於2021年3月公開收購日盛金控條件成就，創下國內首樁「金金併」里程碑。展望未來，富邦金控將持續尋求各項合作機會，朝「亞洲一流金融機構」之願景穩步邁進！

公司治理表現方面，富邦金控連續四年入選DJSI道瓊永續指數最高等級「世界指數」（DJSI World）成分股、連續五年入選DJSI道瓊永續新興市場指數成分股，以及連續五年入選MSCI永續指數成分股。2020年亦榮獲CDP氣候變遷評比「A List」榮譽及「供應鏈議合」最高A級評等。此外，富邦金控亦連續十二年榮獲《亞洲公司治理》（Corporate Governance Asia）雜誌頒發「亞洲地區最佳公司治理」殊榮、連續十年獲《財資》（The Asset）雜誌評選為「最佳ESG企業白金獎」最高榮譽，顯示富邦金控在永續經營的決心與努力，已成業界標竿。

二、日盛金融控股股份有限公司

日盛金融控股股份有限公司（以下簡稱日盛金控）於2002年成立並於同年正式上櫃。日盛金是以日盛證券為主體的金融控股公司，旗下

有日盛證券、日盛國際商業銀行及日盛國際產物保險代理人。該金控主
要獲利來源爲日盛證券，截至2022年2月中止日盛證券總計分公司數達
44家[45]。因此目前該金控的運作模式是以結合日盛證券的通路，成立跨
公司之功能性組織，將原有證券及銀行之相關服務，透過跨業商品組合
之搭配共同行銷。

　　拓展事業規模方面，日盛金控成立之初，即不斷地、持續地以併
購模式拓展規模，例如2002年日盛證券併購頭份證券，營業讓與基準
日爲2002年10月4日，分公司據點增加三家，達37家。同年以合併增資
發行新股方式，合併元信證券，換股比率爲日盛證券1股換元信1.2997
股，合併基準日爲2002年10月11日，分公司據點增加五家，達42家。
同年併購和美證券，營業讓與基準日爲2002年10月30日，分公司據點
達43家。2005年日盛銀行收購台開信託信託部，分行家數將由34家擴
增爲46家。2006年與日本新生銀行完成締結策略聯盟合作簽署，新生
銀行將投資新台幣113.4億元，取得日盛金控31.8%的股權，並取得三席
董事席位及日盛金風控長與日盛銀行信用審查主管的提名權。

　　公司治理方面，2015年至2018年臺灣證券交易所公布第三屆公司
治理評鑑結果，日盛金控榮獲第三屆公司治理評鑑上櫃公司排名前5%
之殊榮；2019年臺灣證券交易所公布第五屆公司治理評鑑結果，日盛
金控在上櫃公司排名級距爲6%至20%；2014年至2015年日盛金控獲證
基會第11屆上市櫃資訊揭露系統A++評鑑，代表公司重大訊息都完全透
明、對投資人無任何隱藏資訊。

　　2021年3月23日，富邦金控在中華民國公平交易委員會同意下，於
當日收購截止後取得日盛金控股份達53.84%，該公司成功被富邦金控
收購，達成臺灣首例金控合併交易。2021年8月31日，日盛金控舉行股

---

[45] 參閱http://www.jsun.com.tw/About/History，最後瀏覽日：2022年2月17日。

東會並改選董事，富邦金控拿下全數席次，並預計2022年第一季完成兩家金控合併，及規劃2022年底前完成富邦證券及日盛證券、台北富邦銀行及日盛銀行等子公司整併[46]。

第二款　併購原因及經過

一、併購原因

　　富邦金控事業規模可稱金融業界之老二，僅次於其兄長所經營的國泰金控。富邦金控為擴張事業版圖、提升資本效率、達到成本優化，並強化銀行證券業務，擴大整體規模經濟與效益，提供雙方客戶更優質多元的產品與服務，進而發揮金融產業整併之價值與綜效，擬規劃合併日盛金控。富邦金併購日盛金控之後，富邦金將壯大銀行與證券業務的效益，令大眾頗為期待，2021年更出價競標花旗在台消金業務，雖然並未如期順利得標，但可顯示其擴大在台金融版圖，以利未來兩岸三地金融事業拓展的強烈企圖。以富邦金控併日盛金控來說，證券交易所統計至2021年10月底的最新資料來看，富邦、日盛證券成交金額的市占率分別排名第三、第十名，富邦證券僅次於元大與凱基證券居第三位，富邦與日盛合併之後，將更具問鼎前二名的實力。

　　在銀行方面，台北富邦銀行全台分行數135家，若加上日盛銀行44家，整併後分行數達179家，將成為民營銀行之冠。合併後之存續公司登記實收資本額為新台幣134,049,543,940元，分為普通股11,804,964,394股及特別股1,599,990,000股，每股面額新台幣10元[47]。金控具體擴大規模的效益顯見，雙方在員工與業務整併下，提高獲利可

---

[46]　參閱https://ec.ltn.com.tw/article/breakingnews/3656022，最後瀏覽日：2022年2月17日。

[47]　參閱http://www.jsun.com.tw/About/News_page，最後瀏覽日：2022年2月17日。

期[48]。

　　整併之後，整體觀察有助於富邦金控提升資本效率、達到成本優化，並強化銀行及證券業務，擴大整體規模經濟與效益，提供雙方客戶更優質多元的產品與服務。富邦金控同時也將致力共創勞資和諧之職場環境，進而發揮金融產業整併之價值與綜效，以期創造富邦金控及日盛金控員工、客戶、股東及產業之多贏局面，並持續朝向「成為亞洲一流金融機構」之企業願景邁進[49]。

二、併購經過

　　富邦金在110年11月5日召開股東臨時會決議通過吸收合併日盛金控案，將創下「金金併」歷史里程碑，是國內首樁金融控股公司併購案。事實上，富邦金控於109年12月19日宣布以每股不超過新台幣13元（含權息）的價格公開收購日盛金控普通股，除權、除息交易日後將調整每股以不超過新台幣12.4元收購日盛金控普通股至少50.01%，且於109年12月21日向金管會申報並經該會於110年2月24日通過不禁止結合案之決議。公開收購期限展延至110年3月30日止已完成收購日盛金控57.93%普通股股權。受委任機構為兆豐證券股份有限公司[50]。富邦金控公開收購取得日盛金控大多數股權後，規劃以吸收合併方式併購日盛金控，以現金為合併之對價，將按日盛金控普通股股份每股換發新台幣12.4元（除權息）予日盛金控股東，自合併基準日起，所有日盛金控仍留流通在外之剩餘全數股票將因合併而消除。

　　富邦金多次於大眾媒體公開表示，因企業併購最後整合階段是併購

---

[48] 參閱https://ctee.com.tw/news/finance/544175.html，最後瀏覽日：2022年2月17日。

[49] 參閱https://finance.ettoday.net/news/2117098，最後瀏覽日：2022年2月16日。

[50] 公開資訊觀測站https://mops.twse.com.tw/mops/web/t05st01，最後瀏覽日：2022年2月10日。

成功的關鍵，此階段特別著重於雙方企業文化融合及員工之歸屬感，因此特別重視員工的權益。據此，富邦金控在正式入主之前，已積極與日盛金控暨子公司企業工會、日盛銀行企業工會針對員工團體協約進行多次協商，互動情形良好，更承諾留用所有受僱員工，除有勞動基準法第11條或第12條所定情形外，不得以任何方式不當變更或終止與日盛金控員工間之僱傭關係[51]，並將致力共創勞資和諧職場環境，進而發揮金融產業整併價值與綜效，以期創造富邦金及日盛金員工、客戶、股東及產業的多贏局面。

　　前經公開收購大量股權的富邦金於110年11月5日通過股東臨時會決議合併日盛金控，並於110年12月26日向金管會申請合併日盛金，卻經日盛金工會反應，合併案還沒完成、也尚未簽訂團體協約下，富邦金擬先停業清算日盛投顧，引起員工不安；金管會將要求日盛金赴金管會說明，綜合考量合併案准駁。實際上，日盛銀行及日盛金控兩工會至今和富邦金進行六次團體協約協商會議，但針對優離、優退及留任員工獎勵等相關條約在內的員工安置計畫草案，仍未達成具體共識。對於富邦金擬在合併前先停業清算日盛投顧，並讓日盛投顧40多名員工轉任富邦金旗下子公司，日盛金控工會理事長認為，富邦金在團體協約未簽訂下，對個別員工作出提前轉任的安排，使日盛金暨其子公司員工頗受身心壓力。另外，日盛銀行員工人數從3月底的1,503人降至11月中旬的1,381人，已離職上百位。工會籲請金管會要求富邦金儘速就優離、優退及留任員工獎勵相關訴求與勞方達成共識，同時請主管機關嚴加審查員工安置計畫、人事異動案、分行服務據點遷移申請案，以保障員工權益。日盛金控工會就本案併購所衍生勞工爭議主要訴求為：

　　（一）對於留用員工，應給予三年工作權的合理適應期；願意留任

---

[51]　參閱http://www.jsun.com.tw/About/News_page，最後瀏覽日：2022年2月17日。

或選擇繼續留任員工，滿一定期間能給予留任獎金。

（二）對於不留用或拒絕留用員工，應提供優於勞基法優離、優退方案，依規定核給資遣費，並按優惠補償基數計算。

（三）對於富邦金提前清算日盛投顧，並個別對員工商定留用或提前轉任的決定，員工擔憂權益未受明文保障，故請金管會監督富邦金，在未簽訂團體協約或員工安置計畫前，應立即停止員工提前轉任，同時請金管會嚴加審查員工安置計畫、人事異動案、分行服務據點遷移申請案，以保障員工權益。

金管會於會中表示相當重視員工權益，將要求富邦金說明釐清，並於審核相關案件時，除督促金融機構和員工及工會妥適溝通，也會在審視相關內容時，確認安置計畫是否為勞資有共識的方案，亦請勞動部及證期局表示意見，並納入審核整併或裁撤分行的綜合考量[52]。

表2-5　富邦金併購日盛金流程表

時間	事件
2020.12.19	富邦金控於公開資訊觀測站宣布公開收購日盛金控至少50.01%，收購期間自2020年12月22日至2021年2月1日止
2020.12.21	富邦金控向金管會申報與日盛金控之結合案
2021.1.5	日盛金控宣布審議委員會審議結果為公開收購價格過低
2021.1.29	公開收購人尚未取得公平會之不禁止結合決定，故向金融監督管理委員會申報並公告延長原預定公開收購期間。經延長五十日後，收購期間至2021年3月23日止

---

[52] 參閱謝方娪，還沒合併先停業清算日盛投顧？金管會要日盛金說明，經濟日報，2021年11月30日，https://money.udn.com/money/story/5613/5928364?from=edn_referralnews_story_ch12017，最後瀏覽日：2022年2月10日。

表2-5　富邦金併購日盛金流程表（續）

時間	事件
2021.2.24	公平交易委員會通過不禁止本公司與日盛金融控股股份有限公司結合案之決議
2021.3.23	2021年3月23日止累計參與應賣之普通股股數達2,030,999,369股，已超過最低收購數量1,886,603,386股，公開收購條件均已成就
2021.3.24	日盛金大股東之一日本新生銀行於該公司官網揭露，將其持股全數參與富邦金公開收購
2021.3.24	富邦金控公開收購日盛金控普通股，收購對價已匯入受委任機構兆豐證券股份有限公司名下之公開收購專戶
2021.4.26（2021.5.3）	富邦金控宣布於2021年12月31日前擬自公開市場以每股除權息後，以每股不超過新台幣12.4元持續買進日盛金控普通股
2021.9.16	富邦金控及日盛金控分別通過董事會決議吸收合併日盛金控（截至2021年8月27日富邦金控持有日盛金控56.92%股權），日盛金控普通股每股換發（除權息）12.41元；同日宣布將於2021年11月5日召開股東臨時會討論吸收合併日盛金控案
2021.11.12	富邦金控宣布於2022年3月31日前擬自公開市場以每股除權息後，以每股不超過新台幣12.4元持續買進日盛金控普通股（截至2021年11月12日已持有57.93%）
2021.11.5	富邦金與日盛金控分別通過股東臨時會決議合併案並簽訂合併契約

第三款　法律爭點分析

一、公司併購時新舊雇主是否可採商定留用權

　　就公司併購時，存續公司對於目標公司之員工留用或不留用，就其權利保障於企業併購法及勞動基準法中規定如下：

（一）商定留用權

1. 企業併購法

　　有關公司進行合併時對未留用或不同意留用勞工之處理，依第15條規定略以，應支付未留用或不同意留用勞工消滅公司提撥之勞工退休準備金，如有剩餘，應一併移轉至合併後公司之退休準備金專戶，並規定公司進行收購、分割而移轉全部或部分營業或資產者，倘有部分或全部員工一併移轉時，亦應比照公司合併之方式，由讓與公司或被分割公司將其隨同該營業或資產一併移轉之勞工所提撥之退休準備金，按比例移轉至受讓公司之勞工退休準備金監督委員會專戶。支付勞工退休準備金後，得支付資遣費。

　　有關留用或資遣員工部分，依第16條規定略以，由併購公司及目標公司共同商定，並應於併購基準日三十日前，以書面通知商定留用員工及勞動條件[53]，屆期未為通知者，視為同意留用，該員工亦應於十日內表明是否留任；就留用勞工之工作年資，存續公司、新設公司或受讓公司應予以承認。企業併購法明定企業合併時，採取「商定留用」原則[54]。

　　最後，對於未經留用或不同意留用之勞工之處理，依第17條規定應由併購前之雇主終止勞動契約，並依勞動基準法第16條規定期間預告終止或支付預告期間工資，並依法發給勞工退休金或資遣費。

　　如屬於金融機構的合併案，應係金融機構合併法第19條規定優先

---

[53] 富邦金控於合併基準日三十日前，將載明合併契約附件所列勞動條件之留任通知書寄發日盛金控員工，參閱http://www.jsun.com.tw/About/News_page，最後瀏覽日：2022年2月17日。

[54] 行政院勞工委員會89年4月1日（89）台勞資二字第0012049號函釋表示：「事業單位改組或轉讓期間，為免勞工因對未來充滿不確定感，長期處於惶惶不安情境中，從而影響勞資各自權益，新雇主應有義務將未來相關勞動條件之內容告知勞工或與勞工協商同意後簽訂新約，以穩固勞雇關係。」可知主管機關亦認為新雇主應與留用勞工協商勞動條件，方能使勞資關係和諧發展，不致嚴重影響勞工權益。

於企業併購法規定第15條至第17條規定，故金融機構併購應適用勞動基準法第20條規定[55]。據此，本案富邦金控及日盛金控雙方皆屬金融機構，應優先適用金融機構合併法第15條規定，其員工得享有之權益，依勞動基準法之規定辦理[56]。

2. 勞動基準法

第11條第1款規定公司併購轉讓時，目標公司應預告員工終止勞動契約。又第16條第1項規定：「雇主依第十一條或第十三條但書規定終止勞動契約者，其預告期間依左列各款之規定：一、繼續工作三個月以上一年未滿者，於十日前預告之。二、繼續工作一年以上三年未滿者，於二十日前預告之。三、繼續工作三年以上者，於三十日前預告之。」第2項：「勞工於接到前項預告後，為另謀工作得於工作時間請假外出。其請假時數，每星期不得超過二日之工作時間，請假期間之工資照給。」第3項：「雇主未依第一項規定期間預告而終止契約者，應給付預告期間之工資。」此乃要求雇主應給予合理的預告期間，使員工預先進行工作規劃及準備。

另外，第17條規定：「雇主依前條終止勞動契約者，應依下列規定發給勞工資遣費：一、在同一雇主之事業單位繼續工作，每滿一年發給相當於一個月平均工資之資遣費。二、依前款計算之剩餘月數，或工

---

[55] 李禮仲，企業併購法探討，全國律師，第6卷第5期，2002年，第9-10、15-16頁；朱瑞陽等，企業併購與人力資源之處理，全國律師，第6卷第5期，2002年，第43頁。

[56] 金融機構合併法第2條第1項及第4條規定略以，金融機構之合併，依本法之規定；金融機構係指下列銀行業、證券及期貨業、保險業所包括之機構、信託業、金融控股公司及其他經主管機關核定之機構：
　1. 銀行業：包括銀行、信用合作社、票券金融公司、信用卡業務機構及其他經主管機關核定之機構。
　2. 證券及期貨業：包括證券商、證券投資信託事業、證券投資顧問事業、證券金融事業、期貨商、槓桿交易商、期貨信託事業、期貨經理事業及期貨顧問事業。
　3. 保險業：包括保險公司、保險合作社及其他經主管機關核定之機構。

作未滿一年者，以比例計給之。未滿一個月者以一個月計。」第2項規定：「前項所定資遣費，雇主應於終止勞動契約三十日內發給。」是以，本規定舊雇主對於終止勞動契約之勞工應給予資遣費及給付期限，此又稱勞工資遣請求權。

雖然勞動基準法及企業併購法歷經多次修正，但企業併購涉及層面甚廣，且型態多樣化，僅以勞動基準法第20條、企業併購法第15、16、17條規範個別勞動關係，不足以涵蓋各種併購型態對員工造成之影響，因併購而生之勞資糾紛似未有降低趨勢，且企業併購集體勞動關係之處理相關規範亦欠缺完整性，建議主管機關有必要就企業併購對員工、工會造成之實質影響，在權衡勞雇雙方利益下，重新檢討相關法令，將企業併購有關留用或不留用勞工等相關權益明訂於勞動基準法中俾利參加併購公司遵循，及明文規範企業併購新舊雇主相關權利義務，制定合宜法令以保障員工權益，如此方能減少企業因不可預期的成本導致併購失敗、勞工可從明確的法令規範預先評估是否留用、有助於參與併購公司訂立併購契約時更加謹慎、細緻。

3. 大量解僱勞工保護法

為保障勞工工作權及調和雇主經營權，避免因事業單位大量解僱勞工，致勞工權益受損害或有受損害之虞，並維護社會安定，特制定本法；本法未規定者，適用其他法律之規定（第1條）。公司於併購決議成立後，如屬僱用勞工30人以上之事業單位，應向主管機關通報。

有關大量解僱勞工定義可參第2條第1項規定略以，事業單位有勞動基準法第11條所定各款情形之一、或因併購、改組而解僱勞工，且有本條所定情形之一。據此，於企業併購大量解僱勞工時亦有適用本法之規定。

因勞動基準法第11條規定雇主應預告終止契約，就預告期間於大保

法第4條似有相關規定略以，事業單位大量解僱勞工時，應於符合第2條規定情形之日起六十日前，將解僱計畫書通知主管機關及相關單位或人員，並公告揭示[57]。此資訊揭露之義務明確要求應於併購決議成立之日起六十天內將解僱計畫書通知主管機關並公開揭露相關資訊。另外，前開解僱計畫書內容應說明解僱原因、解僱對象之選定標準及資遣費計算或轉業等輔導方案，似未如同企業併購法所定得採商定留用模式決定是否留用及其條件，從結果而言，勞動基準法對於商定權尚屬曖昧不明，但法院實務採取否定見解；至觀察前開大保法規定，應係採取全部或多數人依同一條件處置的情形[58]，未予雇主可個別商定不同的留用、資遣條件或安置方案等權利。

　　大保法第5條規定賦予員工協商權，於協商期間內，雇主不得任意將經預告解僱勞工調職或解僱。簡言之，在現行法令規定，在併購成立前，參加併購公司雙方或多方可初步討論員工留用或資遣等相關權益之約定；併購成立後，依勞動基準法、企業併購法及大量解僱勞工保護法等相關規定，新舊雇主與目標公司員工始有正式協商的機會。

　　觀察勞基法、大保法及企業併購法對於併購時員工處置等相關規定，可發現併購成立前重點放置於股東權益等保障，需踐行相關法定程序，例如併購特別委員會及獨立專家就併購條件及價格審議合理性、於股東會開會通知書應揭露利害關係董事資訊及併購契約草案、通過股東會特別決議等繁瑣的內部程序。而有關員工留用及不留用等安置方案是放置於併購決議後才正式向利害關係人—員工開啓協商溝通的程序，相

---

[57] 富邦金控承諾於合併基準日三十前，將載明合併契約附件所列勞動條件之留任通知書寄發日盛金控員工，參閱http://www.jsun.com.tw/About/News_page，最後瀏覽日：2022年2月17日。

[58] 大量解僱勞工保護法第4條第3項規定：「事業單位依第一項規定提出之解僱計畫書內容，應記載下列事項：一、解僱理由。二、解僱部門。三、解僱日期。四、解僱人數。五、解僱對象之選定標準。六、資遣費計算方式及輔導轉業方案等。」

較於股東權益的保護，上開規定對於員工權益之保障顯得單薄許多。同樣係屬公司組織的成員、利害關係人，應無區分階級的高低，更不應有權利保障強弱之差異，此部分值得勞工行政主管機關深思。

4. 商定留用權之存廢議題

雖然行政院勞工委員會（現為勞動部）曾在2010年提出之勞動基準法修正草案，有意將勞動基準法第20條修改為「事業單位有合併、分割、概括承受或概括讓與、讓與全部或主要營業或財產等轉讓情事時，勞動契約對於受讓人仍繼續存在」，以排除新舊雇主之商定留用權。惟此修正草案並未正式送交立法程序，後續就勞動基準法及企業併購法之歷次修改亦均未再對雇主之商定留用權進行修法，似可認為立法政策上已肯定新舊雇主之商定留用權。

我國勞動基準法就勞工之解僱採取原因法定原則，雇主僅得於符合勞動基準法第11條及第12條之特定情形時，始能合法解僱勞工。觀察勞動基準法第20條[59]雖然訂有商定留用權之規範，但對於不留用員工預告契約終止及給付資遣費時，仍需符合第11條所列舉情形始有適用。據此，似未能使雇主得個別商定留用員工之權利。

對於商定留用權可從企業併購法規定得知，併購後存續公司、新設公司或受讓公司應於併購基準日三十日前，以書面載明勞動條件通知新舊雇主商定留用之勞工。此亦係商定留用權之明文，可能給予企業主個別協商終止勞動關係之權利，有認屬企業發動併購的誘因之一；相對地，也可能導致溝通協商的成本太高甚至併購宣告失敗，對於員工及股東權益損害更為嚴重[60]，故歷年來併購案勞工走上街頭抗議的案例並無

---

[59] 勞動基準法第20條：「事業單位改組或轉讓時，除新舊雇主商定留用之勞工外，其餘勞工應依第十六條規定期間預告終止契約，並應依第十七條規定發給勞工資遣費。其留用勞工之工作年資，應由新雇主繼續予以承認。」

[60] 台灣橡膠暨彈性體工業同業公會，《勞動基準法部分條文修正草案工業總會建議條

減少，可知不論在學說或立法上都有檢討之聲，亦有修訂之必要。

　　不過我國法院實務見解明確否定適用雇主商定留用權，依最高法院109年度台上字第1396號判決略以，企業併購法第17條第1項規定，企業併購時，新舊雇主享有片面商定留用權，將破壞解僱原因法定原則，應參酌勞動基準法第11條關於賦予雇主終止勞動契約權限規定，及民法權利濫用法理。本案判決認為，法院在審理因併購而不被留用員工所提起的確認僱傭關係存在訴訟時，採取否定企業併購時的新舊雇主個別協商留用權，以及明白要求須依勞基法第11條規定辦理[61]。簡言之，公司進行併購事宜時，不得隨意解僱員工，且認為企業併購法第17條所定商定留用權係屬資遣解僱型態之一，自應依勞動基準法第11條規定辦理。此舉不僅對未來企業在進行併購活動時的公司人力規劃及成本造成重大影響，對於因併購而消滅的公司而言，本身公司體質較弱，應有重新整合的必要，例如包含冗員的裁撤、部門的整合等，但最高法院未通盤考量整體公司經營情形逕作結論，恐怕未實質且客觀的解決併購問題。

　　從企業併購法及勞動基準法可知，立法者雖試圖分以不同的單行法規進行回應，但似乎仍無法於「企業活動的效率」與「勞工權益的保障」中取得平衡[62]，建議未來企業有併購規劃時，對於員工的留用及不留用，除衡量所涉相關資遣的勞動法令規定外，必須採取更詳盡的評估作業及完善的前置溝通作業或訂立明確的併購契約，才能避免勞資爭

文》，http://www.tria.org.tw/picture/down/20100329094341.doc，最後瀏覽日：2022年2月14日。

[61] 企業併購法第11條規定：「非有左列情事之一者，雇主不得預告勞工終止勞動契約：一、歇業或轉讓時。二、虧損或業務緊縮時。三、不可抗力暫停工作在一個月以上時。四、業務性質變更，有減少勞工之必要，又無適當工作可供安置時。五、勞工對於所擔任之工作確不能勝任時。」

[62] 參閱李承陶，論企業併購之勞工權益保護——以商定留用權的存廢為核心，司法新聲，第106期，第43頁。

議，減少參加併購公司及勞工三方的風險[63]。

　　在回頭看富邦金控合併日盛金控之案例，實際上，依金融機構合併法規定本案係優先適用勞動基準法規定。據此，勞動基準法似未賦予雇主有個別商定權且法院實務見解傾向相同，因此在不得個別協商留用條件前提下，自富邦金控於新聞報導所述觀察，似依企業併購法規定，擬採個別商定留用之方式留用員工，後續恐致生相關勞資糾紛，需審慎評估利弊及成本風險。

二、董事會就併購案決議之忠實義務、善良管理人注意義務與利害關係人權益保障

　　企業併購風潮盛行，伴隨所有權、經營權變動，更牽動人力資源配置、勞雇關係維繫，及員工權益如何保障等議題。公司就合併案研議草擬到併購成立之內部過程原則上會召開董事會及股東會，例如董事會應草擬合併契約。依公司法第317條第1項規定略以，公司合併時，董事會應就合併有關事項，作成合併契約，提出於股東會。

　　另董事就本次併購案併購公司之背景及充分蒐集相關資訊，以善良管理人注意義務與他公司協商併購條件、公平價格，並擬訂合併契約，故企業併購法第5條第1項明文規定公司進行併購時，董事會應為公司之最大利益行之，並應以善良管理人之注意，處理併購事宜。如公司董事會違反法令、章程或股東會決議處理併購事宜，致公司受有損害時，應對公司負賠償之責，可參見第2項規定。又併購涉及公司經營權或權利主體的變動或消滅，需特別注意利害關係人權益是否享有充分資訊獲知權，例如股東取得股份對價之合理性、員工資遣或留用及條件、下市

---

[63] 參閱陳正和，企業併購法之商定留用權—最高法院109年度台上字第1396號判決評析，2021年，https://money.udn.com/money/story/11994/5773280，最後瀏覽日：2022年2月14日。

（櫃）的正當程序等，甚至涉及國家經濟面向，故對於併購資訊揭露應有嚴謹之規範，據此，第3項規定公司進行併購時，公司董事就併購交易有自身利害關係時，應向董事會及股東會說明其自身利害關係之重要內容及贊成或反對併購決議之理由。本章節就員工權益保障部分，探討董事會依上開規定作成之併購契約及決議是否盡忠職守為公司謀取最大利益，如有違反，應依公司法第23條規定對公司負責。

　　本章節涉及勞工留用權方面，依企業併購法第15條至第17條規定，公司進行併購時，併購後之存續公司、新設公司或受讓公司應於併購基準日三十日前以書面載明勞動條件通知新舊雇主商定留用之員工；該受通知之員工，應於受通知日起十日內以書面通知新雇主是否同意留用，留用員工於併購前之工作年資，併購後之存續公司、新設公司或受讓公司應予以承認。未獲留用或拒絕留用之員工，則應由併購前之雇主向其預告終止勞動契約及發給勞工退休金或資遣費。至於被併購公司所有之台灣銀行勞工退休準備金帳戶，存續或新設公司得據此承接消滅公司之勞工退休準備金，或依勞工移轉原則，按比例受讓勞工退休金[64]。對此，董事會依企業併購法第5條及公司法第23條規定所定注意義務及忠實義務亦涵蓋上述員工留用或資遣之決定及通知、留用及資遣之條件等權益範圍。

　　若肯定員工權益係屬董事受託義務範圍之前提下，本案日盛金控董事會可能因富邦金控承諾將留用全數勞工，認為員工留用權受充分保障而決議通過並向股東表示贊成的意見。但富邦金控方面，董事會雖希望留用員工，但若個別商定失敗，最終未能留用大部分員工而必須面臨資遣之局面；或是富邦金控詳細評估後認為承諾留用多數員工之併購成本超乎預期，經營管理階層是否可停止併購程序之進行或拒絕履行併購事

---

[64]　參閱https://www2.deloitte.com/tw/tc/pages/legal/articles/transform-employee-legality.html，最後瀏覽日：2022年2月16日。

宜？若肯認董事會得停止併購或拒絕履行，因富邦金控已通過股東會決議，係屬違反股東會決議事項外，富邦金控可能需對日盛金控負龐大的損害賠償責任[65]，均有違反公司法第23條規定之虞。甚至，若富邦金認為全數留用日盛金控員工所耗費成本過大、超出預期成本而落跑、拒絕履行併購契約，屆時富邦金控及其旗下公司及日盛金控及其旗下公司股票形同壁紙，此有關股東權益應如何保障？富邦金及日盛金是否於併購契約即應明確約定？主管機關是否於併購審查時即應審查勞工留用或資遣等後續處置措施？前開所提疑義，建議企業併購法應明文課與公司併購特別委員會、審議委員會、委請獨立專家、董事會及經營管理階層負擔相關勞工安置責任，如其決議或決議過程導致公司利益受有損害，即依公司法第23條及其相關規定負損害賠償責任。

從上開討論可發見，有關併購集體勞動關係之處理於我國勞基法、大保法及企業併購法等相關規範，仍欠缺完整性，勞工權益問題將成為日後併購成敗的關鍵，且是類問題隨併購活動頻繁而日益趨增，經濟部及勞工行政主管機關應權衡勞雇雙方利益下，重新檢討相關法令。在尚未修正前，目前建議企業主處理併購事宜時，應由法律專業人才或人資專業人員規劃併購契約，契約內容應有具體明確勞工權益處置的約定，降低併購風險及避免不可預測的併購成本。

---

[65] Texaco, Inc. v. Pennzoil Co.-729 S.W.2d 768 (Tex. App. 1987).參閱美國賓茲石油（Pennzoil）併購蓋蒂石油（Gretty）案中，賓茲石油與蓋蒂石油大股東於董事會議召集前已簽訂併購協議並約定收購價格，惟蓋蒂石油董事會反向賓茲石油公司請求以高於協議之價格簽訂併購契約，經過雙方幾度協商後，重新以每股110美元簽訂併購契約。隔日，蓋蒂石油董事會卻以每股125元收購價格與德士古石油公司簽訂併購契約，同時向賓茲石油公司表示撤回反悔昨日所簽訂之併購契約。據此，賓茲石油公司以違反併購契約為由向蓋蒂石油請求侵權行為損害賠償。案經德州地方法院判決賓茲石油公司可獲得105.3億美元損害賠償及懲罰性賠償金。

第四項　光洋科經營權大戰

第一款　併購雙方

一、光洋應用材料科技股份有限公司

　　光洋應用材料科技股份有限公司（以下簡稱光洋科）是全球規模最大「光儲存媒體薄膜靶材製造廠」的應用材料科技商，成立於1978年，亦是全球領先的貴金屬與稀有金屬回收精煉、特殊成型、加工以及銷售供應商之一，為光電、資通、石化及消費性產業應用等提供關鍵性的原料、產品與整合型服務方案。目前光洋集團全球員工約有1,800名，在台灣、香港、中國大陸、歐洲、美洲各地設有辦事處及客戶服務中心，提供全球客戶二十四小時服務。光洋科的營運模式係整合其核心技術以及彈性製造與快速服務能力，不僅為全球客戶提供即時的創新、品質與服務，同時也建構市場最具成本效益的製造能力與動態服務。

　　光洋科同時持有台灣環保署核發之氰化物電鍍廢液回收許可及唯一氰化銀化學品製造執照，更配合政府綠色產業與傳統產業高價值化政策，投資設立電子廢料、石化觸媒廢料及汽車觸媒廢料等的貴金屬回收精煉廠，以發展高附加價值與精密之貴金屬材料產品[66]。

---

[66]　參閱http://www.solartech.com.tw/tw/about_solar.html，最後瀏覽日：2022年3月15日。

全球最大
硬碟靶材製造廠
市占率33%以上

台灣最大
光碟片靶材製造廠
市占率40%以上

台灣最大半導體元件類
及封裝靶材製造廠
市占率50%以上

台灣最大
石化觸媒回收廠
市占率70%以上

台灣最大
氰化銀鉀供應商
市占率70%以上

圖2-6

二、台灣鋼鐵集團

　　台灣鋼鐵集團（TSG）是國內最大的一貫化電爐煉鋼的鋼鐵集團，從最上游的煉鋼到下游的消費者使用的鋼品；產品原料從碳鋼到超合金鋼，並透過策略聯盟跨足到貴稀金屬領域；產品品種從鋼筋、螺絲螺帽到國防航太零件均可生產，完整建構產業上中下游一條龍營運模式。

　　集團旗下有五大上市櫃公司，包括上市的春雨工廠（2012）、上櫃的久陽精密（5011）、榮剛材料（5009）、精剛精密（1584）、沛波鋼鐵（6248）與登錄興櫃的春日機械（4544）。

　　TSG持續追求創新，率先鋼鐵同業採用經濟共享模式，採取租用策略共創雙贏，讓廢棄物變成工業原料。此外，追尋資源再利用使命下，成立台鋼環保、台鋼能源等公司，讓廢棄物轉換成能源，並把集團整合成全循環經濟營運模式，致力朝國際級鋼鐵集團與ESG目標邁進[67]。

---

[67]　參閱http://www.gkr.com.tw/info.html，最後瀏覽日：2022年3月15日。

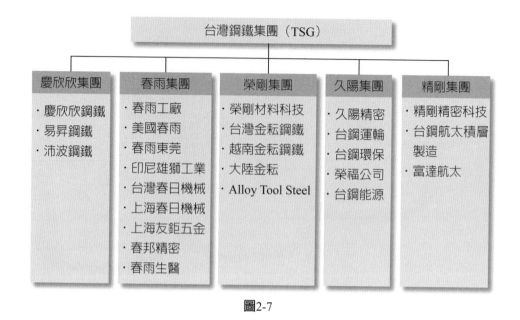

圖2-7

第二款　事實經過

　　光洋科擁有全球最大光儲存媒體薄膜靶材，除經營管理層的努力之外，不可或缺的是TSG的投資及合作協力，TSG是光洋科第一大法人股東同是董事會成員，讓光洋科經營業績與發展有出色的表現，可以說光洋科的成就與成績不能單純地歸功於單方。惟原與TSG合作關係良好的光洋科董座馬堅勇，卻爆發互相角逐董事席次的局面，TSG董事長王炯棻發動突襲，於光洋科2021年11月5日董事會中提出解任原董座馬堅勇職務通過，並被選為新任董事長。光洋科經營權大戰方酣，為爭求委託書，公司派找上立委施壓金管會，要求修改委託書徵求相關法令，市場派也不甘示弱，TSG公布馬堅勇利用LINE徵求委託書。TSG進一步批光洋科並非股務代理機構或徵求人，而係透過員工收委託書，明顯是非法徵求，批評馬堅勇為鞏固個人經營權，竟做出公司治理最壞示範。金

管會也表示，依規定光洋科不能參與徵求，將會要求集保、櫃買中心了解、調查LINE對話。假設LINE是由馬堅勇成立，委託公司員工徵求，不可利用上班時間進行徵求。

因雙方人馬均為董事會成員，光洋科公司派獨立董事吳昌伯對於董事長人選不滿意，於2021年12月27日召集股東臨時會重新改選董監事；TSG則訂於2021年12月24日召集股東臨時會改選董監事。對於股東臨時會鬧雙胞一事，智財法院2021年12月8日裁定禁止雙方召開股東臨時會，同年12月20日獨立董事吳美慧主動發出聲明決定停開於12月24日召集的股東臨時會，並呼籲公司派獨立董事吳昌伯停開於2021年12月27日召集股東臨時會。對此，公司派及獨董吳昌伯也表態強調會堅決抗告到底，並於2021年12月27日公告，原訂今天舉行的2021年第一次股東臨時會，基於尊重法院抗告程序仍在進行中，臨時會決議將延期至明（2022）年元月3日上午9時召開股東臨時會。

另外金管會面對光洋科戰火，要求櫃買中心對光洋科經營權案整體檢視，若有程序不符合公司治理，要求櫃買中心研擬處理措施。至於經濟部對於TSG於2021年11月5日董事會臨時動議改選董事長並辦理變更登記一案，認定有違公司治理並作出不予變更登記之決定[68]，故目前光洋科最新公司變更登記董事長仍為馬堅勇[69]。TSG持有光洋科約10%股權，而公司派則仍掌握約18%股權，要在股東臨時會勝出，目前約握有7%股權的外資，是TSG占領之目標。

雙方在2022年初經過長達二個月左右的密集協商，終於決定大和解，並約定由光洋科供應鏈成員，以信託方式全數承接TSG當初透過私

---

[68] 智慧財產及商業法院分別以110年度商暫字第6號、110年度商暫字第8號等二件裁定禁止。

[69] 參閱https://www.businesstoday.com.tw/article/category/183016/post/202111240006/、https://udn.com/news/story/6839/5913308，最後瀏覽日：2022年3月15日。

募取得之4萬張股票，並以信託合約約定去年（2021）股息和投票權全數劃歸接手的公司，據了解，已有五家公司出手承接，又以散熱大廠健策（3653）及森鉅科技材料（8942）參與私募股權之金額及取得股權之比例較高，而其餘三間企業因取得股權之比例、金額未超過規定公告之額度，因此外界無法得知其取得金額及取得之股權比例。隨著TSG清空手中持有的全部光洋科股權，且TSG派的董事、獨董也都正式辭任，可見TSG已退出光洋科的經營團隊，代表雙方經營權之爭正式落幕[70]。

第三款　法律爭點分析

一、吳昌伯獨立董事遭法院禁止召集股東臨時會，仍強行開會的適法性？

　　光洋科獨立董事吳昌伯於2022年1月3日召集的股東臨時會會議開始前，以TSG為代表的律師團現身會場，企圖阻撓會議進行。同時，有數名股東於會場叫囂謾罵，險些與在場股東爆發肢體衝突。經過統計股東出席總股數為5,300萬7,610股，出席率高達62.43%，符合公司法第174條合法召開會議。吳昌伯表示，因已對定暫時狀態處分提起抗告，為尊重最高法院最終裁定結果，今日股臨會提議延至明年1月3日舉行，並請在場股東投票表決，最後以85.11%的出席股東投票通過該決議。

　　法院執行人員當日到場制止吳昌伯召開股東臨時會，多次點呼馬堅勇和吳昌伯，在場公開宣示法院的強制執行命令，馬堅勇和吳昌伯都不理會。

　　獨立董事既然遭法院裁定禁止召集股東臨時會，也被核發執行命令

---

[70]　參閱https://www.businesstoday.com.tw/article/category/183016/post/202111240006/、https://udn.com/news/story/6839/5913308，最後瀏覽日：2022年3月15日。

送達生效，依強制執行法第129條第1項規定，執行名義係禁止債務人為一定之行為者，債務人不履行時，法院得處以怠金或管收。其違反假處分裁定者，依同法第51條規定對執行債權人不生效力，因此受裁定禁止召集者已喪失召集權，該股東臨時會為無召集權人所召集的股東臨時會，依法相對無效，因此主管機關自不宜對此違反禁止召開之裁定且屬無效的股東臨時會予以登記。

二、吳昌伯召集的股東臨時會的股代宏遠證、徵求人中信銀及國票證、電子投票平台集保公司是否仍應配合該遭法院禁止的股東臨時會的召集？

本案既然已由法院裁定禁止召集，違反法院假處分裁定命令即屬違法的股東會，辦理股務相關單位及受主管機關委託辦理股務監督之集中保管結算所公司，由於都是應經法律許可之事業，自應基於公正中立之立場遵守法令之規定與法院之裁定，不應配合違法程序之股東會召集之進行，因此個人認為證券相關事業單位及主管機關對於涉及經營權之爭議案件，應恪遵法令規範及司法機關之裁決。

CHAPTER

3

分　割

第一節　概論

　　公司分割（corporation division; spin-off）依企業併購法第4條第6款之定義係指公司依企業併購法或其他法律規定將其得獨立經營之一部或全部之營業讓與既存或新設之他公司，作為存續公司或新設公司發行新股予該公司對價之行為。簡而言之，被分割公司將其營業之全部或一部使他公司概括地繼承之一種程序，而公司將其經濟上成為一個之營業部門（合資產及負債），以對存續公司或新設公司為現物出資之方式，由被分割公司或其股東取得他公司發行之新股，並由他公司概括承受分割事業之資產與負債，由此可知，「公司分割」乃公司進行組織改造之重要方式之一，公司可藉由分割程序調整其業務經營與組織規模，因此公司分割具有創造集團化之企業、企業精進瘦身、企業專業分工、塑造企業形象及價值等功能。

　　公司分割之目的，為因應景氣、組織過度膨脹或業務分化過於複雜，不同於公司合併係為擴大經濟規模、範疇經濟之追求及增加市場占有率。其在經濟上主要意義為：一、使某公司之風險更易為市場了解而使其更容易接近資本市場；二、藉由公司分割達成對公司風險與利潤更佳之控制，改善公司之管理誘因；三、運用市場功能對公司作更有效率之監督[1]。從經營學之角度來觀察，大規模企業進行公司分割之原因，通常是基於經營管理或組織戰略等經濟性目的之考量，追求經營效率化、強化國際競爭力、集中經營資源或管理統馭之實效性。採行公司分割之方法，以進行企業組織之再造或重組者，其性質上屬於積極性之公司分割。且在小規模企業，因通常屬於人合色彩較為濃厚之閉鎖性公

---

[1]　See, Richard M. Cieri, Lyle G. Ganske, and Heather Lennox, Breaking Up is Hard to Do: Avoiding the Solvency-Related Pitfalls in Spin-off Transaction, The Business Lawyer, vol. 54, February 1999, at 534.

司，經營權與所有權並未分離，其出資轉讓較不自由，故在原經營者死亡或股東不合時，為避免企業走向解散之路，似可藉由公司分割之手段，以澈底有效解決有關事業繼承或內部紛爭等重大問題。

在法律面上觀之，亦有避免公平交易法之情形，因依我國公平交易法第39條第1項之規定：「事業違反第十一條第一項、第七項規定而為結合，或申報後經主管機關禁止其結合而為結合，或未履行第十三條第二項對於結合所附加之負擔者，主管機關得禁止其結合、限期令其分設事業、處分全部或部分股份、轉讓部分營業、免除擔任職務或為其他必要之處分，並得處新台幣二十萬元以上五千萬元以下罰鍰。」公平交易委員會基於競爭政策之考量，為避免企業壟斷市場，得依該條之規定，限期命違法結合之事業分割事業或轉讓部分營業。如美國微軟公司（Microsoft Corporation）遭到美國聯邦哥倫比亞地方法院裁判強制分割。

第二節　分割之類型

第一項　以法人格變更區分

第一款　單純分割（新設分割）

新設分割，即被分割公司將其全部或部分營業出資成立新設之公司，而不包括合併之程序（參圖3-1）。

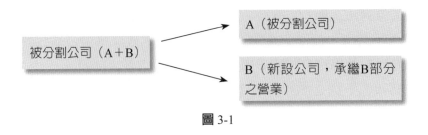

圖 3-1

第二款　分割合併（吸收分割）

　　吸收分割，係指將被分割公司營業分割之同時，將被分割之一部分營業合併至其他公司的方法（參圖3-2）。

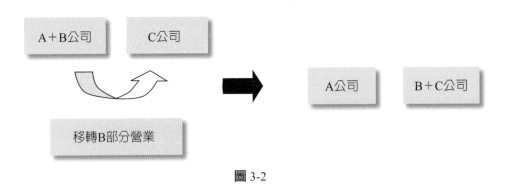

圖 3-2

第三款　新設分割及吸收分割之併行

　　此種併行模式，係指同一被分割公司，各營業部分有行新設分割者，有行吸收分割者，而其中行分割合併者則有可能為各種分割合併。依照我國公司法第317條之2第1項第2款之規定可知我國有採行新設分割及吸收分割之類型。

第二項　以法人格存續區分

第一款　消滅分割

　　消滅分割係指分割公司將其全部之營業或財產移轉給承繼公司繼受，於完成分割程序後，並不經清算程序而解散消滅，被分割公司分割後因解散而喪失其法人格。美國實務上所稱split-up，另歐盟指令[2]中所規範之公司分割，原則上亦為此種類型之分割。觀諸先進國家之公司實務，較少有利用消滅分割，例如，韓國及日本，即未將消滅分割納入其公司分割法制規範，因此在立法政策上，有無必要將消滅分割納入規範，不僅在理論上必須加以審慎琢磨，實尚應注意公司實務上有無股切需求，以免徒增立法成本[3]。另外應予補充說明者，亦有將消滅分割稱為完全分割或全部分割，因其係採吸收分割方式，故被分割公司於將其全部之營業或財產移轉給承繼公司繼受後，其即不經由清算程序而解散消滅（參圖3-3）。

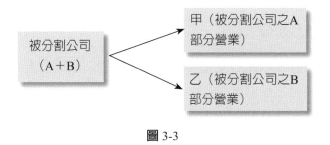

被分割公司
（A＋B）

甲（被分割公司之A部分營業）

乙（被分割公司之B部分營業）

圖 3-3

---

[2]　參閱歐盟公司法第6號指令第21條。

[3]　參閱王志誠，公司分割法制之基礎構造—兼評「金融控股公司法草案」之公司分割法制，臺大法學論叢，第31卷第4期，2002年7月，第152頁。

第二款　存續分割

存續分割係指公司於完成分割程序後，公司仍繼續存在，毋庸辦理解散或清算。亦即，被分割公司於分割程序完成後仍有一部存續，其法人格並未因公司分割而消滅。依照我國公司法第24條以及第316條之1第2項之規定可知我國有採行消滅分割及存續分割之類型，其就如單純分割及分割合併。

第三項　以進行程序作區分

第一款　一次分割

由一次的股東會決議而將公司分割為數獨立之公司，在程序上較為簡便。此時因需考慮到積極財產與消極財產之均衡，故需進行債權人保護之程序。我國公司分割制度即屬於一次分割之類型，於實務上就如同友訊與友泰分割案。

第二款　分次分割

分次分割方式係先設立完全子公司，再將母公司之營業一部讓與該子公司，子公司之股份則由母公司之股東按股份比例分配之，因此時涉及到營業讓與、減資或公司之解散，故亦需進行債權人保護之程序。

第四項　以是否為比例分割為區分

第一款　按比例型分割

按比例型分割乃一般常見之分割類型，即分割後新設或承繼公司之股份，悉依原公司股東持股或出資比例為分配（參圖3-4）。

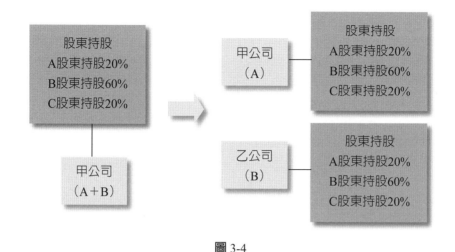

圖 3-4

第二款　非按比例型分割

　　非按比例型分割乃指分割後公司新設或承繼後公司之股份，非依原公司股東持股或出資比例為分配。歐盟指令中針對非按比例型分割有特別規定，各國亦得設特別規定以規範之。

　　但依照股東平等原則，公司分割應依比例分割為適當，否則有違股東平等原則。而實務運作上，公司大股東對公司重要事項之決策與經營有極大之影響力，若公司大股東挾其較高之持股比例，於股東會表決上反對、杯葛公司分割之決議時，則公司將難以藉公司分割之程序達原訂企業組織調整再造之目的。基於鼓勵公司大股東支持公司決策之目的，採行對公司組織、長遠經營較有益之決定，給予大股東於換股比例上較高之優惠，以換取大股東對公司決議之支持。然此種非按比例型分割對小股東之權益勢必有所侵害，在實行上必須小心謹慎，需有相關規範與配套措施之採行方得行之。而非按比例型出資，日本學者認為應得到全

體股東之同意[4]。

　　我國依照經濟部91年7月2日經商字第0910212234號函之解釋：「按企業併購法第33條第1項第2款規定：『被分割公司讓與既存公司或新設公司之營業價值、資產、負債、換股比例及計算依據』，以股東取得既存公司或新設公司之股份比例，自以股東持有股份比例分配之，尚無貴會計師所詢不等比例之情事。」由此可知，我國於法制上並未採取「非按比例型分割」之類型。

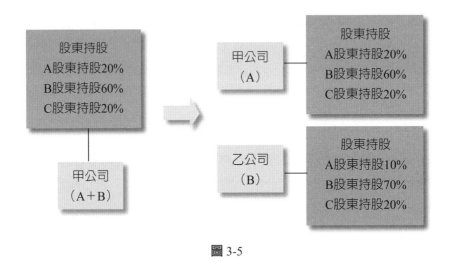

圖 3-5

第五項　以分割部分為區分

第一款　一部分割

　　一部分割係指公司分割之際，新設公司或承繼公司所發行之股份

---

[4]　參閱早川勝，非按分型會社分割，法學教室，第243號，2000年12月，第28-30頁。

一部分分配給被分割公司，其餘部分分配給被分割公司之股東[5]，而依照經濟部91年6月7日經商字第09100135960號函以及91年7月25日經商字第09102153250號函之解釋：「企業併購法第33條第1項第4款規定：『分割計畫應載明被分割公司或其股東所取得股份之總數、種類及數量』係為承受營業之既存公司發行新股或新設公司發行股份予被分割公司或其股東，尚無部分發行予被分割公司、部分予股東之情事。」我國並不採行一部分割之類型。

第二款　全部分割

全部分割即是指新設公司或承繼公司所發行之股份全部分配給被分割公司本身或是全部分配給被分割公司之股東。

第六項　以分配事物區分

第一款　人的分割

人的分割係指承繼公司將依分割程序所發行之股份，直接依被分割公司股東之原持股比例，分配給被分割公司之股東。此種分割方式常適用於公司為使各個事業部門分別獨立成為公司，以及控股公司為整編旗下公司之事業部門，以求集中營業及管理績效時使用。在日本對於人的分割亦稱為分割型公司分割，通常係指被分割公司在分割後，二家公司彼此間不相隸屬而成為兄弟公司，此種方式常為競爭法上之強制分割所採取之方式（參圖3-6）。

---

[5]　參閱經濟部91年7月25日經商字第0912153250號函。

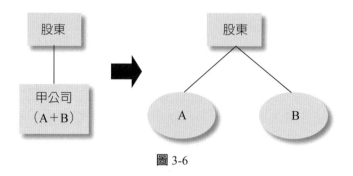

圖 3-6

第二款　物的分割

　　物之分割係指運用類似營業讓與之方式,將被分割公司全部或部分之營業或財產,自被分割公司分離移轉給承繼公司,同時被分割公司則取得承繼公司所發行之新股為對價。此種分割方式因係公司以全部或部分之營業或財產,作為公司設立之現物出資時所採用,常用於控股公司之創設(參圖3-7)。

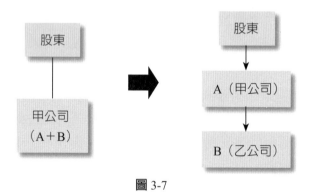

圖 3-7

第七項　共同分割

第一款　共同新設分割

　　共同新設分割係指數家被分割公司共同以新設分割之方式，設立一家新公司。即數家被分割公司各將其得獨立營運之一部或全部之營業共同讓與給新設立之公司。企業若利用此種方式可達到將其事業部門分離出去並與他企業整合之目的。

第二款　共同吸收分割

　　共同吸收分割係指數家被分割公司，其中一方將其得獨立營運之一部或全部之營業讓與給共同分割之他方公司，同時承繼他方所分割出來之得獨立營運之一部或全部之營業，亦即數被分割公司同時亦為數承繼公司。

　　而企業間可利用共同吸收分割來達到交換彼此事業部門之目的，依照我國公司法第317條之2第1項第9款以及企業併購法第38條第1項第9款之規定：「與他公司共同為公司分割者，分割決議應記載其共同為公司分割有關事項。」又依我國金融控股公司法第25條第2項第9款之規定：「與他金融機構共同為營業讓與設立金融控股公司者，讓與決議應記載其共同讓與有關事項。」肯認我國有共同分割之立法。

第三節　分割之主體與客體

第一項　公司分割之主體

我國之分割制度首見於2007年1月之金融控股公司法，依該法第1條，可知該立法目的是在促進金融機構之跨業經營與轉業集團化之發展，因此該法僅適用於金融機構，而在同年11月公司法修正時，於股份有限公司章節增加分割之規定，並於次年2月所通過之企業併購法中，納入分割制度。

公司法及企業併購法中關於分割之部分，是否僅適用股份有限公司，首先就企業併購法之規定為便利企業併購以進行組織調整，明文適用於股份有限公司，而公司法僅規定於股份有限公司，並未於立法理由中詳述，難以認定是否為立法之疏漏，但基於我國社會大多為中小企業，對於有限公司應也有組織再造之必要，因此不應將分割之主體僅限於股份有限公司為恰當。

第二項　公司分割之客體

對於公司分割之客體而言，依照各國立法例之不同而有所差異，就歐盟第6號指令之規定[6]，其分割之客體為全部之資產及負債；就德國企業組織再造法第123條，公司分割之客體為整體之各個部分財產[7]，為一不確定之法概念；而就美國模範公司法雖未規定，但依照實務運作[8]，

---

[6]　參閱王泰銓，歐洲事業法（一）歐洲企業組織法，2009年6月，五南圖書，第181-182頁。

[7]　參閱杜景林、盧湛合譯，德國公司改組法、德國參與決定法、德國股份法、德國有限責任公司法，2000年1月初版，中國法政大學出版社，第259-260頁。

[8]　參閱美國聯邦稅法第355條以下。

可推定公司之分割爲特定之營業部門或個別之事業單位；而就我國而言從公司法或企業併購法觀之，可知公司分割之客體爲營業，即經濟上成爲一整體之營業部門之財產（包含資產及負債），且就企業併購法第4條第1項第6款：「分割：指公司依本法或其他法律規定將其得獨立營運之一部或全部之營業讓與既存或新設之他公司，而由既存公司或新設公司以股份、現金或其他財產支付予該公司或其股東作爲對價之行爲。」可知營業爲公司分割制度之核心。

　　營業爲商人依照一定之計畫，透過人及物之設施，實施營利活動之獨立經濟單位。就我國法觀之，應該類似於民法第85條[9]與公司法第10條[10]之營業，而營業之三項特徵爲依一定營業目的所結合之財產、營業財產之內容包括積極與消極財產及組織爲一體性機能之財產。依一定營業目的所結合之財產可由一定之營業目的與商業帳冊之記載來界定之；該營業財產之內容包括有形之物如不動產或機械等，或者是無體財產權及具有經濟價值之事實關係如顧客關係及商譽等，當然亦包括該事業體之負債；而一體性機能之財產爲該事業體從事之營業財產活動。

　　依照經濟部官員[11]表示，公司法第185條之營業讓與應該不發生獨立營運事項，後因考慮租稅之設計，爲避免企業濫用分割制度作爲租稅優惠之依據，而增訂獨立營運之要件。因此在我國就企業併購法第4條

9　民法第85條：「法定代理人允許限制行爲能力人獨立營業者，限制行爲能力人，關於其營業有行爲能力（第1項）。限制行爲能力人，就其營業有不勝任之情形時，法定代理人得將其允許撤銷或限制之。但不得對抗善意第三人（第2項）。」

10　公司法第10條：「公司有下列情事之一者，主管機關得依職權或利害關係人之申請，命令解散之：一、公司設立登記後六個月尚未開始營業。但已辦妥延展登記者，不在此限。二、開始營業後自行停止營業六個月以上。但已辦妥停業登記者，不在此限。三、公司名稱經法院判決確定不得使用，公司於判決確定後六個月內尚未辦妥名稱變更登記，並經主管機關令其限期辦理仍未辦妥。四、未於第七條第一項所定期限內，檢送經會計師查核簽證之文件者。但於主管機關命令解散前已檢送者，不在此限。」

11　參閱經濟部商業司專門委員高靜遠之發言，臺灣大學財經法研究中心，月旦法學雜誌主辦，企業併購法座談會，月旦法學雜誌，第82期，2002年3月，第161頁。

第1項第6款中之獨立營業，主要依照經濟部商業司91年8月22日經商字第09102168750號函及92年1月22日經商字第09202012500號函，認為獨立營業為經濟上成為一整體之獨立營運部門之營業，不問分割前是否有對外營業，而經濟部商業司91年3月11日經商字第091002039640號函，認獨立營業之標準及分割標的之範圍有無限制，允屬具體個案事實之認定範圍。該部分尚屬不確定之法律概念。

第四節　分割之程序

表 3-1　分割之程序

順序	流程	法條依據
1	委請特別委員會審議並委請獨立專家提出意見	企業併購法第6條
2	擬定分割計畫書草案	公開發行公司取得或處分資產準則第22條
3	董事會決議分割	企業併購法第35條第1項
4	向主管機關申報公告董事會通過分割決議及製作電子檔案傳送至公開資訊觀測站	企業併購法第35條第1項及第2條準用公司法第206條
5	股東會之準備程序： (1)開會文件 (2)設立特別委員會並提出獨立專家之審查意見 (3)公開徵求委託書之準備	證券交易法第36條第2項及證券交易法施行細則第7條第9款
6	股東會常會之召集程序： (1)召集通知 (2)公告	企業併購法第6條、證券交易法第25條之1、公開發行公司出席股東會委託書規則第4條第1項、第5條及第6條第1項

表 3-1　分割之程序（續）

順序	流程	法條依據
7	股東會之開會及決議： (1)董事長擔任主席 (2)股東會應以特別決議通過	公司法第172條第3至5項及證券交易法第26條之2
8	向主管機關申報公告股東會通過分割決議及製作電子檔案傳送至公開資訊觀測站	公司法第182條之1及企業併購法第35條第2至4項
9	編造資產負債表及財產目錄	證券交易法第36條第2項及證券交易法施行細則第7條第9款
10	債權人保護程序：向債權人公告及聲明得提出異議	企業併購法第2條準用公司法第319條及企業併購法第35條第6項
11	分割登記	公司登記及認許辦法第6條

一、分割文件之準備

　　依企業併購法第35條之規定，公司進行分割時，董事會應就分割有關之事項，作成分割計畫，提出於股東會。本條之內容與公司法第317條第1項類似，且基於達到資訊公開之效果，依照公司法第317條之2第1項之規定，分割計畫，應以書面為之，並記載下列事項：

　　（一）承受營業之既存公司章程需變更事項或新設公司章程。

　　（二）被分割公司讓與既存公司或新設公司之營業價值、資產、負債、換股比例及計算依據。

　　（三）承受營業之既存公司發行新股或新設公司發行股份之總數、種類及數量。

　　（四）被分割公司或其股東所取得股份之總數、種類及數量。

　　（五）對被分割公司或其股東配發之股份不滿一股應支付現金者，

其有關規定。

（六）既存公司或新設公司承受被分割公司權利義務及其相關事項。

（七）被分割公司之資本減少時，其資本減少有關事項。

（八）被分割公司之股份銷除所應辦理事項。

（九）與他公司共同為公司分割者，分割決議應記載其共同為公司分割有關事項。

二、董事會決議

依照企業併購法第35條，公司進行分割時，董事會應就分割有關事項，作成分割計畫，提出於股東會，並應於發送分割承認決議股東會之召集通知時，一併發送於股東。且本法第6條第1項規定：「公開發行股票之公司於召開董事會決議併購事項前，應設置特別委員會，就本次併購計畫與交易之公平性、合理性進行審議，並將審議結果提報董事會及股東會。但本法規定無須召開股東會決議併購事項者，得不提報股東會。」因此，公開發行股票之公司於召開董事會決議分割事項之前，應組成特別委員會，若公司設有審計委員會者，由其為之。由審計委員會提出獨立專家就換股比例或配發股東之現金或其他財產之合理性意見報告，並分別提報董事會及股東會以維護股東之權益。

三、資訊之公開

為使股東得於股東會決議前，知悉公司分割之相關資訊，並以之為判斷是否通過該分割議案之標準，依照企業併購法第2條第1項之規定：「公司之併購，依本法之規定；本法未規定者，依公司法、證券交易法、公平交易法、勞動基準法、外國人投資條例及其他法律之規

定。」適用公司法第172條第5項之規定[12]，「分割」應於股東會之召集通知中列舉，不得以臨時動議提出之，其主要內容得置於證券主管機關或公司指定之網站，並應將其網址載明於通知。且依企業併購法第38條第2項之規定，分割計畫書應於發送分割承認決議股東會之召集通知時，一併發送於股東。此即所謂事前公開之制度。

四、股東會決議

（一）一般分割

公司分割對於股東權益會產生重大之影響，前已敘及，因此，企業併購法為維護股東之權益，乃仿照公司法第185條規定，於本法第35條第2項至第4項規定股東會對於分割之表決權數，應以特別決議為之，即股東會對於公司分割之決議，應有代表已發行股份總數三分之二以上股東之出席，以出席股東表決權過半數之同意行之。若該公司係為公開發行股票之公司，出席股東之股份總數不足前項定額者，得以有代表已發行股份總數過半數股東之出席，出席股東表決權三分之二以上之同意行之。若前述之出席股東股份總數及表決權數，於其章程有較高之規定者，從其規定。基於鼓勵公司或股東間成立策略聯盟及進行併購，並穩定公司決策，得藉由股東表決權信託處理其表決。

（二）簡易分割

依照企業併購法第37條第1項之規定，公司與其持有90%以上已發行股份之子公司進行分割，以母公司為受讓營業之既存公司，以子公司為被分割公司並取得全部對價者，其分割計畫得經各該公司之董事會以

---

[12] 公司法第172條第5項：「選任或解任董事、監察人、變更章程、減資、申請停止公開發行、董事競業許可、盈餘轉增資、公積轉增資、公司解散、合併、分割或第一百八十五條第一項各款之事項，應在召集事由中列舉並說明其主要內容，不得以臨時動議提出；其主要內容得置於證券主管機關或公司指定之網站，並應將其網址載明於通知。」

三分之二以上董事之出席及出席董事過半數之決議行之。

五、設立新公司

公司若為新設分割時，此時應先設立一新公司以承繼其所讓與之營業或財產，該新設公司應即召開發起人會議訂立章程，此時依照企業併購法第35條第8項之規定，他公司為新設公司者，被分割公司之股東會視為他公司之發起人會議，得同時訂立章程，並選舉新設公司之董事及監察人，不適用公司法第128條、第129條至第139條、第141條至第155條及第163條第2項規定以避免該公司因本法之施行而須重新進行公司分割程序所受之不利益。若該新設分割係屬比例型分割，則因被分割公司與新設分割之股東及持股比例相同，實無必要分別召開，因此將被分割公司之股東會視為新設公司之發起人會議，得以簡化程序，以求程序經濟[13]。

六、編造資產負債表及財產目錄

關於此部分企業併購法並未規定，即準用公司法第73條之規定。亦即，公司決議為分割時，應即編造資產負債表及財產目錄以俾明瞭各公司分割時之財產狀況。

七、發行新股

於新設分割時，新設公司應將其所發行之股份分配給被分割公司或其股東以作為其承受營業或資產之對價；於吸收分割時，既存公司亦應將其所發行之股份分配給被分割公司或其股東以作為其承受營業或資

---

[13] 參閱曾宛如編著，林育廷、林靖揚、王致棠、朱俊銘、潘彥洲等合著，公司分割──問題研究與實例探討，2002年6月，元照出版社，第52-53頁。

產之對價，就既存公司而言，其所發行之股份是屬於增資後之發行新股（公司法§266），不可避免會發生應保留員工、股東新股認購權之問題。若此時依照公司法第267條之規定，保留一定之股份供員工、股東儘先分認，將會造成公司發行新股與第三人作為對價進行併購行為時，因必須併同保留員工及原有股東認購之股份數量，不僅造成股權不斷膨脹而導致股權稀釋及股權分散之結果，而且延長發行新股之作業程序及時間，對於公司進行併購行為之意願有重大影響。除此之外，因證券交易法第28條之1，有關公司於現金發行新股時主管機關得強制公司提撥發行新股總額之一定比例對外公開發行之規定，亦將造成公司股權不斷膨脹之效果，形成公司以現金增資發行新股與第三人方式進行併購行為之障礙，因此參照公司法制定企業併購法第8條第1項第5款規定：「公司有下列情形之一者，得不保留發行之新股由員工承購、通知原有股東儘先分認或提撥一定比率對外公開發行，不受公司法第二百六十七條第一項至第三項及證券交易法第二十八條之一規定之限制：……五、因受讓分割而發行新股。」即公司因進行分割所發行新股，係屬因特殊目的所發行之新股，故不適用公司法關於優先認購權之規定以及證券交易法有關強制股權分散之規定。

八、股份轉讓之限制

現行公司法第163條基於股份自由轉讓原則，規定公司股份轉讓不得以章程禁止或限制之。公司發行實務上及公司基於業務競爭或符合法令等目的，以契約限制股東移轉股份甚為普遍，足見股東轉讓股份之限制並無一律加以禁止之理，得因合理目的或公司全體股東最大利益之考量而予以適當之限制。此外，由於股票設質於質權人，於其行使質權時有強制出賣之效果，與股份轉讓性質相近，因此一併規定於企業併購法

第11條中。依企業併購法第11條規定公司進行併購時，得以股東間書面契約或公司與股東間之書面契約合理限制下列事項：（一）股東轉讓持股時，應優先轉讓予公司、其他股東或指定之第三人；（二）公司、股東或指定之第三人得優先承購其他股東所持有股份；（三）股東得請求其他股東一併轉讓所持有股份；（四）股東轉讓股份或將股票設質予特定人應經公司董事會或股東會之同意；（五）股東轉讓股份或設質股票之對象；（六）股東於一定期間內不得將股份轉讓或股票設質予他人。未公開發行股票之公司得以章程記載前項約定事項。

九、股份收買請求權

由於公司分割之結果，往往對於當事公司本身之營運造成重大變動，而影響股東之地位及權益，而且即使公司分割必須經由意思決定機關之決議同意，因其決議係採多數決之原理，少數股東即使表示反對，原則上亦無法終止公司分割程序之進行，因此，為維護少數股東之權益，企業併購法亦仿照金融控股公司法以及公司法之規定，賦予少數股東享有股份收買請求權，使反對股東在具備一定之條件下，得行使撤資權。

十、債權人之保護

按分割之結果將導致股東結構之變更、公司營業或資產之移轉之結果，因此企業併購法乃參酌金融控股公司法以及公司法之規定，規定於企業併購法第35條第6項及第7項，明定公司為分割之決議後，應即向各債權人分別通知及公告，並指定三十日以上之期限，聲明債權人得於期限內提出異議。公司不為通知及公告，或對於在指定期間內提出異議之債權人不為清償、提供相當之擔保、未成立專以清償債務為目的之信

託或未經公司證明無礙於債權人之權利者,不得以其分割對抗債權人。分割後受讓營業之既存或新設公司,除被分割業務所生之債務與分割前公司之債務為可分者外,應就分割前公司所負債務,於其受讓營業之出資範圍,與分割前之公司負連帶清償責任。但債權人之債權請求權,自分割基準日起二年內不行使而消滅。

簡易分割子公司董事會為決議後,依企業併購法第37條第3項及第4項,應於十日內公告決議內容、分割計畫應記載事項,並通知子公司股東,得於限定期間內以書面提出異議,請求公司按當時公平價格,收買其持有之股份。公開發行股票之公司,並應同時將特別委員會或審計委員會審議結果及獨立專家意見發送於股東。前項期限,不得少於三十日。另公司應依第35條第6項規定向分割子公司各債權人分別通知及公告,其通知及公告,並以子公司董事會決議日為起算日。

十一、員工之保護

如緒論所述之員工商定留用權、勞動契約之存續等。

十二、公司分割之登記

依照企業併購法第2條第1項之規定準用公司法規定之結果,依照公司登記辦法第4條第1項規定:「公司及外國公司登記事項如有變更者,應於變更後十五日內,向主管機關申請為變更登記。」如公司不依法令完成應登記事項,除新設公司不得設立外,並不得以分割之事項對抗第三人。

十三、上市上櫃

由於公司分割涉及營業或資產之重大變更,極有可能導致被分割

公司原具有之上市、上櫃資格受到影響，如此一來，縱分割制度屬於企業組織再造不可或缺之一帖良方，仍有可能乏人問津，且將影響投資者之權益。因此，為避免上市上櫃公司進行分割後當然造成下市下櫃之結果，依企業併購法第35條第10項規定：「上市（櫃）公司進行分割後，該分割後受讓營業或財產之既存或新設公司，符合公司分割及上市（櫃）相關規定者，於其完成公司分割及上市（櫃）之相關程序後，得繼續上市（櫃）或開始上市（櫃）；原已上市（櫃）之公司被分割後，得繼續上市（櫃）。」

十四、租稅優惠

為鼓勵企業進行併購，以進行產業之調整與企業之轉型，提升產業國際競爭力，發揮企業經營綜效，企業併購法設有多項租稅優惠之措施，租稅優惠措施如下：

（一）公司進行分割時，得免徵或緩課相關之印花稅、契稅、證券交易稅及營利事業所得稅等相關稅捐；因分割而移轉之貨物或勞務，非屬營業稅課稅範圍；關於土地增值稅則得予以記存並優先受償（企併法§39）。因分割而為財產之移轉，乃形式上之轉移，與一般應稅交易行為之本質有別，故就分割時所發生之稅捐，應給予適當之減免。

（二）公司進行併購而產生之商譽得於十五年內平均攤銷（企併法§40）；對於商譽的認定範圍尚包含無形資產，本法於109年經濟部預告修正草案新增無形資產[14]得按實際取得成本於一定年限內平均攤

---

[14]　參閱經濟部109年10月7日經商字第10902426230號及行政院110年12月30日第3784次會議修正草案第40條之1第2項所定無形資產除參考所得稅法第60條規定項目外，積體電路電路布局保護法、植物品種及種苗法、漁業法、礦業法、水利法、營業秘密法等法律賦予權利項目，及公司因營業行為衍生之商譽價值，例如營業權、著作權、商標權、專利權、積體電路電路布局權、植物品種權、漁業權、礦業權、水權、營業秘密、電腦軟體及各種特許權為限。

銷[15]。有關本規定所衍生的徵納爭議，稅捐稽徵機關進行調查時，如有疑義，得向分割後既存或新設之公司所屬產業之中央目的事業主管機關徵詢意見，供其參考。必要時，該中央目的事業主管機關得洽請各機關提供協助，亦得邀集相關單位或專家學者召開會議。（修正條文企併法§40-1）。公司進行併購而產生之費用得於十年內平均攤銷（企併法§41）。

（三）除此之外，尚包括租稅獎勵之繼受、分割前虧損之扣除以及公司對於因分割而持有其子公司之股份達已發行股份總數90%者，得以所得稅連結申報之方式為之等租稅優惠措施。

（四）為促進友善併購新創公司環境，增訂被併購新創公司之個人股東所取得之股份對價，依所得稅法規定計算之股利所得，得選擇全數延緩至取得次年度之第三年起，分三年平均課徵所得稅。例如111年某合併案之消滅公司適用緩繳規定，其個人股東於當年度產生之股利所得，得平均計入114年度至116年度所得額課稅[16]。（修正條文§44-1）

第五節　分割之效力及影響

第一項　公司分割之權利義務繼受

於公司吸收分割時，被分割公司及既存公司之章程應有所變更，此時須為公司之變更登記；在新設分割時，則因產生一新設立之公司，故應為設立登記，被分割公司仍應為變更登記。除了上述存續分割之情形

---

[15]　參閱經濟部109年10月7日經商字第10902426230號及行政院110年12月30日第3784次會議修正草案立法理由。

[16]　參閱經濟部109年10月7日經商字第10902426230號及行政院110年12月30日第3784次會議修正草案立法理由。

外，若被分割公司於實行消滅分割而爲解散時，該被分割公司應爲解散之登記。

依照企業併購法第35條第7項之規定，分割後受讓營業之既存或新設公司，除被分割業務所生之債務與分割前公司之債務爲可分者外，應就分割前公司所負債務，於其受讓營業之出資範圍，與分割前之公司負連帶清償責任。但債權人之債權請求權，自分割基準日起二年內不行使而消滅。即公司分割後，被分割公司所切離分割之營業有關權利義務，由分割後之既存公司（吸收分割）或新設公司（新設分割）概括承受，使得債權人之權益更受保障。爲避免過度擴大受讓營業之既存公司或新設公司之債務責任，故設有「受讓營業之出資範圍」之責任範圍之限制。除此之外，爲兼顧法安定性，避免債權人之請求權長期不行使，造成公司經營之不安定，而設有二年之消滅時效。

第二項　債權人之保護

於公司分割時，以下列兩種模式作爲債權人之保護措施：

一、資訊取得權與異議權

依照企業併購法第35條第6項之規定：「公司爲分割之決議後，應即向各債權人分別通知及公告，並指定三十日以上之期限，聲明債權人得於期限內提出異議。公司不爲通知及公告，或對於在指定期間內提出異議之債權人不爲清償、提供相當之擔保、未成立專以清償債務爲目的之信託或未經公司證明無礙於債權人之權利者，不得以其分割對抗債權人。」公司爲分割之決議後，應即向各債權人分別通知及公告，並指定三十日以上期限，聲明債權人得於期限內提出異議。惟公司若不爲通知及公告，或對於在指定期限內提出異議之債權人不爲一定確保之債權行

爲者，例如：不爲清償，或不提供相當擔保，或未成立專以清償債務爲目的之信託或未經公司證明無礙於債權人之權利者，公司則不得以其分割對抗債權人。

二、連帶清償責任

　　除了上述之異議權外，企業併購法另規定分割後受讓業務之公司，除被分割業務所生之債務與分割前公司之債務爲可分者外，就分割前公司所負債務負連帶清償責任，使得債權人之權益更受保障。惟爲避免過度擴大受讓營業之既存公司或新設公司之債務責任，故設有「於其受讓營業之出資範圍」之責任範圍之限制。爲兼顧法安定性，避免請求權長期不行使造成公司經營之不安定，故設有二年之消滅時效，亦即債權人之債權請求權自分割基準日起算二年內不行使而消滅。

第三項　股東之保護程序

第一款　公司分割資訊之事前公開

　　爲使股東得於股東會召開前得知悉分割相關資訊，以決定是否出席股東會表示意見，爲公司法第172條第5項之規定，公司分割應在召集事由中列舉，不得以臨時動議。且依照企業併購法第38條第2項規定，分割計畫書應於發送分割同意決議股東會之召集通知時，一併發送於股東。

　　而企業併購法第6條規定，公司應籌組特別委員會，並委請獨立專家意見就換股比例、配發股東之現金或其他財產之合理性所表示意見，提報於股東會。而提報之舉動有兩種解釋，一爲單純於股東會提出；二爲仍須於分割同意之股東會召集通知一併送發於股東，該部分依照公開發行公司取得或處分資產處理準則第23條，明文採取後者意見。

第二款　反對股東之股份收買請求權

公司分割為公司法上之組織變動行為，現行法律認為影響股東權益甚鉅，縱使經股東特別會議決議同意分割，仍賦予反對之少數股東股份收買請求權為救濟方式。

第四項　員工之保護程序

公司分割所伴隨而來之企業組織變動，除將對公司股東及債權人之利益造成影響外，另因經營權之易主，經營者每可運用其對經營事項之裁量決定權，實質變更勞動條件，而使公司員工之法律地位發生變化，為此企業併購法就兩部分為保障：

一、勞動契約之存續

企業併購法於第16條規定勞工之商定留用權，併購後存續公司、新設公司或受讓公司等新雇主應於併購基準日三十日前，通知消滅公司、轉讓公司或被分割公司等舊雇主原已僱用之勞工是否留用，並告知留用勞工之勞動條件。若該受通知勞工欲拒絕留用，則應於受通知日起十日內以書面通知新雇主，屆期未為通知者，則視為同意留用。由於勞工為公司之重要資源，優良人力資源之取得，向為公司進行併購之重要動機之一，且公司間進行收購財產或分割時，有使勞工因收購財產或分割而一併移轉之必要。因此，公司併購所致勞動關係之變動，實有緩和其勞務專屬性要求之必要。

且又依現行勞動基準法之規定，公司間進行合併（含吸收合併、新設合併）而導致原公司因而消滅者，此即屬勞動基準法第20條所稱之「轉讓」；惟當公司間進行財產收購或分割時，而原公司並未消滅者，

即無法適用勞動基準法第20條之規定。此時，未留用勞工以及未同意留用之勞工與新雇主間並未建立僱傭關係，是故，舊雇主仍應依原勞動契約對該勞工資遣或給付退休金之責任。因此，為保障勞工權益，本法乃於第17條第1項明文規定：「公司進行併購，未經留用或不同意留用之勞工，應由併購前之雇主終止勞動契約，並依勞動基準法第十六條規定期間預告終止契約或支付預告期間工資，並依法發給勞工退休金或資遣費。」

二、勞工退休金之移轉

於企業併購法第15條規定，當公司間依本法規定進行分割而為營業或財產之移轉，且留用勞工亦隨此營業或財產一併移轉至受讓公司時，為保障留用勞工之權益，讓與公司已提撥並儲放於專戶中之退休準備金，理應於支付非留用勞工之退休金及資遣費後，按比例移轉至受讓公司之勞工退休準備金監督委員會專戶。

第六節　案例分析──宏碁與緯創之分割案

第一項　分割雙方

第一款　宏碁公司[17]

宏碁股份有限公司（簡稱宏碁），品牌為「Acer」，是臺灣的一家電腦製造公司，由施振榮等人於1976年8月1日創立，目前是全球

---

[17] 參閱http://zh.wikipedia.org/zh-tw/%E5%AE%8F%E7%A2%81，最後瀏覽日：2018年12月31日。

第四大個人電腦製造商。主要生產桌上型電腦、筆記型電腦、平板電腦、智慧手機，以及個人數位助理、伺服器、顯示器、投影機和其他儲存裝置。根據IDC 2018年第三季度的統計，宏碁是全球第四大，亦為Windows系統PC品牌中的第四大電腦製造商。2018年臺灣品牌價值4.06億美金，名列第九。

　　於2000年時陷入虧損，施振榮展開「品牌與代工分家」策略，將宏碁集團切割成「宏碁集團」、「明基電通集團」、「緯創集團」等三大獨立事業集團，形成「泛宏碁集團」，施振榮形容此後將是「兄弟登山，各自努力」。

第二款　緯創集團[18]

　　緯創是全球最大的資訊及通訊產品ODM專業代工廠商之一。該公司成立於2001年，提供資訊與通訊科技（Information and Communications Technology, ICT）產品的設計、製造及售後服務，是全球領先的ICT技術服務提供者[19]。其主要之產品包括筆記型電腦、平板式電腦、智慧型行動電話（smart phone）及手持式行動裝置（handheld devices）、個人桌上型電腦、整合型電腦（AIO）、多功能多媒體播放機、機上盒及數位資訊家電、液晶電視、顯示器及視訊及網路電話等[20]。

　　緯創最初生產據點在新竹，後因考量生產成本而移往海外。目前除

---

[18]　參閱http://www.wistron.com.tw/about/about wistron.htm，最後瀏覽日：2014年5月9日。

[19]　參閱http://www.wistron.com.tw/images/acrobat/cs2r/2011/1_0_Quick_and_Facts.pdf，最後瀏覽日：2013年5月9日。

[20]　參閱http://www.wistron.com.tw/images/acrobat/cs2r/2011/1_1_Products_and_Services.pdf，最後瀏覽日：2013年5月9日。

總部定基於臺灣外，其營運據點遍布亞洲、歐洲及北美[21]。以臺灣爲研發中心，中國工廠爲生產據點，並將售後服務中心設在美國與日本等大客戶端，在全球布下完整的價值網絡。

第二項　分割原因及經過

第一款　分割之原因

宏碁集團基於近年來對外面臨的挑戰，包括個人電腦利潤下降，與電子專業代工（EMS）成爲資訊通訊業趨勢，而內部的主要問題在於次集團擴張太快，造成重複投資；OEM與自有品牌業務衝突，不易落實客戶導向；組織過於複雜，造成端對端的流程太長；以及自有品牌尚未在歐美建立獲利的模式。這些內外因素促成宏碁集團的轉型。爲因應企業轉型，其決定將宏碁電腦公司的營運切割爲研製服務（DMS）與品牌營運兩個專注事業以發揮統合的力量（power of one），改善經營績效。亦即，未來新宏碁電腦公司是行銷服務業，緯創資通公司是製造業。

第二款　分割經過

宏碁集團於2000年12月26日宣布企業重大轉型計畫，決定取消各次集團，整合重複投資的事業，並簡化組織與流程，提升執行能力；而其核心工程則是將宏碁電腦公司的營運切割爲研製服務與品牌營運兩個專注事業。這次企業改造的目標在於發揮統合的力量，改善經營績效。

2001年5月30日設立子公司緯創資通公司，於同年6月26日宏碁電腦公司股東常會通過分階段移轉研製服務事業（ODM、OEM）之相關

---

[21]　參閱http://www.wistron.com.tw/about/about_wistron.htm，最後瀏覽日：2013年5月9日。

業務與資產至其百分之百持有之緯創資通公司，同年10月25日，立法院三讀通過修正《公司法》部分條文，引進公司分割制度。於10月30日，宏碁電腦公司與宏碁科技公司（宏科）於30日分別召開董事會，決定兩家公司明年合併後改以宏科爲存續公司，而宏科董事會也通過緯創的獨立將以法人分割方式進行。宏碁電腦公司與宏碁科技公司亦取消原訂於11月19日舉行的股東臨時會，另擇12月17日各自召開股東臨時會。（由於原先並無公司分割的法源，因此是以成立子公司的方式，進行緯創資通公司的分割，並將廠房設備做價出售給緯創資通公司。日前立法院通過公司法第317條，已取得公司分割的法源，因此將改採法人分割的做法，將代工業務有關的資產與負債轉移給緯創資通公司，並取得緯創資通公司的股票，可爲宏碁電腦公司減少稅賦負擔。）

　　同年12月17日，宏碁電腦公司之臨時股東會通過將研製服務相關營業（含資產、負債）分割予緯創資通公司，其價值計58億元，而緯創資通公司則將於分割基準日，按分割的營業價值每14.5元發行普通股1股的比例，發行新股予宏碁電腦公司。合計應發行4億股予宏碁電腦公司，面額共計40億元，作爲對價。未來將視緯創資通公司資金需求，再陸續增資。隔年1月15日，立法院三讀通過修正《企業併購法》，於2月28日依照宏碁電腦公司之分割計畫書，預定本日爲分割基準日，4月9日宏碁電腦公司召開董事會，決定將緯創資通公司的現金增資認購權，優先給予宏碁電腦公司股東。緯創資通公司近期將辦理現金增資3億股，每股發行價格爲22.5元。由於轉型改革一年多來，緯創資通公司已初具成效，此次將緯創資通公司現金增資認股權，優先給予股東，除使股東有分享緯創資通公司未來經營成果的機會外，更有利於達到分散其股權的目標，讓緯創資通公司得以儘早取得上市的機會。

　　11月5日爲配合緯創資通公司上市計畫，宏碁電腦公司首度展開釋股動作，估計首批出售9千餘萬股，每股售價爲新台幣25元，交易金額

達23億元，獲利約為6億元。宏碁電腦公司目前對緯創資通公司的持股比例約為79.69%，目前已談妥交易對象，預計11月底前完成釋股計畫，將持股比例降至50%以下，以每股25元計算，總計出售金額約為新台幣60億元，獲利目標為15億元。2003年3月31日緯創資通公司申請簡易上市，同年5月29日緯創資通公司申請簡易上市經證期會審查通過（流程可見表3-2）。

表 3-2　宏碁與緯創分割流程

時間	事件
2000.12.26	宏碁集團宣布企業重大轉型計畫
2001.5.30	設立子公司緯創資通公司
2001.6.26	宏碁電腦公司通過股東會決議分階段移轉研製服務事業（ODM、OEM）之相關業務與資產
2001.10.25	公司法修正引進分割制度
2001.10.30	宏碁電腦公司與宏碁科技公司合併
2001.12.17	宏碁電腦公司通過股東臨時會分割
2002.1.15	企業併購法修正增加分割之規定
2002.2.28	宏碁電腦公司之分割基準日
2002.11.5	促使緯創資通公司上市，宏碁電腦公司開始釋股
2003.3.31	緯創資通公司上市申請簡易上市，於同年5月29日核准

第三項　法律爭點分析

　　本案中因公司法及企業併購法原先無分割之相關規定，遂先採取營業讓與之方式，但因為這方式無法減少稅賦，因此在等待法制健全後，

乃採取吸收分割之方式為之,且因公司股東會亦授權董事會於政府機關完成公司分割相關法令之立法時,得依據法令以公司分割之方式,全權處理該公司之分割,而不受前開已通過之營業讓與議案之限制。宏碁電腦公司乃改採以吸收分割之方式進行公司分割。亦即由宏碁電腦公司將其研製服務相關營業(含資產、負債、相關權利義務以及相關法律關係暨地位)分割予既存之緯創資通公司,而由緯創資通公司發行4億股予宏碁電腦公司,面額共計40億元,作為對價,完成此次分割。

CHAPTER

4

收　購

第一節　收購之意義及類型

第一項　收購之意義

收購（acquisition），指個人或公司向被收購之公司購買資產或股權，依Black's Law Dictionary之定義，係指一種成為特定財產所有人之行為[1]，即指收購公司（acquiring company）以取得資產或經營權之目的，而以現金或債券、股票等有價證券買受目標公司（target company）全部或一部資產或股份之行為[2]。我國直至企業併購法公布施行後，「收購」一詞始正式列入我國法制用語[3]，將之明定於企業併購法第4條第4款規定，係指公司依相關法律規定取得他公司之股份、營業或財產，並以股份、現金或其他財產作為對價之行為。因此有學者[4]直接以該條文作為收購行為之定義解釋。準此，收購行為除依法取得他公司「股份」外，尚包括取得他公司「營業或財產」之態樣[5]。其「收購」行為之範圍不可謂不大。

實務上，經濟部商業司亦曾作出函釋[6]採限縮解釋，認為所謂之

---

[1] 參閱謝淑芳，併購之法律意義與實務問題，萬國法律，第105期，1999年6月，第4頁。

[2] Donald M. DePamphilis, Mergers, Acquisitions, and Other Restructuring Activities: An Integrated Approach to Process, Tools, Cases, and Solutions 5, San Diego: Academic Press (2003).

[3] 我國於企業併購法公布施行前，對於外國實務上之「Mergers and Acquisition」（M&A）並無統一之中文翻譯，文獻上多以「購併」、「併購」或「兼併」等名詞混雜稱之，此時所稱之「併購」並非法律用語。直至民國91年公布施行企業併購法，我國法制首次對於M&A以「併購」為正式回應。

[4] 參閱黃玉珍，企業併購法解析，2002年7月初版，聯經出版社，第19頁；黃偉峯，企業併購法，2007年10月初版，元照出版社，第38頁。

[5] 參閱王文宇，公司法論，2008年9月四版，元照出版社，第142頁。

[6] 參閱經濟部94年7月26日經商字第09402095620號函：「按企業併購法第4條第4款規定略以：『收購：指公司依本法、公司法……規定取得他公司之股份、營業或財產，並以股份、現金或其他財產作為對價之行為。』亦即公司依本法或公司法……等規定情形進行之

「收購」，僅限於概括承受、概括讓與、讓與全部或主要部分之營業或財產、受讓他公司全部營業或財產、受讓他公司全部營業或財產對公司有重大影響及股份轉讓等情形。然學者[7]認為，企業併購法第二章第二節之收購乃指狹義之收購行為，並非係收購之通則規定，而係特殊類型之規定，更有學者[8]建議，為落實企業併購法之精神，關於收購之範圍應採規範目的解釋，使收購行為不限於第27條至第28條之規定較為妥當，故收購之定義與程序等通則規定（例如：董事會決議、股東會決議、異議股東收買請求權等程序，或非百分之百股份收購之程序）除散見企業併購法各條外，仍應回歸企業併購法的第4條第4款及第2條之規定，亦即依企業併購法、公司法、證券交易法、金融機構合併法或金融控股公司法之相關規定。

　　所謂收購，既然係指一企業以購買全部或部分股票或資產的方式購買了另一企業的全部或部分所有權。關於企業併購法中第27條與第28條就收購之規定，為貫徹企業以併購進行組織調整，發揮企業經營效率之立法目的，應擴大企業併購法之適用範圍，故應屬特殊類型之規定，收購行為應不限於該兩條之規定內容，因此其餘未特別列於第27條與第28條規定者，應回歸適用企業併購法、公司法、證券交易法、金融機構合併法或金融控股公司法之相關規定。

收購，而依本法之規定者，允屬第二章第二節之規定方式；至如依公司法之規定者，允屬公司法第185條第2款或第3款讓與或收受營業或財產之方式，即屬本法第27條之規定範圍。是以，依本法第4條第4款名詞之定義意旨，係指符合本法第二章第二節規定之類型，如未符合者，自無同法第8條第1項之適用。」

[7]　參閱黃偉峯，同前註4，第38頁。

[8]　參閱王文宇，企業併購法總評，月旦法學雜誌，第83期，2002年4月，第83-84頁。

第二項　收購之類型

公司的收購行為依所收購之標的區分，可分為資產收購及股份收購。當收購者考慮以股權收購的方式進行收購時，收購者主要是想取得目標公司本身從事商業活動的整體性的資源；選擇以資產收購之方式收購時，主要目的係取得目標公司經營某種業務的能力、權利或該目標公司之個別具體的企業資源[9]。

第一款　資產收購 (Asset Acquisition)

係指收購公司購買目標公司之全部或一部之資產[10]，但收購公司及目標公司於收購完成後，仍分別具有獨立之法人人格，並無任何公司因資產收購而消滅。與股權收購不同之處在於收購公司進行資產收購時，可以選定目標公司之特定資產，且買受目標公司全部或一部之資產僅屬一般買賣行為，除契約另有約定外，收購公司無須承受目標公司之負債[11]，僅需針對所欲收購之資源、業務能力或權利，具體釐清相關權利義務即為以足。換言之，收購公司透過資產收購方式，可以本身之需要，收購特定目標公司之資產，而將不要之資產排除在外[12]。目標公司也可能因資產或營業全部出售而面臨解散清算之命運，亦有可能及時獲得他公司資金挹注或技術之取得而得以繼續營業[13]。故於目標公司處於虧損狀態時，資產收購較常為企業所採用，如此收購公司方可避免承受

---

[9]　參閱黃偉峯，同前註4，第44-51頁。

[10]　參閱王文宇，同前註8，第153頁。

[11]　Patrick A. Gaughan, Mergers, Acquisitios, and Corporate Restructurings 14, New York: John Wiley & Sons, Inc. (1996).

[12]　參閱王文宇，同前註8，第143頁。

[13]　參閱林仁光，企業併購規範制度之微調—以「重大性判斷法則」為規範標準，台灣本土法學雜誌，第60期，2004年7月，第104頁。

目標公司之負債[14]。如自收購公司之角度而言，稱爲「營業受讓」，如自目標公司之立場觀之，即爲「營業讓與」。惟資產收購因涉及買賣及財產之變動，程序遠較收購股權冗長繁瑣，可能造成負擔不必要之交易成本[15]，且僅能獲得所收購的特定資產，有些資產，例如營業許可執照、特許經營權、重大的租賃權等，可能無法移轉，而其他特定標的，如行銷通路等資源亦較難以取得[16]。

一般而言，資產收購有以下幾種方式：[17]

一、以股換營業或財產

以股換營業或財產係指甲公司以其股份作爲對價，收購乙公司之營業或財產，也就是以股交換資產之營業讓與（即事實上合併，de facto merger）。換言之，乙公司以其營業或財產作價投資於甲公司，而取得甲公司之股份，成爲甲公司之股東。

公司法第131條第3項所規定之「發起人之出資，除現金外，得以公司事業所需之財產、技術抵充之。」第156條第5項所規定之「股東之出資，除現金外，得以對公司所有之貨幣債權、公司事業所需之財產或技術抵充之；其抵充之數額需經董事會決議。」及第272條但書所規定之「但由原有股東認購或由特定人協議認購，而不公開發行者，得以

---

[14] 參閱劉瑞霖，企業跨國併購之法律規劃，財經法律與企業經營—兼述兩岸相關經法律問題，2002年5月，元照出版社，第161頁。

[15] 例如目標公司可能須就交易所得繳納營利事業所得稅及未分配盈餘稅，交易本身尚需負擔契約稅、土地增值稅等賦稅，將來倘公司解散清算後分配剩餘財產予股東時，個人股東需再就分配部分繳納綜合所得稅等。梁秀芳，公司收購制度之研究，證交資料，第510期，2004年10月，第2頁。

[16] 跨國併購投資之理論探討，經濟部研究發展委員會委託研究報告，http://ebooks.lib.ntu.edu.tw/1 file/moea/111829/2-2.htm1，最後瀏覽日：2012年1月22日。

[17] 參閱葉秋英、吳志光，論企業併購法下收購類型之適用，月旦法學雜誌，第94期，2003年3月，第231-232頁。

公司事業所需之財產爲出資」等規定，明定認購股份之對價不以現金爲限，即爲肯認此類收購行爲之可行性，包括民法第305條所規定之「營業概括承受」、公司法第185條第1項第2款所規定之「讓與全部或主要部分之營業或財產」、第3款所規定之「受讓他人全部營業或財產，對公司營運有重大影響」及企業併購法第27條第1項前段所規定之「概括承受或概括讓與」、第28條第1項第2款所規定之「子公司以受讓之營業或財產作價發行新股予該公司」之行爲均屬之。

二、以現金收購營業或財產

以現金收購營業或財產係指甲公司以現金收購乙公司之營業或財產，即常見之資產讓與行爲，包括民法第305條所規定之「營業概括承受」、公司法第185條第1項第2款所規定之「讓與全部或主要部分之營業或財產」、第3款所規定之「受讓他人全部營業或財產，對公司營運有重大影響」及企業併購法第27條第1項前段所規定之「概括承受或概括讓與」之行爲，均屬之。

三、以其他財產換營業或財產

除以自己公司與他公司股份爲對價有所不同外，本類型基本上與上開以股換營業或財產之類型相同，同屬於「事實上之合併」型態，均是以股份換資產之營業轉讓類型。而所謂「其他財產」，於併購實務上，常係「他公司之股份」（即公司資產之一種），當然亦包括其他廠房、土地或無體財產等。

第二款　股權收購 (Share Acquisition)

係指收購公司以現金或換股方式，向目標公司之股東收購股份，或由目標公司增資發行新股，由收購公司認購[18]，亦即收購公司購買目標公司全部或一部之股份，使其成為收購公司自己一部或全部轉投資之事業單位，來達到控制目標公司之目的[19]。因此股權收購往往係合併之先聲，即收購公司於完成股權收購後，即以合併之方式將目標公司併入收購公司以收事權集中之效[20]。故若依此種投資方式取得目標公司相當比例之股權而取得公司經營權，即可謂「接收」(takeover) 該公司，若並未取得經營權，即可稱為「投資」，其投資目的或基於投資報酬率之考量，或為加強雙方合作關係而進行。

由於股份收購係藉由取得目標公司股東所持有之股份以達到併購之目的，因此股份收購交易中之賣方為目標公司股東，目標公司在股份收購交易中僅為第三者[21]。

股權收購具有目標公司之資產可順利移轉，程式較簡便[22]且僅須課徵證券交易稅，資本利得無須繳稅之優點，然其缺點包括需概括承受目標公司之一切債務，且股權收購之管道相當多樣化，透過各種管道所能取得之股份數量與價格不一，所需耗費之時間長短亦不同。

---

[18] 參閱薛明玲，企業併購完全實務手冊，2003年9月初版，資誠教育基金會，第11頁。

[19] 參閱薛明玲，同前註18，第6頁。

[20] 參閱謝瑞霖，同前註14，第160頁。

[21] 但若係私募或發行新股之方式，目標公司則為股份收購交易中之賣方。梁秀芳，同前註15，第3頁。

[22] 於我國法律上，除了公司法第13條轉投資比例之規定外，幾無任何限制。但若係上市（櫃）公司，尚須注意公開收購之相關規定。

第二節　收購之程序

在我國併購爲企業多角化經營的策略之一，透過併購之方式，不但可把握市場上稍縱即逝的無限商機，亦可提升商品市占率、擴張事業版圖。而其中，收購此一方式因往往涉及兩家以上事業體之合併或資產轉移，以及收購價格之約定，再加上成功率不高[23]，故於進行收購程序前，收購公司必須掌握目標公司一切權利義務，以確保收購公司所預期達到之效果。在進行同時，一定之告知義務，乃至於檢察權之約定自屬必要，否則無法詳實評估收購公司對此項收購之利弊得失，交易失敗之風險將大爲增加。且若收購結果不盡理想，應如何保障交易雙方事業體己身之權益，便極爲重要[24]。

一般而言，收購程序會視收購之類型與個案加以調整，但本質上不脫離企業併購規劃之模式。企業進行收購交易行爲時，原則上可區分爲五個不同階段，每階段都有其不同之法律問題與考量[25]，均須謹慎加以因應，如此方能成功達成收購之策略目的。

第一項　尋找並確定目標公司

當收購公司於交易執行開始前，首先應就收購他公司股份或資產擬定策略，以確定收購案所欲獲得之效益及目標。而當公司計畫已擬妥，開始尋找接觸符合條件之目標公司，其後並於所有找到的目標中進一步篩選出較合適且有利的目標公司。

---

[23] 尤以資產收購爲最，因其程式較股權收購更爲冗長繁瑣。王文宇，同前註8，第143頁。

[24] 參閱謝淑芳，同前註1，第9頁。

[25] 參閱馮震宇，高科技產業主法律策略與規範，2003年4月，元照出版社，第94-100頁；林進富、蘇聰儒、莊國偉、金文悅，公司併購法律實戰守則，2002年12月，永然文化，第207-212頁。

在實務上有許多商業或技術掮客（broker），根據客戶之需要做初步的調查與研究，以協助買方或賣方選擇且確定目標公司，也有些會協助客戶進行談判或確立併購之架構[26]。

第二項　與目標公司進行初步協商

收購公司經過於確定目標公司後，可透過往來之企業或是企業負責人之個人關係尋求與目標公司接觸之機會，若涉及跨國性或複雜度高、金額龐大之收購案時，最好透過仲介、投資銀行、財務顧問、律師、會計師等專業之協助。

經選定目標公司後，即展開與目標公司進行初步協商，藉以了解目標公司之現況、獲利情形、財務狀況、公司內部組織與架構之良窳、產業狀態、產品之技術程度與競爭力等問題，並進而評估進行收購案之可能性與效益。

由於收購關係到企業間之各種競爭利益，包括技術與商業資訊，均屬於營業秘密之範疇。因此若能達成初步協議，收購公司將會與標的公司簽署意向書或備忘錄（Memorandum of Understanding, MOU），以確認雙方之初步意願及應配合事項，並臚列雙方已達成共識之條款，作為日後簽約談判之基礎[27]。其中並可依雙方需要約定若干特殊條款，如保密協議或排他條款等。如此就雙方所達成之合意作成正式紀錄，以作為繼續進行磋商與實地查核評鑑之基礎，未來將得以確認雙方認可事項及保障雙方交換之公司商業機密資訊後，對他方負有應保密義務，並且

---

[26]　參閱馮震宇，高科技產業進行併購應注意的法律問題，經濟情勢暨評論季刊，第4卷第2期，1998年8月，第107頁。

[27]　其內容包括：進行收購之當事人、收購策略與價格、實地查核之進行、獨家議約權與議約期間，並可依需要約定若干特殊條款。參閱劉紹樑、葉秋英等合著，企業併購與金融改組，2002年10月，台灣金融研訓院，第185-188頁。

可藉以拘束若干阻擾交易確定之行為，以提高將來完成收購之確定性。

第三項　對目標公司進行實質查核

在雙方簽訂意向書後，收購交易已進入全面性正式評估階段，為確保收購標的有目標公司所承諾之實際價值，並避免承擔不必要之法律風險及訴訟成本，收購公司須對目標公司進行實質查核（或稱「正當調查程序」）。此部分工作內容包括評估標的公司之業務、財務、稅務、人力資源、資訊系統以及法律或環保等不同構面之實況，以發掘各項可能影響收購交易之潛在議題。該實質查核評鑑之結果，不僅有助於強化收購價格談判之基礎，更可以確保談判基礎之正確性。

實質查核係由公司所委託之投資銀行、財務顧問、會計師與律師等專業人員所組成之團隊進行，其審查評鑑之內容，大致可分為三個方面，財務審查、法律審查與業務審查[28]。

財務審查之目的不僅在計算貼近目標公司之真實價格，尚有避免收購後可能發生之財務風險。其主要係了解目標公司之內部財務狀況，包括財務結構與獲利狀況。對企業進行評價時，評估之對象除表面數字如歷史盈餘、現金流量等資產負債表上所包含者，尚有需由主觀上來判斷的企業無形資產，如預計之盈餘、未來的現金流量表現等[29]，這些都需透過財務專家才能綜合判斷出企業之真正價值。就法律方面而言，主要係了解目標公司之法律文件所載之權利義務與應負之法律責任，查核內容文件包括公司資料文件，其中包含公司設立、章程、內部規範、證書等；財務文件，如借貸融資契約、票據、保證契約、資產明細、股票轉

---

[28]　參閱王泰允，企業購併實用，1991年1月，遠流出版社，第259-266頁。

[29]　參閱陳依蘋，專訪勤業管顧總經理顏漏有談企業併購，會計研究月刊，第173期，1999年4月，第21頁。

讓紀錄等；公司資產，如不動產權狀、租賃契約、抵押權設定、智慧財
產權證明書、使用執照等；公司現仍有效之合約，如勞務契約、上下游
的買賣或供應契約、技術授權、合作或指導契約等；過去與現正進行中
之重大訴訟文件及主管機關處分，以及是否隱匿有關重大不利影響交易
價格之情事等。業務審查之目的主要係對目標公司之業務運作以及將來
整合之相關評估，透過上述財務與法律審查後之結果，深入了解標的公
司營運現況與未來發展可能性，避免有其他重大影響公司營運之情形存
在。

　　通常會在完成實質審查後，才會簽訂正式的併購契約，也有將契約
效力繫於是否得到滿意的實質調查結果，因此實質審查的完成期限亦須
掌握，以免延誤收購契約之進行。

第四項　研擬收購契約，與目標公司正式談判並簽定收購契約

　　交易雙方就交易條件與價格取得共識後，會進一步確定收購架構，
且各自委任律師草擬各自的收購契約，展開正式收購契約內容之談判。
公司簽署的契約條款內容五花八門，按其所選擇的收購類型所產生的效
果而有不同的特殊條款，然而不論何種收購契約仍存有相同的共通基礎
條款，如：基本功能性條款、對價條款、聲明與擔保、承諾條款、賠償
條款、終止與費用支付等雜項條款等[30]：

---

[30] Lou R. Kling, Eileen Nugent Simon and Michael Goldman, Summary of Acquisition Agreements, 51 U. Miami1. Rev. 779-780 (1997).

一、基本共通條款

（一）功能性條款（Mechanical Provisions）

　　所謂功能性條款係指契約中界定契約當事人、主要交易架構、協助契約構成及解釋之條款，通常置於契約之開頭，其內容包括當事人[31]、前言、定義條款[32]、解釋條款[33]等。

（二）對價條款（Consideration Provisions）

　　為避免目標公司之股權結構、資產或營業狀況在契約簽署至成交這段期間內發生變動所可能造成之風險，契約雙方同意簽署對價條款，先設定調整之基準，若有特定情況得調整契約之對價。該調整之基準，一般像由目標公司之財務與業務狀況著眼，針對其資產負債狀況、營業額及獲利能力等指標設定之。

（三）聲明與擔保（Representations and Warranties）

　　係指針對過去曾發生或現在存在，可能影響契約效力的一些「事實」，保證為確實不虛假的條款。由於收購之過程會產生相當之風險，而收購公司對目標公司之產業不熟悉或受限無足夠之資訊去評估風險，往往會要求目標公司提出聲明與擔保，以達控制風險及保護自己之目的。其內容包括廣泛，例如：要求目標公司保證該無形資產的清單不但完整且正確無誤等。違反擔保或保證條款更幾乎被規定為收購契約的約定解除條件之一[34]。

---

[31]　除當事人名稱外，亦會包括其住址或營業所、身分證字號或統一編號等協助特定當事人之資訊。

[32]　就契約裡所使用之名詞加以界定其內容，亦有避免重複解釋之效。

[33]　為界定契約之解釋方式，如引用之法規皆為最新規定、契約附件是否為契約內容之一部、契約條款間與附件內容有衝突時，其適用順序等。

[34]　參閱馮震宇，同前註26，第116頁。

（四）承諾事項（Covenants）

承諾事項為當事人對於未來的事情承諾一定的作為或不作為，其目的在避免目標公司與成交前發生減損收購公司所可獲致之收購效益之情形。承諾事項條款之內容包括目標公司承諾在交易完成前必須維持正常營運、不能為重大資產處分行為、不得變更章程、與客戶及廠商維持良好關係、不得為增資發行新股、不得為導致股權變動之行為、不得就未決訟爭案件進行和解等。違反之效果，除可能衍生賠償責任外，由於其通常與先決條件相連結，亦可能導致交易無法完成。

（五）先決條件（Condition Precedent）

係指成交之先決條件，且所有條件均屬必要條件，若契約中所列舉的任一先決條件不成就時，則契約當事人可選擇不成交，亦可選擇放棄主張該先決條件而成交。目的在確保收購過程中所有之必要程序已被完成且無障礙。

（六）違約（Default）、賠償（Damage）與終止（Termination）

通常契約中會約定違反聲明與擔保或承諾事項屬於違約事由，而將足以影響收購交易成交之情況者約定為違約者亦所見多有。關於違約之效果究竟為損失賠償、支付違約金或終止契約，須明定之。

（七）成本及費用（Expense and Fee）

雙方為交易時可能產生之費用。該費用通常約定由雙方各自負擔，然實務上亦常見目標公司要求交易費用應由收購公司負擔或反映於收購對價中。

（八）雜項條款（Miscellaneous Provisions）

此項通常屬制式條款，於交易慣例上，與一般商務契約內容大同小

異。其內容通常包括準據法及管轄條款、契約條款效力可分性、公開方式等。

二、特有條款

（一）股權收購契約（Share Acquisition Agreement）

股權收購契約之目的通常在取得目標公司之經營權，其特色在於收購公司直接收購目標公司或其大股東之股權。契約條款會約定收購股權之比例[35]、公開收購[36]等有關事項。

（二）資產收購契約（Asset Acquisition Agreement）

資產收購契約之特性係將資產及營業之交易標的加以特定[37]，並以附件詳列，以及取得員工與客戶關係移轉之同意書面或使其同意另行與收購公司簽署新契約以取代原契約等。

於收購契約草擬完成後，即可進行正式簽約履行。但在履行前，必須完成收購契約所需要的一切工作，包括獲得主管機關的准許或同意、融資安排與資產移轉的文件等。唯有在正式簽約履行後，收購契約方始初步的完成。另一方面，與收購有關之法律程序亦於此時開始辦理。

第五項　完成交割結算及權利義務之調整

實務上，有部分交易採取保留部分價款之給付方式，如以一定條件之成就或不成就，在行支付價款之約定（holdback），或保留部分價款

---

[35] 收購目標公司多少比例之股權方能達到控制目標公司之經營權。

[36] 若收購大股東之持股不足達到控制公司之經營權時，可對目標公司所有股東籍公開收購之方式，補足欲達到之持股比例。

[37] 為避免爭議及確保收購者之權益，多半會就所收購之營業範圍或是重要之資產加以特定。

存放於信託帳戶（escrow account），僅在符合特別約定之條件下始可動支之保留款，抑或是俟目標公司達到一定之營運目標後，再行支付保留款（earn-out）等。之後由雙方準備交割有關文件資料等或履行其他必要之義務，始為完成交割結算。日後如有收購契約所約定一定條件成就或不成就，或違反收購契約之義務時，即有就該等事項調整雙方之權利義務。

第三節　營業讓與

第一項　營業或財產之意義

依公司法第185條第1項第2款之規定及企業併購法第4條第4款對於收購之定義，皆以讓與或受讓「全部或主要部分之營業或財產」作為是否適用營業讓與規範或事業結合管制之判定標準，在用語上皆有「營業」和「財產」之分別。換言之，兩者在法律上為不同概念。營業權在民法上之權利體系，其性質上屬於財產權之一種[38]。從會計上觀之，財產包括有形資產和無形資產，無形資產則指無實體存在而具有經濟價值之資產[39]，因此可包括營業權。就廣義而言，財產一詞已可將營業涵蓋在內[40]。然營業權與法律上所稱之營業，概念並不相同。營業讓與之標的不限於財產權，屬於契約自由範圍。所謂「營業」，學者以為，依營業讓與之定義觀察，係需讓與之營業或財產有助於公司營運機能，並視

---

[38] 參閱黃立，民法債編總論，2002年9月，元照出版社，第264頁。

[39] 經濟部93年5月3日經商字第09302069760號函：「公司法第185條第1項第2款、第3款規定所稱財產，會計上，包括有形資產及無形資產，而無形資產係指無實體存在而具經濟價值之資產，商業會計處理準則第19條定有明文。」

[40] 參閱劉連煜，公司法理論與判決研究（三），2002年5月初版，元照出版社，第201頁。

為公司重要性財產，且讓與之營業或財產屬有體或無體財產均在所不問；依營業讓與之客體觀察，不論義務或權利僅需要用於營業之財產，具有主要顧客關係、交易關係、販賣之可能性、營業上秘密，經營組織等經濟價值之事實關係，且為達一定營業目的之讓與並作為組織化、有機一體性[41]機能之財產，均屬之[42]。換言之，必須依據一定營業活動目的，以有機一體性使其統合組織化而達到社會活力，即動態的概念，以機能性為核心[43]。我國實務[44]上對「營業」有更明確之定義，認為營業係指以營業為目的組成營業財產之集團，亦即讓與人之經濟上地位之全盤移轉，包含兼具資產與負債性質之契約關係。

第二項　營業讓與之型態與對價

一、營業讓與之型態

在區分營業與財產之前提下，「讓與全部或主要部分營業或財產」則可能呈現六種不同型態，即讓與全部之營業、讓與全部之財產、讓與全部營業及財產、讓與主要部分之營業、讓與主要部分之財產、讓與主

---

[41]　組織化、有機一體性，指人與物的組織體，非單指物的組織體而言。

[42]　參閱原田晃治，一問一答平成12年改正商法─会設分割法制，2000年9月，商事法務研究會，第55頁；前田庸，商法の一部を改正する法律要綱の解説（上）商事法務No. 1555，2000年3月，第8頁。我國學者亦有採相類似之見解，認為在法律上應將「營業」解為應指公司為特定之營業目的，具有組織性或有機、整體性之功能性財產，除包括公司營業用之財產物件及權利外，尚涵蓋客戶資料、營業秘密、銷售機會或其他在具有經濟價值之經營資源或事實關係。劉連煜，同前註40，第201頁；王志誠，企業併購法制之基礎構造，國立中正大學法學集刊，第4期，2001年4月，第98頁。

[43]　參閱大隅健一郎，会社法の諸問題，1983年7月，有信堂，第75頁。

[44]　最高法院98年度台上字第1286號判決：「營業之概括承受其資產及負債，係指就他人之營業上之財產，包括資產（如存貨、債權、營業生財、商號信譽）以及營業上之債務，概括承受之意。換言之，以營業為目的組成營業財產之集團，移轉於承擔人，營業之概括承受為多數之債權或債務，包括讓與人之經濟上地位之全盤移轉。……」

要部分之營業與財產[45]。另有學者[46]以讓與之營業或資產是達被讓與公司全部或主要部分或對公司營運產生重大影響，區分為讓與部分及讓與全部及主要部分之營業或財產兩者。

實務上[47]多以全部或主要部分之財產作為是否構成公司法第185條第1項第2款之判斷，罕見由讓與公司全部或主要部分之營業出發者，其原因或許是由於「營業」在操作與認定上較「財產」困難所致。

而在營業讓與上之型態轉換，有學者[48]提出整理表，如表4-1。

表 4-1

營業讓與之型態	得轉換之併購類型	併購公司得支付之對價	取得對價之主體
讓與全部營業及財產	公司分割	發行新股	讓與公司或其股東
	公司合併	發行新股	讓與公司之股東
	概括讓與	現金、股份及其他對價	讓與公司
讓與全部營業	公司分割（全部營業為得獨立營業之全部營業）	發行新股	讓與公司或其股東
讓與全部財產	部分股份交換（全部財產為股份）	發行新股	讓與公司

45　參閱王志誠，企業組織再造法制，2005年11月，元照出版社，第202頁。

46　參閱許雅華，公司分割與營業讓與，集保結算所月刊，第159期，2007年2月，第21頁。

47　最高法院101年度台上字第280號判決：「……將其公司資產作價1億元入股成立公司，取得成立公司1億元股權，該股權可否謂非協毅公司全部或主要部分財產？……」最高法院71年度台上字第1909號判決：「……原審於未經調查認定訟爭土地為被上訴人全部或主要部分財產前，遽謂被上訴人之處分訟爭財產行為為無效，尚嫌速斷。」

48　參閱王志誠，營業讓與之法制結構，發表於企業併購法制學術研討會，2005年6月，第120頁。

表 4-1（續）

營業讓與之型態	得轉換之併購類型	併購公司得支付之對價	取得對價之主體
讓與主要營業	公司分割（主要營運為得獨立營運之一部）	發行新股	讓與公司或其股東
讓與主要部分財產	部分股份交換（主要財產為股份）	發行新股	讓與公司

二、營業讓與之對價

　　由企業併購法第4條第4款觀之，可知營業讓與之對價，不論受讓公司是以股份、現金或其他財產支付，皆無不可，由讓與公司及受讓公司依契約自由原則約定之。理論上係以受讓之資產價值減除承擔債務價值後之淨資產價值作價，當作受讓公司以股份、現金或其他財產為收購之依據[49]。須注意者，若受讓公司以發行新股支付受讓營業或資產之對價，性質上即為讓與公司以現物出資抵繳股款，應於實行後，依照公司法第274條第2項之規定，於認股書加載其姓名或名稱及其財產之種類、數量、價格或估價之標準及公司核給之股數，由受讓公司董事會送請監察人查核加具意見，報請主管機關核定[50]。

第三項　營業讓與之效力

　　營業讓與契約成立生效後，依民法第348條及第367條之規定，讓

---

[49] 經濟部92年7月10日經商字第09202139520號函：「按企業併購法第4條有關『對價』之定義，係以受讓之資產價值減除承擔債務價值後之淨資產價值作價，當作受讓公司以股份、現金或其他財產為收購之依據。」

[50] 參閱王志誠，同前註48，第203頁。

與公司負有移轉營業或財產之義務，受讓公司有交付約定價金及受領標的物主義務。又依企業併購法第27條第5項之規定，受讓公司取得讓與公司之財產，其權利義務事項之移轉及變更登記，準用同法第25條關於合併之規定。

又若讓與標的爲公司全部或主要部分之營業，其效力是否包括負債在內[51]，則需先討論讓與主要部分營業或財產行爲性質而定。就此部分學說上有爭議。有採資產收購說[52]者，其原始概念係資產之買賣，出售資產公司即爲目標公司，多半在出售全部或主要部分之營業或財產後進行解散，所生結果爲股東終止其原先之投資；且企業併購法第27條文字使用上將「概括承受或概括讓與」及「讓與或受讓營業或財產」分列，應可解釋民法第305條之概括承受與公司法第185條係屬二事。或有採民法概括承受說[53]，認爲公司法第185條係源自民法第305條概括承受之特別規定，目的在使因一定目的需要結合成一團之財產與負債，得以統一地以獨立之組織狀態，概括一同移轉，即爲營業讓與。因此認爲該概括讓與之營業或財產，其資產與負債，當然由讓與人概括移轉於承受人。另有學者[54]採標的區分說，認爲應視讓與標的爲營業或財產，而爲不同之認定。若讓與標的爲公司之全部營業，概念與上述民法第305條

---

[51] 最高法院86年度台上字第3623號判決：「得爲民法上所定買賣契約之標的者，限於物、權利、債權或其他權利，此觀同法第348條及第350條之規定自明。而所有人依同法第765條所定之使用、收益及處分其所有物，均僅爲所有權之權能，尚非權利，得否作爲買賣之標的，非無進一步研求之餘地。」

[52] 參閱曾宛如，讓與全部或主要部分營業或財產之探討—兼論董事會與股東會權限劃分之議題，臺大法學論叢，第35卷第1期，2006年1月，第270-275頁。

[53] 參閱武憶舟，公司分割與營業讓與二制之分析比較，法令月刊，第54卷第1期，2003年1月，第5-10頁；最高法院79年度台上字第2247號判決：「公司法爲民法之特別法，民法第305條第1項規定就他人之財產或營業概括承受其資產及負債，與公司法第185條第1項第2款所定股份有限公司讓與全部或主要部分之營業或財產，二者同其範疇。故股份有限公司之概括讓與其營業或財產，自應優先適用公司法之規定。」

[54] 參閱李治安、林郁馨，公司出售主要部分資產之研究，月旦法學雜誌，第86期，2002年7月，第168-169頁。

概括承受之規定相似；若讓與標的係讓與公司主要部分之營業，則可能構成公司分割；若讓與標的為讓與公司之財產，則係爭交易標的無論為公司全部財產或主要部分財產，均不包含公司之負債。管見以為應採第一說為當。實務上曾在函釋[55]中明文排除負債。又就文義解釋而言，民法第305條將資產與負債加以分列，若僅承受其一，則不構成概括承受。公司法第185條並無規定「資產與負債」，可見該條並非一概括承受之條文。且企業併購法第27條第1項將概括承受或概括讓與與公司法第185條第1項第2款或第3款讓與或受讓營業或財產分別訂定，可知二者並不相同。因此既然讓與主要部分營業或財產行為之性質為資產收購，則收購公司可依其自身需求，收購目標公司之特定資產，將不需要之資產排除在外，且除另有約定，原則上收購公司不承受目標公司之負債。

　　至於營業讓與時，僱傭關係是否當然繼承，學說上仍有爭議。大多數學者說採否定見解，認為在營業讓與所稱之客觀營業之組織一體性，其本質上係指財產構成體之營業而言，故人之組織或人之關係並不被包含在營業讓與之對象中。又依民法第484條及勞動基準法第20條之規定，可知於營業讓與之情形，原僱傭關係並非當然由受讓公司繼承，而得由雙方依合意決定之。

第四項　營業讓與與其他併購制度之比較

一、營業讓與與合併之比較

　　兩者最大之差異在於：

---

[55]　經濟部68年6月4日商字第16276號函：「公司讓與全部或主要部分之營業或財產（不包括負債），公司法（舊法）第185條第1項第2款既以明文規定……」

（一）法人格之消滅

1. 營業讓與之原始概念為出售行為，因此不一定會有法人格消滅之情形。縱使目標公司可能因無法繼續從事業務而有解散計畫，但並非為營業讓與行為後即當然解散，仍須依公司法之規定，經股東會特別決議，並經清算程序，目標公司始喪失法律主體地位[56]。

2. 公司在合併時，目標公司之權利義務關係由存續或新設公司概括承擔，因而目標公司有法人格消滅之效果，其因合併而當然解散。

（二）收購公司之股東表決權與股份收買請求權

1. 依公司法第185條第1項第3款之規定，僅於「對公司營運有重大影響」時，始須經股東會之特別決議，而反對股東方有公司法第186條股份收買請求權之適用。若無對公司營運有重大影響，則受讓他人全部營業或財產僅須由董事會決議即可。

2. 在合併之情況，除有該當公司法第316條之2或企業併購法第18條第6項所規定之情形，僅須由存續公司董事會決議外，原則上，均應經過雙方公司股東會之特別決議方可為之。

（三）債權人之保障

1. 營業讓與時，雙方若未就債務承擔為特別約定，原則上目標公司仍須自行承擔債務，目標公司之債權人仍可向目標公司行使其債權，因此公司法並無保障債權入之規定。企業併購法雖於第27條第1項規定「債權讓與之通知，得以公告方式代之，承擔債務時，免經債權人之承認，不適用民法第二百九十七條及第三百零一條規定。」然上開條文之適用範圍究竟包括概括承受或概括讓與，與依公司法第185條第1項第2款或第3款讓與或受讓營業或財產者，或僅適用於後者，並不明確，其規

---

[56]　參閱柯芳枝，公司法論（上），2003年3月，三民書局，第60頁。

定之方式易生體系上之混淆[57]。且此處之免經債權人承認規定，相較於合併之規定，對於債權人而言似更爲不利，因債權人對於求償對象之變更無從表示意見。

2. 合併時，依公司法第319條準用同法第73條第2項、第113條及第115條之規定，公司爲合併決議後，應即向各債權人分別通知及公告，並指定三十日以上期限，聲明債權人得於期限內提出異議。債權人未於此項期間內提出異議，即認爲已承認公司之合併。而依公司法第319條準用同法第74條、第113條及第115條，公司不爲前條之通知及公告，或對於在指定期限內提出異議之債權人不爲清償，或不提供相當擔保者，不得以其合併對抗債權人[58]。

二、營業讓與與分割之比較

以分割之定義檢視「讓與全部或主要部分之營業或財產」，分割過程中同樣涉及「營業讓與」之問題，只是分割之營業經濟性質上需具有獨立性。因此分割之本質雖與營業讓與相似，但仍有若干制度上之不同。

（一）性質與目的

營業讓與屬民法上資產交易行爲，目的在藉由出售營業獲取對價。而公司分割之性質爲企業組織重組再造行爲，雖因轉讓營業或資產以取得目標公司之股份，惟其目的非在藉此以獲得轉讓之對價，別於一般應稅交易行爲。

---

[57] 參閱黃偉峯，企業併購法，2007年10月初版，元照出版社，第234頁。
[58] 參閱柯芳枝，公司法要義，2003年9月，三民書局，第39頁。

（二）承受主體

無論是何種公司或法人或是合夥，皆得為營業讓與或受讓之行為。然公司分割之承受主體，依公司法、企業併購法之規定，分割後之新設公司或既存公司應為股份有限公司。

（三）交易對價之種類與主體

依營業讓與之方式，受讓公司得選擇以現金或已發行股份為受讓之對價，並歸屬於讓與公司本身，讓與公司股東僅能藉由公司分派股利等方式間接享受利益。而公司分割，承受營業之他公司為給付該受讓營業之對價而發行之新股，可配發予被分割公司或被分割公司之股東。

（四）應遵循之程式

營業讓與為非要式行為。若該當公司法第185條第1項之要件，則須經董事會特別決議提出，並經股東會特別決議通過。然於公司之子公司收購公司全部或主要部分之營業或財產之情形，若符合該子公司為公司百分之百持有、子公司以受讓之營業或財產作價發行新股予該公司或該公司與子公司已依一般公認會計原則編製合併財務報表，三種情形之一者，依企業併購法第28條之規定，得經公司董事會決議行之，不適用公司法第185條第1項至第4項應經讓與公司與受讓公司股東會決議之規定。至於公司分割，依公司法及企業併購法之規定，為一要式行為。其議案依公司法第206條之規定，經公司董事會普通決議同意提出即可。

（五）債權人權益之保障

營業讓與之債權人保護，除民法第305條關於債務概括承擔時，讓與人於一定期限內應與受讓人負連帶責任外，可謂付之闕如，理由在於營業讓與對於公司債權人而言，實屬公司資產組合之變動，故在該階段

並無特別保護之必要[59]。公司分割時，依公司法第319條準用第73條、第74條、第113條及第115條之規定，就分割之決議應即向各債權人分別通知及公告，並得於一定期限內提出異議。

（六）法律效力

公司分割時，由於被分割公司所分割營業之權利義務關係由新設公司或既存公司概括承受，故無須就個別分割之財產為移轉行為。在營業讓與，由於其本質上為資產交易行為，故營業讓與中之各種資產與權利，原則上皆必須為個別之移轉行為[60]。

第四節　股份收購

第一項　股份收購之意義

股份收購指收購公司於公開市場或私下直接或間接取他公司之股份或認購其發行之新股，使其成為自己一部或全部之轉投資專業單位。而具併購意義之股份收購為以取得公司經營權為目的，取得公司多數之股份，並藉由股份上所享有之表決權運作，取得公司經營者之地位。而於企業併購中，收購型態多種，基於企業併購法規定，收購即為營業或財產之收購及股份轉換兩種。

---

[59] 參閱曾宛如，同前註52，第65頁。

[60] 參閱劉連煜，公司分割與營業讓與，台灣本土法學雜誌，第54期，2004年1月，第138-139頁。

第二項　股份收購之型態及相關規定

第一款　股份收購之型態

目前股份收購之型態有以下方式：

一、私下與大股東協商收購其持有之股份，如台灣大哥大與泛亞電信之併購案。

二、於證券集中交易市場或櫃檯買賣中心購買公司之股份。

三、運用證券交易所提供之有價證券標購制度取得股份。

四、於證券交易集中市場或櫃檯買賣中心以外之場所運用公開收購方式購買之。

第二款　股份收購之相關規定

表 4-2

法規	規範原因	法條內容
公司法	股份轉讓自由原則	公司股份之轉讓，除本法另有規定外，不得以章程禁止或限制之。（§163本文）
	股份轉讓自由之例外，係基於公司政策目標或交易安全之立法目的而訂立	1.公司發行之特別股，得收回之。（§158本文） 2.非於公司設立登記後，不得轉讓。（§163但書） 3.股東清算或受破產之宣告時，得按市價收回其股份，抵償其於清算或破產宣告前結欠公司之債務。（§167 I 但書） 4.公司除法律另有規定者外，得經董事會以董事三分之二以上之出席及出席董事過半數同意之決議，於不超過該公司已發行股份總數5%之範圍內，收買其股份。（§167-1 I 前段）

表 4-2（續）

法規	規範原因	法條內容
公司法	股份轉讓自由之例外，係基於公司政策目標或交易安全之立法目的而訂立	5.公司依第167條之1或其他法律規定收買自己之股份轉讓於員工者，得限制員工在一定期間內不得轉讓。但其期間最長不得超過二年。（§167-3） 6.股東於股東會為前條決議前，已以書面通知公司反對該項行為之意思表示，並於股東會已為反對者，得請求公司以當時公平價格，收買其所有之股份。（§186本文） 7.董事經選任後，應向主管機關申報，其選任當時所持有之公司股份數額；公開發行股票之公司董事在任期中轉讓超過選任當時所持有之公司股份數額二分之一時，其董事當然解任。 董事在任期中其股份有增減時，應向主管機關申報並公告之。 公開發行股票之公司董事當選後，於就任前轉讓超過選任當時所持有之公司股份數額二分之一時，或於股東會召開前之停止股票過戶期間內，轉讓持股超過二分之一時，其當選失其效力。（§197） 8.公司分割或與他公司合併時，董事會應就分割、合併有關事項，作成分割計畫、合併契約，提出於股東會；股東在集會前或集會中，以書面表示異議，或以口頭表示異議經記錄者，得放棄表決權，而請求公司按當時公平價格，收買其持有之股份。（§317Ⅰ）

表 4-2（續）

法規	規範原因	法條內容
證券交易法	董事、監察人、經理人及大股東轉讓股份之限制	已依本法發行股票公司之董事、監察人、經理人或持有公司股份超過股份總額10%之股東，其股票之轉讓，應依左列方式之一為之： 一、經主管機關核准或自申報主管機關生效日後，向非特定人為之。 二、依主管機關所定持有期間及每一交易日得轉讓數量比例，於向主管機關申報之日起三日後，在集中交易市場或證券商營業處所為之。但每一交易日轉讓股數未超過一萬股者，免予申報。 三、於向主管機關申報之日起三日內，向符合主管機關所定條件之特定人為之。 經由前項第3款受讓之股票，受讓人在一年內欲轉讓其股票，仍須依前項各款所列方式之一為之。 第1項之人持有之股票，包括其配偶、未成年子女及利用他人名義持有者。（§22-2）
證券交易法	董事、監察人、經理人及大股東持股申報	1.公開發行股票之公司於登記後，應即將其董事、監察人、經理人及持有股份超過股份總額10%之股東，所持有之本公司股票種類及股數，向主管機關申報並公告之。（§25Ⅰ） 2.任何人單獨或與他人共同取得任一公開發行公司已發行股份總額超過10%之股份者，應於取得後十日內，向主

表 4-2（續）

法規	規範原因	法條內容
證券交易法	董事、監察人、經理人及大股東持股申報	管機關申報其取得股份之目的、資金來源及主管機關所規定應行申報之事項；申報事項如有變動時，並隨時補正之。（§43-1Ⅰ）
	公開收購	不經由有價證券集中交易市場或證券商營業處所，對非特定人為公開收購公開發行公司之有價證券者，除下列情形外，應提出具有履行支付收購對價能力之證明，向主管機關申報並公告特定事項後，始得為之： 一、公開收購人預定公開收購數量，加計公開收購人與其關係人已取得公開發行公司有價證券總數，未超過該公開發行公司已發行有表決權股份總數5%。 二、公開收購人公開收購其持有已發行有表決權股份總數超過50%之公司之有價證券。 三、其他符合主管機關所定事項。（§43-1Ⅱ） 任何人單獨或與他人共同預定取得公開發行公司已發行股份總額達一定比例者，除符合一定條件外，應採公開收購方武為之。（§43-1Ⅲ）

第三項　公開收購

第一款　公開收購之意義

　　依證券交易法第43條之1第2項及公開收購公開發行公司有價證券管理辦法第2條第1項規定可知，我國所謂公開收購係指不經由有價證券集中交易市場或證券商營業處所，對非特定人以公告、廣告、廣播、電傳資訊、信函、電話、發表會、說明會或其他方式爲公開要約，而購買有價證券之行爲。而一般而言「公開收購」係指當某家公司或個人欲取得另一家公司之經營管理權，而對持有該公司（即目標公司）有價證券之不特定多數人以公開其欲收購之有價證券數量、價格及期間等條件之方式，取得該公司大量股權之行爲[61]。

　　由於公開收購係於交易所外以一定收購期間、明確之收購數量及固定之價格，對不特定股東要約收購股份，故公開收購制度適用於短時間內一次收購大量股份且對象爲不特定之情況。公開收購專指場外收購老股，不包括認購新股，公開收購也可以是收購自己股份（實施庫藏股），公開收購沒有最低門檻限制，但於一定期間內收購數量達一定比例者，則採強制收購的規定[62]。我國公開收購制度必須是在集中或店頭市場以外交易者，而美國法於案例上認爲無論直接向特定股東取得股份或市場上收購，都有公開收購之適用。相較之下，我國法對公開收購採取的是比較狹隘的定義，而與美國實務見解並未當然將「向特定人不公開之收購」排除在公開收購外不同[63]。

---

[61]　參閱陳幼宜，論公司併購之方式—以公開收購法律規範之檢討爲中心，萬國法律，第152期，2007年4月，第2頁。

[62]　參閱郭玉芬，我國公開收購制度及歷次修正點簡介，證券期貨月刊，第22卷第7期，2005年7月，第14頁。

[63]　參閱賴英照，股市遊戲規則最新證券交易法解析，2011年2月再版二刷，自版，第274頁。

公開收購之立法目的主要可歸納成以下三類：

一、對股東方面：讓股東知悉經營權可能發生變動，並取得公開收購之一切資訊，此外亦使其有公平賣出有價證券之機會。

二、對公司方面：使現行公司之經營者能預期經營權爭奪行為而予以防範，以維護公司之穩定。

三、對市場方面：大量收購行為將造成市場價格波動，容易誘發內線交易、操縱價格等破壞市場交易公平之行為。

而我國於1988年即已引進公開收購制度，但因採核准制，主管機關審核耗日費時，易使企業喪失先機，因此近年來之公開收購，雖不乏國內知名企業，諸如開發金控公開收購金鼎證券、中華電信公開收購神腦國際、台信國際電信股份有限公司公開收購台灣固網股份有限公司、群益證券公開收購金鼎證券等，其中2009年日月光公開收購環隆電氣，則是我國公開收購史上首次以股票為對價之案件，為我國公開收購案例建立重要之里程碑。但與歐美市場相較，最大之不同為我國之大多數案件皆屬於合意公開收購之類型。

第二款　公開收購之種類

一、依對價種類區分

公開收購如依對價種類區分，可分為（一）現金之公開收購（cash tender offer）；（二）以券易券之公開收購（stock tender offer、exchange tender offer）；及（三）現金選擇交易之收購（cash-option transaction）。

（一）現金之公開收購

指以現金為公開收購之對價，而在一定期間內，於集中交易市場以外，以高於市價之價格，向不特定多數人大量收購其持有之有價證券之

行為，此乃公開收購之標準類型，一股所稱的公開收購股權即指此種收購類型。其常被使用之情形可歸納為以下三種：

1. 目標公司不欲被收購時，為防止其採取防禦措施，而以現金公開收購方式進行收購，攻其不備。

2. 目標公司採中立態度時，避免節外生枝，以現金公開收購方式以求速戰速決。

3. 有白衣武士（white knight）[64]為競合之公開收購時。

（二）以券易券之公開收購

指以有價證券為公開收購之對價，即公開收購人發行新股，並以發行之新股與目標公司股東交換其持有之目標公司之有價證券，因此公開收購成功後，目標公司股東會擁有公開收購人之股權，相當於目標公司與公開收購人進行合併，故其程序較現金之公開收購為複雜。其常被使用之情形可歸納為以下二種：

1. 無現金可進行現金之公開收購或資金調度困難時。

2. 公開收購人與白衣武士為價格戰時。

（三）現金選擇交易之收購

指就公開收購對價為給予目標公司股東選擇權，其可選擇以現金為對價或交換公開收購人持有之其他有價證券為對價，或是前述兩種公開收購方式之混合，並認其選擇。此等方式雖可滿足目標公司股東不同之需求，但就公開收購人而言，由於無法事前準確評估進行公開收購所需現金，日後可能發生目標公司現金調度困難之情形，故較不被公開收購人採用。

---

[64] 白衣武士是指當被收購公司面臨敵意收購時，目標公司請來的善意收購者。以增加股東出賣持股為白衣武士之誘因，白衣武士提出的收購條件通常會優於敵意收購者之收購條件，以利收購目標公司股東的持股，而使敵意收購行動失敗。Richard A. Shaw, Q. C., Hostile Takeover Bids: Dcfcnsive Strategies, 38 Alberta 1. Rev. 110-122 (2000).

二、依收購者之收購範圍

（一）全部公開收購

指公開收購人對於應賣股東所持有之目標公司股份，有全部收購之義務。

（二）部分公開收購

指公開收購人可預訂欲收購目標公司股份之數量，如目標公司股東應賣數量超過公開收購人預定收購之股份數量時，公開收購人僅需依比例收購而不必收購全部應賣股份。當公開收購人進行公開收購之目的在取得目標公司之經營控制權，其自可視目標公司之現行經營權控制情形，決定所需購買之有價證券數量，公開收購人自可限制其要約購買之有價證券數量。

三、依收購者之意願區分

（一）自願公開收購

又稱任意公開收購，指公開收購人得任意依其意願及目的進行公開收購，一般的公開收購均應屬任意性質。

（二）強制公開收購

此為英國發展出之特有制度，指收購人收購目標公司股份達可控制該公司之程度時，或其收購目的係為鞏固其對目標公司之控制權時，強制收購人須向目標公司全體股東提出收購要約，且通常會要求全面收購，以保護少數股東有賣出持股之機會，以貫徹公開收購保護股東平等參與應賣並分享「控制權溢價」（control premium）之利益，以保護小股東之權益，實務上大筆股權移轉之交易，買受人往往以高價向目標公司之大股東購買高比例之股權，其餘小股東卻無法參與顯失公平，在

基於股東平等之精神，讓目標公司全體股東有參與應賣之機會，以分享
「控制權溢價」[65]。

四、依目標公司經營者之態度區分

（一）善意公開收購

指目標公司之經營者不但贊成公開收購，且還幫助公開收購人勸誘
目標公司股東接受公開收購之要約。故公開收購進行過程中，目標公司
經營者會提供必要的情報及支援，且不會提起防衛性訴訟或手段阻止公
開收購之進行。

（二）敵意公開收購

指未經目標公司董事會之同意，便發動爭奪公司經營權之行為[66]，
因此目標公司之經營者不但反對公開收購，而且還勸誘該公司股東不要
接受公開收購人之公開收購要約，在此情形下，公開收購人不但無法自
經營者取得所需情報或支援，目標公司經營者甚至還會採取防衛措施，
例如尋找競合收購者即所謂的白衣武士、進行反收購或提起防衛訴訟；
而公開收購人一方面要回應目標公司經營者之防衛措施，一方面還要提
供優渥之條件吸引目標公司之經營者或是股東，增加收購之成本及困難
度，公開收購失敗之可能性也較高。

（三）中立公開收購

指目標公司經營者對於公開收購人之公開收購要約，採取不勸告也
不建議之態度，任由其股東自行決定，當然目標公司經營者雖不會給予

---

[65] 參閱劉連煜，新證券交易法實例研習，2011年9月增訂九版，元照出版社，第168頁。

[66] 參閱江典嘉，短兵相接─敵意併購防禦分析，實用月刊，第337期，2003年1月，第34-37頁。

公開收購人任何資訊或支援，但也不會採取防衛訴訟等防衛措施。

五、依我國證券交易法區分

依證券交易法第43條之1第2項及第3項規定，我國公開收購之種類可分為三種：

（一）一般公開收購

證券交易法第43條之1第2項及公開收購公開發行公司有價證券管理辦法第2條第1項規定，不經由有價證券集中交易市場或證券商營業處所，對非特定人為公開收購公開發行公司之有價證券者，除另有規定之情形外，應提出具有履行支付收購對價能力之證明[67]，向主管機關申報並公告特定事項後，始得為之。公開收購公開發行公司有價證券管理辦法第9條第3項及第4項規定，公開收購人應提出具有履行支付收購對價能力之證明。以現金為收購對價者，其證明包括下列各款之一：

1. 由金融機構出具，指定受委任機構為受益人之履約保證，且授權受委任機構為支付本次收購對價得逕行請求行使並指示撥款。

2. 由具證券承銷商資格之財務顧問或辦理公開發行公司財務報告

---

[67] 鑑於樂陞公開收購違約案後，經檢討證券交易法令對於公開收購防範機制有所不足，相較於美國，我國公開收購公開發行公司有價證券管理辦法資訊揭露透明度不管深度與廣度均有待加強，其中又以公開收購人資金來源尤為重要，諸如公開收購人之資金來源是否為自有資金、有無向金融機構借貸、預計貸款比例、有無擔保等，且應提出相關證明文件資料，於民國105年12月7日增訂應由金融機構等第三方出具資金來源之確認或證明文件。樂陞公開收購違約案之發生，日商百尺竿頭數位娛樂有限公司（下稱百尺竿頭或收購人）於民國105年5月31日公告並申報以每股新台幣128元公開收購樂陞科技股份有限公司（下稱樂陞）3,800萬股，約占樂陞公司發行股數25.71%。同年8月17日百尺竿頭收購條件成就，22日公告公開收購期間屆滿，並延至31日以前支付收購對價。至8月30日，收購人公告無法完成本次公開收購之交割，合計48.6億元，金管會針對百尺竿頭惡意未履行交割行為，其日籍負責人Kashino Yoshaki涉有證券詐欺罪嫌，移送臺北地檢署偵辦。參見行政院對日商收購樂陞公司違約案說明，https://www.ey.gov.tw/Page/，最後瀏覽日：2019年1月5日。

查核簽證業務之會計師，經充分知悉公開收購人，並採行合理程序評估
資金來源後，所出具公開收購人具有履行支付收購對價能力之確認書。
財務顧問或會計師不得與公開收購人或被收購有價證券之公開發行公司
有利害關係而足以影響獨立性。

（二）簡易公開收購

　　一種比較簡易之公開收購程序。證券交易法第43條之1第2項規
定，在下列情形，公開收購人無須依照證券交易法辦理公開收購申報及
公告，而得以較為簡便之方式進行公開收購程序：1.公開收購人預定公
開收購數量，加計公開收購人與其關係人已取得公開發行公司有價證券
總數，未超過該公開發行公司已發行有表決權股份總數5%；2.公開收
購人公開收購其持有已發行有表決權股份總數超過50%之公司之有價證
券；或3.其他符合主管機關所定事項。簡易公開收購，乃因立法者認為
制定公開收購規定之立法理由之一在使主管機關及投資人能了解公司股
權大量變動之來由及其趨勢，但在上開情形，公開收購已不影響目標公
司經營權之變動，因而免予申報及公告，惟仍應適用公開收購之其他相
關規定，以確保投資人權利[68]。

第三款　公開收購之行為主體

　　我國現行規範並未就公開收購之行為主體有特別規定，依照公開收
購公開發行公司有價證券管理辦法第3條、證券交易法第43條之1第2項
所稱的關係人，若公開收購人為自然人者，指其配偶及未成年子女，而
公開收購人為公司者，指符合公司法第六章之一所定之關係企業者。公
開收購人（bidder），不問其為自然人或法人，或是否與擬收購的目標

---

[68]　參閱賴英照，同前註63，第275頁。

公司有特定關係之人，如該公司的董監事或經理人等或是一般的持股股東，皆得為公開收購之行為主體。

　　而我國證交法第43條之1第1項及第3項規範「任何人單獨或與他人共同」取得及預定取得目標公司股份達法定要件時，應依法申報及公開收購。原主管機關應該以管理要點規定包括「本人及其配偶、未成年子女及二親等以內親屬持有表決權股份合計超過三分之一之公司或擔任過半數董事、監察人或董事長、總經理之公司取得股份者」亦認定為共同取得人，由於涉及權利義務事項，2004年12月司法院大法官釋字第586號解釋，認為非以法律明定，已逾越母法關於「共同取得」之文義可能範圍，增加母法所未規範之申報義務，因此宣告為違憲，現行公開收購公開發行公司有價證券管理辦法第12條[69]將「與他人共同預定」定義為「係指預定取得人間因共同目的，以契約協議或其他方式之合意，取得公開發行公司已發行股份」。2006年5月19日修正發布的《證券交易法第四十三條之一第一項取得股份申報事項要點》第2點、第3點[70]，也配合修正將任何取得股份者包括取得者與其配偶、未成年子女及利用他人名義持有者。並將與他人共同取得股份則僅指以契約、協議或其他方式之合意，取得公開發行公司已發行股份之情形。

---

[69]　大法官釋字第586號：「財政部證券管理委員會（後更名為財政部證券暨期貨管理委員會），於中華民國84年9月5日訂頒之『證券交易法第43條之1第1項取得股份申報事項要點』，係屬當時之證券交易主管機關基於職權，為有效執行證券交易法第43條之1第1項規定之必要而為之解釋性行政規則，固有其實際需要，惟該要點第3條第2款：『本人及其配偶、未成年子女及二親等以內親屬持有表決權股份合計超過三分之一之公司或擔任過半數董事、監察人或董事長、總經理之公司取得股份者』亦認定為共同取得人之規定及第4條相關部分，則逾越母法關於『共同取得』之文義可能範圍，增加母法所未規範之申報義務，涉及憲法所保障之資訊自主權與財產權之限制，違反憲法第23條之法律保留原則，應自本解釋公布之日起，至遲於屆滿一年時，失其效力。」

[70]　證券交易法第四十三條之一第一項取得股份申報事項要點第2點：「本要點所稱任何人取得公開發行公司已發行股份，其取得股份包括其配偶、未成年子女及利用他人名義持有者。」第3點：「本要點所稱與他人共同取得股份，指以契約、協議或其他方式之合意，取得公開發行公司已發行股份。」

公開收購的對象指的是被收購公開發行公司的全體股東持股。在我國現行法制下對於公開發行一詞並無明確之定義，依學者見解[71]，所謂公開發行應係指成為受證交法規範公司之狀態或取得公開發行公司地位而言，至於公司有無因此進行對外公開募集資金之行為則非重點。而實務上指的公開發行公司可能是上市公司、上櫃公司或未上市、未上櫃公司但已辦理股票公開發行手續者。因此公開發行公司得向廣大、不特定的投資大眾公開募集資金並應受證交法及管理辦法等公開收購相關法制所規範。

第四款 公開收購行為客體

公開收購通常其標的為目標公司股權，其選擇之目標公司大多數為股權分散，故基本上目標公司必須是上市、上櫃或已辦或補辦公開發行程序之公司，我國證券交易法第43條之1第2項規定，公開收購之客體為公開發行公司之有價證券，而不限於股份，其與證券交易法第43條之1第1項規定不同，主要在於將可能影響經營權變動的有價證券均納入規範，以求周延[72]。

至於有價證券，依公開收購公開發行公司有價證券管理辦法第2條第2項規定，係指已依證券交易法辦理或補辦公開發行程序公司之已發行股票、新股認購權利證書、認股權憑證、附認股權特別股、轉換公司債、附認股權公司債、存託憑證及其他經金管會核定之有價證券，且依同條第3項規定，未補辦公開發行之私募有價證券不得為公開收購之標的。因公開收購會對目標公司股東造成重大影響，故對於規範公開收購標的範圍之劃定，原則上限於所收購者為目標公司之權益證券，即可行

---

[71] 參閱曾宛如，從亞太固網檢視公開發行法制規範，月旦法學雜誌，第146期，2007年7月，第174頁。

[72] 參閱賴英照，同前註63，第273頁。

使表決權之有價證券為主，在解釋上包括無表決權之特別股，但無表決權之特別股未明文排除似有不當[73]。

第五款　公開收購之原則及優缺點

一、公開收購之原則

（一）股東平等原則

　　股東平等原則指在公開收購過程中，應平等對待目標公司全體股東權利義務之行使，如我國公開收購辦法第23條規定[74]。而該原則在各國立法例主要表現在兩方面[75]：

1. 目標公司股東有平等參與公開收購之權利

　　其主要方式有二：其一為要求公開收購人之公開收購要約必須對目標公司全體有價證券持有人為之（all holders rule），即公開收購人應向目標公司同種類證券之全體持有人發出公開收購要約，不得僅向特定人為之；其二為公開收購人須按比例進行收購（pro rata acceptance）如果標的證券應賣數量超過公開收購人預定收購之數量時，公開收購人應依同一比例向所有應賣人收購，而不問其應賣時間之先後順序為何。

2. 公開收購條件必須相同

　　公開收購人應對目標公司股東提供相同之收購條件，不得給予特定股東較為優厚之條件，即禁止控制權議價。如公開收購人於收購期間

---

[73] 參閱徐盛國，我國公開收購制度之評析，證交資料，第432期，1998年4月，第3頁。

[74] 公開收購公開發行公司有價證券管理辦法第23條第1項：「應賣有價證券之數量超過預定收購數量時，公開收購人應依同一比例向所有應賣人購買，並將已交存但未成交之有價證券退還原應賣人。」

[75] 參閱郭大維，我國公開收購制度之探討—兼諭英美相關立法例，臺北大學法學論叢，第65期，2008年3月，第93-95頁。

內提高公開收購價格時，不論應賣人應賣時間在此之前還是之後，均應一體適用變更後之價格，亦即必須符合所謂的「最高價格原則」（best price rule）[76]。

　　基於保護目標公司股東之利益，並避免公開收購人對目標公司股東給予不平等待遇，部分國家更會進一步規定禁止公開收購人於公開收購期間以公開收購以外之方式購買目標公司同種類之有價證券。且若收購人從證券交易市場大量購買特定公司之股票時，常會導致該股票之市場價格發生劇烈波動，且收購人也常會以高價向該特定公司大股東購買有價證券，剝奪小股東參與之機會，而無法分享控制權溢價，部分國家基於股東平等原則，因此採行強制公開收購制度，於收購人欲取得特定公司已發行股份達一定數量或比例時，強制其必須採行公開收購方式為之，使小股東能有以公平價格退出目標公司之機會，保護其權利。

（二）資訊公開及充足原則

　　公開收購之情形下，必須為所有相關當事人創造透明之收購環境，及確保有價證券持有人對於收購人之基本資料、收購動機、收購價格之計算方式、收購行為對目標公司可能帶來之影響等相關資料有充分之認知，才能作出最客觀與正確之判斷。而為了要協助股東作出正確之判斷，亦要求目標公司董事會必須對收購行為提出意見，如依照公開收購公開發行公司有價證券管理辦法第14條第1項規定：

　　「被收購有價證券之公開發行公司於接獲公開收購人依第九條第六項規定申報及公告之公開收購申報書副本、公開收購說明書及相關書件後十五日內，應就下列事項公告、作成書面申報本會備查及抄送證券相關機構：

　　一、現任董事、監察人及持有本公司已發行股份超過百分之十之股

---

[76] See, Paul L. Davies, Gower and Davies' Principles of Modern Company law 706, 7th ed. (2003).

東目前持有之股份種類、數量。

二、董事會應就本次公開收購人身分與財務狀況、收購條件公平性，及收購資金來源合理性之查證情形，對其公司股東提供建議，並應載明董事同意或反對之明確意見及其所持理由。

三、公司財務狀況於最近期財務報告提出後有無重大變化及其變化內容。

四、現任董事、監察人或持股超過百分之十之大股東持有公開收購人或其符合公司法第六章之一所定關係企業之股份種類、數量及其金額。

五、其他相關重大訊息。」[77]

（三）收購程序快速完結原則

收購行為不論最終是否達成目的，均應盡速終結程序，以避免目標公司之正常營運受到影響，依照公開收購公開發行公司有價證券管理辦法第18條規定公開收購期間不得少於二十日或多於五十日，對同一公司之有價證券有數人競爭公開收購，或有其他正當理由者，原公開收購人得向主管機關申報公告延長收購期間，但延長之期間不得超過五十日。

（四）維護有價證券市場正常交易原則

一般而言公司取得長期資金管道中，除向銀行借貸之間接金融外，尚有透過有價證券市場直接發行有價證券來募集資金之直接金融，而公司之設立或募集資金，若採公開募集設立或公開發行新股方式為之，須經發行市場來募集發行有價證券。因此收購行為進行交易過程中，應避免波及目標公司及其關係企業有價證券之正常市場交易。

---

[77] 第1款及第4款之人持有之股票，包括其配偶、未成年子女及利用他人名義持有者。

（五）隨時撤銷原則

　　爲保護應買人，公開收購公開發行公司有價證券管理辦法第19條特賦予應買人，於公開收購期間內得隨時撤銷其應買。

（六）另行購買之禁止原則

　　爲維持平等原則，使每一應買人所賣出之有價證券價格同一，於證券交易法[78]中有禁止規定，似不妨將其基準日提前至公司董事會決定公開收購之日起，以防公司利用決定日與申報日間之落差進行交易，以致產生內線交易與操縱股價之行爲。

二、公開收購之優缺點

（一）公開收購之優點

1. 程序簡便，較易取得目標公司經營權

　　在企業併購有眾多之方式下——合併、分割及收購，基於保障股東及公司債權人之利益，合併及營業讓與不但需經目標公司董事會及股東會之特別決議，且須履行相當嚴格、複雜之法定程序，這樣的程序將增加取得目標公司經營權之不確定性[79]；而公開收購人係直接向目標公司股東提出要約，基於股份轉讓自由原則，只要目標公司股東願意應賣，不需經過任何決議，程序上簡便許多，故較容易取得目標公司之經營權[80]，且可以在短時間內一次向不特定人收購大量股份。

---

[78] 證券交易法第43條之5第1項：「公開收購人進行公開收購後，除有下列情事之一，並經主管機關核准者外，不得停止公開收購之進行：一、被收購有價證券之公開發行公司，發生財務、業務狀況之重大變化，經公開收購人提出證明者。二、公開收購人破產、死亡、受監護或輔助宣告或經裁定重整者。三、其他經主管機關所定之事項。」

[79] 參閱王文宇，公司法論，2008年9月增訂四版，元照出版社，第492頁。

[80] 參閱徐盛國，我國公開收購制度之評析，證交資料，第432期，1998年4月，第3頁。

2. 公開收購成本較低且易於推估

以公開收購方式取得公司控制權時，只需取得目標公司過半數之股權，反之合併及營業讓與等企業併購方式須就目標公司全部營業支付相當對價，因此公開收購支出之對價成本較低，若是在集中交易市場購買，不但花費時間較多，且可能影響股價大幅變動，致增加收購成本[81]。而雖然公開收購通常會以高於市價之價格進行收購，來吸引目標公司股東應賣，但是其不經公開之集中交易市場，而是以固定價格進行收購，不會受集中交易市場市價變動之影響，且收購數量於提出公開收購要約時亦已固定，故不致發生無法預估取得經營權所需負擔成本之問題，容易控制成本。

3. 風險較低

公開收購人提出公開收購要約時，通常會附停止條件，約定於應賣數量未達一定標準時不予購買；反觀在集中交易市場購入股權者，即使最終無法取得經營權，仍需支付已購得有價證券之價金；若藉由徵求委託書取得公司經營權之方式，在未取得足夠之委託書數目時，仍需負擔委託書徵求之費用，綜上所述，公開收購顯較具有優勢。且若有其他第三者提出競爭之要約或目標公司自行要約，且該要約條件較公開收購人原所提之要約優渥時，公開收購人於收購成功後亦可將獲得之有價證券轉售予競爭者，使其損失降至最低，因此風險較其他企業併購之方式而言較為低。

4. 促進收購效率

因公開收購程序較為簡便，所需時間較短，且公開收購人於要約中可預先訂定公開收購期間，可迫使目標公司及其股東迅速作出決定，讓

---

[81]　參閱王藏偉，公開收購有價證券制度及運作淺析，證券暨期貨月刊，第23卷第7期，2005年7月，第4-11頁；梁秀芳，公開收購制度之研究，證交資料，第510期，2004年10月，第2-39頁。

目標公司沒有多餘時間採取對抗行動，且避免拖延時間而增加費用，又可避免集中交易市場投資人主觀因素或客觀環境因素對股價產生影響，導致無法掌握收購所需目標公司股份數之期間，因此公開收購較其他企業併購方式而言較為有效率。

（二）公開收購之缺點

1. 未能充分取得目標公司之資料

在進行公開收購股權程序時，為求迅速取得目標公司之控制權，某種程度上需維持隱密性，因此增加取得目標公司財務資料及其他資料之困難，且無法詳加調查目標公司之財務狀況；但若採用合併或營業轉讓方式時，可要求目標公司提供或配合調查，較易取得目標公司財務狀況之訊息。故在目標公司整體資訊掌握上，公開收購顯有不足[82]。

2. 容易增加公開收購人與目標公司少數股東之衝突

公開收購程序雖能快速取得目標公司過半數之股數，達到取得目標公司支配權之目的，但對於未參與應賣且於收購成功後留存下來之少數股東，通常為反對公開收購者之收購行為而拒絕應賣者因此公開收購人於收購成功後，於經營公司或者是後續公司營運下，容易產生目標公司少數股東與公開收購人間之衝突。

3. 因公開收購較為容易，很有可能產生投機之行為

公開收購程序較為容易實行，容易產生道德風險等流弊，如公開收購人故意以較高價格進行收購，讓社會大眾誤認目標公司股價，藉以增加公開收購人手中所持有之目標公司持股總值，或故意提出遠低於市價之收購價格，引發目標公司股價之下跌，而讓知悉目標公司實際經營狀況者可逢低買進目標公司有價證券[83]。

---

[82] 參閱吳光明，證券交易法論，2008年9月增訂九版，三民書局，第75頁。

[83] See, Jesse M. Fried, Insider Signaling and Insider Trading with Repurchase Tender Offers, The

第六款　公開收購之流程

流程
須向主管機關申報並向其送相關文件
與受委任機關簽定辦理公開收購之委任契約
公開收購公告
（公告與申報得為同一日）
向證期局申報公開收購
（應檢附公告報紙或所列印已登載於公開資訊觀測站之證明）
將收購意旨通知被收購公司
公開收購說明書送達至受委任機關或證券機關
公開收購開始
被收購公司於接獲通知十五日內申報並公告內部人持股狀態、本次收購對股東之建議、被收購公司之財務狀況以及內部近期關係人持股狀況
競爭公開收購期間申報與公告
公開收購條件成就後應即公告並申報，之後應買人即不得撤銷應買
競爭公開收購期間結束（不得少於二十日不得多於五十日）
公開收購期間結束（得延長一次，但延長期間合計不得超過五十日）
公開收購人通知應賣人應賣事項
期間結束後二日內向證期局申報並公告收購結果
受委任機關撥付款項予應賣人，如應賣數量超過預定收購之數量，則受委任機關應將以交存但超過比例之證券退還
受委任機關於應賣人交存有價證券並交付公開收購說明書及開具憑證予應賣人

圖 4-1

University of Chicago 1. Rev. (Spring 2000).

第五節 股份轉換

第一項 股份轉換之意義

　　股份轉換就法條上而言，依照企業併購法第4條第5款之規定，係指「公司讓與全部已發行股份予他公司，而由他公司以股份、現金或其他財產支付公司股東作為對價之行為」[84]。為被收購公司（目標公司）及收購公司（併購公司），透過「股份轉換」機制，經過目標公司股東會的特別決議，將公司所有已發行之股份，概括移轉予併購公司（不論為新設公司或既存公司），並以轉讓股份作為原公司股東的現物出資，繳足原公司股東承購預定成為母公司所發行股份之股款[85]，其最重要之意義在於只要經目標公司股東會特別決議通過，對於該公司之異議股東（但不行使股份收買請求權者）將造成「強制移轉」（drag along）的效果[86]，又稱強制之股份轉換（compulsory share exchange）。

---

[84] 民國104年7月8日修正時認為，公司進行併購行為，只要能合理評估其對價，無論何種財產，均得為併購之對價。為使公司進行股份轉換時之對價方案更具多元性，爰參考美國模範公司法第11.03(a)條及日本會社法第768條、第773條等規定，增列「而由他公司以股份、現金或其他財產支付公司股東」，使公司進行股份轉換時，得安排更具彈性之對價方案。另配合本法第30條第1項，母子公司間之簡易股份轉換併購議案，得由董事會決議，爰刪除「經股東會決議」之規定。

[85] 參閱劉連煜，股份轉換、股份交換與股份收購，台灣本土法學雜誌，第82期，2006年5月，第271頁。

[86] 參閱劉紹樑，金融法制、企業併購與典範遷移—以合併法與控股法為中心，台灣金融財務季刊，第2輯第2期，2001年6月，第63頁。

第二項　股份轉換之法律效力

第一款　股份轉換之流程

　　依照金融控股公司法第26條之立法理由[87]，我國引進股份轉換制度為參照日本商法，而於日本現行法將股份轉換之法律性質定位為類似公司合併之組織法行為[88]，就強制各個股東變成另一家公司之股東而言，同樣須經股東會決議之程序而使公司發生基本組織變動之效果。因此我國法針對股份轉換之法律性質，除認係具有以轉讓股份作為現物出資之本質外，同時亦兼具類似公司合併之性質，並由金融控股公司法第26條及企業併購法第29條之立法理由中均提及，「強制其股東與他公司交換股份部分之性質，與公司合併類似，而其效力影響股東權益甚鉅」之說明，可知我國法受日本法影響之深遠。基於如上之思維，我國股份轉換所建構之程序規範大致與公司合併類似。

第二款　股份轉換之法律性質

　　因股份轉換足以影響其程序之建構、相關利害關係人之保護等規範，現大致歸納為以下三說：

一、現物出資

　　就日本法制區分之類型而言，此說認為股份交換可認為是既存公司

---

[87]　參閱金融控股公司法第26條之立法理由：「本法之股份轉換係參考日本商法第353條以下有關股份交換之規定及第365條以下關於股份移轉之規定，創設以股東會特別決議方式將未提出異議股東之股份概括讓與與預定成為金融控股公司之另一既存公司或新設公司，並已轉讓股份作為現物出資，已繳足金融機構股東承購預定成為金融控股公司之他既存公司發行新股或發起設立所需股款之行為。」

[88]　參閱邱秋芳，創設完全控股公司的股份轉換制度—我國與日本制度的比較，證交資料，第485期，2002年9月，第3頁。

之股東以其持有股份，作價抵繳認購他既存公司增資發行新股所應繳納之股款；股份移轉則指既存公司以其股東所持有之股款，作價抵繳其因認購新設公司股份之股款[89]，因此具有現物出資之法律性質。國內學者多認為股份轉換之機制在於股權交換，正如企業併購法第4條第5款之規定，其本質即股東現物出資之一種[90]。

二、類似公司合併之組織法行為說

此說認為股份轉換就其強制各個股東變成另一家公司之股東而言，同樣經過股東會決議之程序，同樣使公司發生基本地組織變動，其性質應與合併較為類似[91]。

三、使全體股東地位發生變動之組織法行為說

此說認為股份轉換之法律性質應與其他企業併購手段一併觀察，如將公司組織解構為人的組織與物的組織之有機性結合體，因公司合併是指二個以上之公司，完全結合其人的組織及物的組織，而成為一個公司；股份轉換則是將公司之人的組織移轉或吸收至其他公司，同時使不同之公司結合為具有控制公司與從屬公司之關係。由此觀之，公司合併與股份轉換在本質上仍有其差異，與其將股份轉換認為具有類似於公司合併或現物出資之性質，毋寧將其認定為屬於使公司全體股東之地位發生基礎性變動之組織法行為[92]。

---

[89] 參閱王志誠，股份轉換法制之基礎構造—兼評「企業併購法」之股份轉換法制，政大法學評論，第71期，2002年9月，第93頁。

[90] 參閱廖大穎，股份轉換制度之研究—兼評控股公司的管理機制，2004年12月，正典出版文化有限公司，第16-17頁。

[91] 參閱廖大穎，同前註90，第17頁。

[92] 參閱蔡立文、郭思吟，論公司進行併購時應注意之幾個實務問題，萬國法律，第105期，1999年6月，第8頁。

第三款　少數股東之保護

一、資訊之公開

　　股份轉換爲既存公司以其股東所持有之股款，作價抵繳其因認購他既存公司或新設公司發行新股之股款，具有現物出資之性質。且因爲股份轉換經由股東會特別決議通過後，即產生強制股東以股份出資之效果，對股東之利益影響重大，與一般現物出資係委諸股東個人之自由意願不同，故於股份轉換之情形應特別強調資訊之公開揭露，使股東得以正確判斷是否同意公司進行股份轉換之議案，而資訊公開分爲事前之公開及事後之公開：

（一）事前公開

　　金融控股公司法及企業併購法先前並未特別針對股份轉換之股東知悉權定有明文，企業併購法第30條第1項規定，公司以股份轉換收購其持有90%以上已發行股份之子公司時，得作成轉換契約，經各該公司董事會以三分之二以上董事出席及出席董事過半數之決議行之。但經過2015年6月之修正後，於第2項規定，子公司董事會爲前項決議後，應於十日內公告決議內容、轉換契約應記載事項，並通知子公司股東。又增訂於同法第31條第2項，規定關於股份轉換契約或轉換決議之內容。至於依照金融控股公司法第27條第2項及企業併購法第31條第2項，對於股份轉換契約或轉換決議之法定應記載事項，未要求應記載股份轉換之換股比例或公司之資產負債及損益狀況等相關資訊，對於股東資訊取得之保障不足，雖依《公司募集發行有價證券公開說明書應行記載事項準則》第25條第3款及第4款規定，受讓他公司股份之公司公開說明書應記載「股份交換比例之計算方式及依據」及「獨立專家表示其股份交換比例合理性之意見書」，但其規範對象僅限於上市上櫃公司之受讓公

司，對於讓與公司或非屬公開發行股票之公司即不受其拘束。由於換股比例事關股東權益，應給予充分之保護，在現行規定不足狀況下，仍應修法較爲恰當。

（二）事後公開

　　事後之資訊公開目的在於使股東得於股份轉換生效後，有充足之資訊以供其正確判斷是否提起股份轉換無效之訴，故股份轉換程序完成後，股東仍有必要取得股份轉換過程中各公司實際狀況之相關資訊。現於企業併購法第33條增訂，公司爲股份轉換之決議後，應於股份轉換基準日三十日前，將1.董事會或股東會決議之要旨；2.股份轉換基準日發生股權移轉之效力；3.股東應於股份轉換基準日一日前將其持有之股票提出於公司；未提出者，其原持有之股票失其效力，公告並分別通知各股東及記載於股東名簿上之質權人。補足我國股份轉換後之資訊公開之規定，而其餘部分仍得回歸公司法第183條於股份轉換決議通過後，參與股份轉換之公司將股東會之議決事項，作成議事錄發送股東。此外公司法第210條股東及公司債權人得檢具利害關係證明文件，隨時查閱或抄錄股東會議事錄之權限，來保障股東事後之資訊取得權。

二、異議股東收買請求權

　　依照企業併購法第12條第1項第5款規定：「公司進行第二十九條之股份轉換時，進行轉換股份之公司股東及受讓股份之既存公司股東於決議股份轉換之股東會集會前或集會中，以書面表示異議，或以口頭表示異議經記錄，放棄表決權者。但公司依第二十九條第六項規定進行股份轉換時，僅轉換股份公司之股東得表示異議。」對於參與股份轉換公司之反對股東，均得行使股份收買請求權，且該股東需於決議時應放棄其投票權。

第四款　債權人之保護

在企業進行組織再造之際，常會涉及物的組織及股東責任之變動，對於公司債權人之債權實現，恐生不利影響。其中公司合併、分割及重大組織變動行為等牽涉物的組織變動情形下，公司法第73條至第75條規定，公司於合併之決議後，應即向各債權人分別通知及公告，並指定三十日以上期限，聲明債權人得於期限內提出異議，如不為前述通知及公告，或對於在指定期限內提出異議之債權人不為清償，或不提供相當擔保者，不得以其合併對抗債權人，即為我國債權人保護之典型規範，並規定於企業併購法第27條，該權利稱資訊取得權及聲明異議權。

企業併購法對於資訊取得權及聲明異議權之規範大致與公司法第73條以下之規定相同，相較於公司法之不同之處，乃增加公司為營業讓與時之資訊取得權。且為使公司便於進行組織調整，復規定關於債權讓與之通知，得以公告方式代之，不需向債權人個別通知。

第三項　股份轉換與股份交換之比較

第一款　股份交換之意義

依照公司法第156條之3規定之股份交換，允許公司得經董事會三分之二以上董事出席，以出席董事過半數決議發行新股，作為受讓他公司股份之對價，就文義上解釋為目標公司之股東得以其所持有之股份，作為繳納認購受讓公司所發行之新股。其立法目的為參考美、日有關股份交換之規定，因受讓公司發行新股時將造成原股東股權稀釋，股東權益減少之情形，故須經董事會特別決議通過。依股份交換之定義可知，其與股份轉換同屬股權交換之本質[93]，惟此股份交換結果可能僅形成企

---

[93]　參閱廖大穎，論股份轉換法制程序與股東權之保護，政大法學評論，第83期，2005年2

業間策略聯盟之效果[94]。

第二款　股份交換之運用

　　股份交換之主要目的在於達成企業間資源分享（如資訊技術）或策略聯盟，或因交換股權數量不影響公司經營權變動為公司之業務決策行為，故程序上賦予董事會較大的決定空間[95]，僅須經董事會特別決議通過，不須經股東會同意，可以為股份交換。而公司發行新股與他公司進行股份交換時，所受讓之「他公司股份」範圍為何，依經濟部[96]之見解，包括他公司已發行股份、他公司新發行股份及他公司持有之長期投資等三種，其中「他公司已發行股份」，而為誰所持有尚非所問。

　　至於受讓公司為進行股份交換所發行新股股數，是否應受其已發行股份之限制？欲交換股份之兩公司其業務種類是否應屬相關？公司法並無明文限制[97]，僅授權董事會決議通過即可，但董事作成決議時，仍應依公司法第23條之規定盡其善良管理人之注意義務及忠實義務，來避免董事會與關係人之濫權舞弊情事之發生。而因公司發行新股與他公司進行股份交換，使公司會成為他公司之有限責任股東，因此亦應遵守公司法第13條有關轉投資之規範限制[98]。本國公司得否與外國公司進行股

月，第206頁。

[94] 參閱林仁光，企業併購與組織再造規範制度之重新檢視，月旦民商法雜誌，創刊號，2003年9月，第178-179頁。

[95] 參閱王仁宏、王文宇執筆，賴源河等13人合著，新修正公司法解析，2002年3月二版，元照出版社，第189頁。

[96] 參閱經濟部94年3月23日經商字第09102077120號函。

[97] 參閱經濟部94年2月3日經商字第092102014500號函釋認為：「公司法第156條第6項規定：『公司設立後發行新股作為受讓他公司股份之對價……』，所詢發行新股股數是否須占發行公司已發行股份一定百分比，公司法尚無限制規定。又他公司股份是否應與公司業務有關，公司法亦無限制。」

[98] 參閱王文宇，公司與企業法制（二），2007年1月初版，元照出版社，第380頁。

份交換？公司法亦無明文規定，依照經濟部之見解[99]，在公司法第156條未排除外國公司之情形下，應屬可行。

第三款 股份轉換與股份交換之相同及相異處

一、相同處

股份轉換與股份交換皆係以他公司股份作為出資種類，即皆為股東之現物出資。

二、相異處

（一）目的上不同：股份轉換使被併購公司取得目標公司全部已發行股份，而併購公司與目標公司將形成百分百持股之母子公司，而形成一人公司之狀態，並創造出控股公司。股份交換兩者皆屬於股權交換，但其目的在於策略聯盟非併購。

（二）受讓股份之公司不同：在股份轉換中，依照企業併購法第29條、第30條規定，併購公司（即受讓公司），該公司得為既存公司或新設公司。而股份交換依照公司法之規定，則須為既存公司。

（三）法律程序不同：股份轉換，依照企業併購法第29條，目標公司和受讓存續股份之既存公司，均應經過股東會特別決議，而董事會之部分，因企業併購法未規定回歸至公司法之規定，依照公司法第206條董事會普通決議，但因公司發行新股，為表其重要性，應以特別決議通過較為恰當。股份交換依照公司法之規定受讓公司須以董事會特別決議，但目標公司之部分未為規定，因此對於股份交換須發行新股或基於

---

[99] 參閱經濟部91年4月16日經商字第09102073880號函：「公司法第156條第6項『公司設立後得發行新股作為受讓他公司股份之對價』，其所稱他公司，包括依我國及依外國公司法組織登記之公司。」

讓他公司成為股東之狀態下，仍須以董事會特別決議較為恰當。

表 4-3 股份轉換與股份交換比較

	股份轉換	股份交換
條文依據	企併法第4條第5款、第29條至第34條	無明文規定，非屬企併法之收購類型
併購目的	取得目標公司全部已發行之股份	取得所需經營資源和一定程度之經營權
併購效果	創設100%持股之母子公司關係	產生「投資」或「接管」之效果，視收購取得之股份比例而定
收購對價	收購公司發行之新股	收購公司得以現金、股份、或其他財產作為對價
強制性	具強制轉換之性質，賦予反對股東股份收買請求權	是否同意收購，由股東自行決定
組織法上人的變動	目標公司所有股東均成為收購公司之股東	同意被收購之目標公司股東成為收購公司之股東

第六節　案例分析

第一項　英特爾與友力併購案

第一款　併購雙方

一、英特爾數位科技公司

英特爾數位科技，是WinDVD開發公司，InterVideo在臺灣的分公

司。InterVideo公司設立於1998年，董事長爲羅森洲，爲美國NASDAQ
上市公司，爲全球聞名之多媒體影音軟體開發公司，總部爲美國加州矽
谷，而在2006年8月29日由加拿大Corel公司以現金1.96億美元買下；臺
灣英特爾數位科技公司爲該公司之子公司，爲　家非公開發行公司。其
主要商品爲多媒體影音軟體技術開發，其知名產品爲WinDVD，全球市
占率爲60%，到2004年8月爲止，該軟體銷售超過1億套。

二、友立資訊股份有限公司

　　友立資訊股份有限公司於1989年8月5日創立，是由陳學群、廖敏
芳及陳偉仁等三位好朋友所創立。取名「友立」是因爲這家公司是志同
道合的朋友共同創立的事業，而「資訊」則取其以資訊軟體爲該公司發
展重點。研發及上市Windows視窗界面影像及視訊產品有關的工具，呈
現最先進且好用的科技。公司目標是幫助人們於使用影像、圖樣及音效
運用上的傳達更具效率，公司在美國、歐洲和日本都有全球的銷售管
道，產品足跡遍及全球超商及電腦軟體零售店，爲全球第一個透過網際
網路銷售軟體的公司。主要產品爲PhotoImpact，除此之外，產品主要
可分爲八大類，影像處理類、視訊軟體類、光碟燒錄類、網路工具類、
手機類、簡易型燒錄類、數位家庭類及版權媒體類，其中視訊軟體占
40.07%，影像及數位家庭類占31.55%，其他占1.85%。

第二款　併購背景及經過

一、併購背景

　　於2004年12月友立受到皇統財務危機事件[100]影響，股價最低跌至

---

[100] 摘錄於2004年工商時報：皇統科技（2490）出現財務危機，9月27日跳票二張，總金額爲
　　　新台幣510萬5,000元。新任總經理洪嘉佑表示，皇統科技將調整營運方針並積極瘦身。

17.21元，當天卻爆量5,000張，推測開始進場低接。而根據臺灣證券交易所的資料顯示，友立最大股東為全友電腦持股約9%、陳偉仁持股2.68%、廖敏芳持股1.67%，及其他董監持股15%。而英特爾於2005年3月14日，以每股30元公開收購友立資訊股票，此次公開收購目的為業務及資源整合。

友立資訊董事長知悉後，發出內部聲明，讓員工知悉，他以經理人身分，將以公司利益作為最大之考量，也需為公司之股東負責，並讓員工了解資源總和之重要性；向外表示，產業需截長補短，在多媒體影音產業中，善用策略夥伴長處，以鞏固自己地位，是必要道路，不過臺灣之國際行銷較弱，未來即使公司經營者換人，友立依然會在臺灣軟體產業發光發熱。而友立之大股東全友電腦樂觀看待此項收購，不排除趁此機會處分其持股，預計獲利6,240萬元。而競爭對手訊連資訊，表示因合併需要時間，且之前競爭對手Sonic Solution與Roxio合併，其亦未受影響，樂見合併也不會阻撓合併。

預計10月中旬開始著手精簡人力，精簡幅度可望達五成。皇統董事長李皇葵上週個人退票四張，金額達新台幣4,500萬元；皇統科技昨日也跳票兩張，一張金額為新台幣500萬元，另一張金額為10萬5,000元，在在顯示出，不論是董事長個人或是公司，都有財務危機。洪嘉佑表示，公司已經擬好新的營運計畫，將盡快將已經接近完成的產品，在短期內完成，另一方面將大幅裁員縮編減少現金支出。據了解，皇統科技的可動用現金僅有新台幣數百萬元，洪嘉佑接受訪問時也坦承，公司財務出現缺口，不排除有繼續跳票的可能。洪嘉佑表示，皇統目前有60多名員工，臺灣有40多人，大陸有10多人。公司有二項主力產品，一個是知名頻道Discovery的數位資源資料庫，另一個是英國BBC公司的線上學習產品。這兩大產品的完成度達七成至八成，皇統目前的當務之急是將這兩個產品做出來。在此前提下，皇統精簡人力的原則，以保留製作和研發部門為主，其他行政及周邊的員工，將是被資遣的對象。至於業務部門也將精簡，洪嘉佑表示，未來公司產品將交由代理商或是經銷業者來負責，減少人事負擔。皇統最快於10月中旬實施精簡人力計畫，最高裁員幅度達五成。洪嘉佑表示，雖然目前公司財務困難，但仍將依規定發給資遣費。由於皇統科技是全額交割股，依規定必須在三個月內註銷其跳票紀錄，否則如果被票交所列為拒絕往來戶，恐怕就會被主管機構裁定下市。

二、併購流程

時間	發生事實	資訊來源
2004.11.12～12.18	英特爾天勝子公司從集中交易市場取得友立股票約9%	第一次公開收購說明書
2004.12.17～2005.3.10	英特爾永富子公司從集中交易市場取得友立股票約9.9%	第一次公開收購說明書
2005.3.14～4.13	英特爾數位科技宣布以每股30元,第一次公開收購友立資訊,取得友立約45%	第一次公開收購說明書
2005.3.29	英特爾取得友立三席董事,一席監察人(共五席董事,三席監察人)	公開資訊觀測站
2005.3.29	英特爾購買王牌公司持有友立股份,約2%	第一次公開收購說明書
2006.6.14	友立董監改選,英特爾關係企業取得五席董事,二席監察人(共七席董事三席監察人)	公開資訊觀測站
2006.7.5	友立董事會決議消滅合併給英特爾	公開資訊觀測站

圖 4-2　英特爾與友立併購流程

時間	發生事實	資訊來源
2006.8.22	友立股東臨時會同意合併案、作出公司合併、解散及終止上市之決議	公開資訊觀測站
2006.8.29	加拿大Corel公司以現金1.96億美元買下英特爾	
2006.10.24～12.12	英特爾進行第二次收購，以每股30元將友立流通在外53%股份收購	第二次收購說明書
2006.12.28	合併基準日	公開資訊觀測站

圖 4-2　英特爾與友立併購流程（續）

第三款　法律爭點分析

一、該案中為兩階段合併，於第一次公開說明書時，英特爾是否須說明未來要併購友立？

依證券交易法第43條之1第3項，任何人單獨或與他人共同預定取得公開發行公司已發行股份總額達一定比例者，除符合一定條件外，應採公開收購方式為之（公開收購公開發行公司有價證券管理辦法第11條規定為20%），英特爾已預定收購友立資訊已發行股份總額達65%，所以採公開收購之方式。

公開收購人除依證券交易法第28條之2及其買回辦法之規定買回本公司股份者外，應於應賣人請求時或應賣人向受委任機構交存有價證券時，交付公開收購說明書。且依照公開收購說明書應行記載事項準則第4條第8款，公開收購人對被收購公司經營計畫，而在同法第12條第1項第2款中規定，使被收購公司發生解散、下市（櫃）、重大變動其組織、資本、業務計畫，財務及生產，或其他任何將影響被收購公司股東權益之重大事項。此為保障應賣人，讓應賣人詳細了解收購對於被收購

公司採取何種計畫，來評估是否在公開收購中將持股出售。

　　一般公開收購案中，收購價通常高於市價20%至30%，對於被收購公司股東較為有利，那嗣後如果公司有合併計畫，消滅公司股東僅能依企業併購法第12條第2項行使股東收買請求權，僅得要求公司按當時公平之價格，顯低於公開收購之價額，讓股東評估自我何時轉讓股票較為有利。而英特爾在第一次收購說明書中，於第13頁詳細記載，收購完成後使被收購公司發生解散、變動其組織、資本、業務計畫、財務及生產之情形，英特爾均表示有可能發生，並未違反公開收購說明書應行記載事項。

二、英特爾關係企業派駐友立之董事，對於吸收合併友立公司一案，可否參與表決？

　　依照公司法第178條規定：「股東對於會議之事項，有自身利害關係致有害公司利益之虞時，不得加入表決，並不得代理他股東行使其表決權。」以及公司法第206條第4項就董事會之決議規定準用第178條之規定。換句話說，董事於董事會中，就會議之事項有自身利害關係致有害公司利益之虞時，不得加入表決，故依現行公司法規定，董事應迴避表決之情形，必須符合「有自身利害關係」且「致有害於公司利益之虞」兩個要件。而所謂「有自身利害關係」係指董事因該事項之決議特別取得權利或免除義務，又或喪失權利或新負義務[101]；而「有害於公司利益」應包括所有對公司利益造成損害之情形[102]。然而，上述兩種判斷方式過於抽象，遇到實際案例仍不易適用。

　　依企業併購法第18條第6項規定：「公司持有其他參加合併公司之

---

[101] 參照大理院11年統字第1766號解釋。

[102] 參閱經濟部91年12月6日經商字第09102287950號函。

股份，或該公司或其指派代表人當選為其他參加合併公司之董事者，就其他參與合併公司之合併事項為決議時，得行使表決權。」其立法意旨係基於先購後併乃國內合併之常態，且利於公司日後通過決議，所以於本條規定排除公司法中有關利益迴避表決之規定。於本案中因目前法條對於「致有害公司利益之虞」定義未明確，因此依據企業併購法，該董事仍可行使表決權。

三、下市引發之收購

英特爾以現金為對價吸收合併友立資訊，而友立為一家上市公司，於合併基準日消滅後，其有價證券無續行於臺灣證券交易所交易之可能，須終止上市。終止上市之程序，依原臺灣證券交易所股份有限公司上市公司申請有價證券終止上市處理程序第3條第1項規定（107年8月7日修正），上市公司申請有價證券終止上市者，應至少由下列人員負連帶責任承諾收購公司股東：（一）經董事會決議通過者：表示同意之董事，但獨立董事不在此限；（二）經股東會決議通過者：於董事會對申請終止上市議案提交股東會討論表示同意之董事，但獨立董事不在此限。因此本案中，應由英特爾持有友立股份之關係企業（即友立之董事），負起連帶收購之責任，且於實務做法上，仍需填寫連帶承諾收購書，交由主管機關，由自己或他人擔任收購人來收購。

於現金合併案中，是否得省下收購程序？一般而言，在上市公司決議終止上市後，依前述之程序處理，應辦理收購，但在現金合併引發之下市，有不同見解認為毋庸依當時終止上市處理程序第3條承諾收購。

（一）實務：在現金合併案中，雖目標公司因消滅而終止上市，仍應依終止上市處理程序第3條承諾收購，且友立董事須負連帶責任。

（二）學說[103]：依臺灣證券交易所股份有限公司營業細則第50條之1第1項第1款，合併亦為終止上市之核准事由，若證券交易所得主動報請主管機關核准終止上市，其公司免除向股東收購之義務，因此建議證交所將合併與自願申請下市視為不同情形，毋庸強制適用終止上市處理程序第3條承諾收購，可促進公司合併之效益，於本案中，僅需於合併基準日以預訂每股30元為合併對價即可。

本案中依照現行法制下，未區分合併與自願申請下市，且考量公開收購對友立股東有減輕稅負下，仍認為終止上市處理程序第3條承諾收購，且友立董事須負連帶責任。

四、第一次與第二次公開收購價錢相同，有無疑義？

併購價格之決定，依企業併購法第6條第1項，公開發行股票之公司於召開董事會決議併購事項前，應委請獨立專家就本次併購計畫與交易之公平性，包括換股比例或配發股東之現金或其他財產之合理性表示意見等，並分別提報董事會及股東會。一般常用之評估方式有淨資產法、市場比較法、現金流量法，但不論用何種方式均有可能受制於不確定因素、且每種方式所估算下結果亦有差異，此僅能為參考資料。本案中英特爾評估之價格以基準日（2006年3月31日）其換算每股價格為新台幣26.87元至30.2元。

而下市引發之收購價格決定，依照臺灣證券交易所股份有限公司上市公司申請有價證券終止上市處理程序第3條第3項，前項收購起始日為終止上市之日，收購期間應為五十日，且應於收購期間屆滿後辦理交割，收購價格不得低於股東會決議日或董事會決議日前一個月股票收盤

---

[103] 參閱林進富、盧曉彥，臺灣最近之併購法制與實務變遷，證券櫃檯月刊，第119期，第18頁。

價之簡單算術平均數之敦高者，且不得低於該公司最近期經會計師簽證或核閱之財務報告之每股淨值。本案中，友立資訊於2006年8月22日經股東會決議下市，其決議前一個月（7/21～8/21）其股票收盤價之簡單算術平均數爲每股29.29元，而該公司最近期經會計師簽證或核閱之財務報告之每股淨值24.54元，故該次收購不得低於29.29元，而本案中英特爾收購價格一致，並無疑義。

<h2 style="text-align:center">第二項　緯創及光寶收購案</h2>

第一款　併購雙方

一、緯創集團

緯創是全球最大的資訊及通訊產品ODM專業代工廠商之一[104]。該公司成立於2001年，提供資訊與通訊科技（Information and Communications Technology, ICT）產品的設計、製造及售後服務，是全球領先的ICT技術服務提供者[105]。其主要之產品包括筆記型電腦、平板式電腦、智慧型行動電話（smart phone）及手持式行動裝置（handheld devices）、個人桌上型電腦、整合型電腦（AIO）、多功能多媒體播放機、機上盒及數位資訊家電、液晶電視、顯示器及視訊及網路電話等[106]。

緯創最初生產據點在新竹，後因考量生產成本而移往海外。目前除

---

[104] 參閱http://www.wistron.com.tw/about/about wistron.htm，最後瀏覽日：2013年5月9日。

[105] 參閱http://www.wistron.corn.tw/images/acrobat/cs2r/2011/1_0_Quick_and_Facts.pdf，最後瀏覽日：2013年5月9日。

[106] 參閱http://www.wistron.com.tw/images/acrobat/cs2r/2011/1_1_Products_and_Services.pdf，最後瀏覽日：2013年5月9日。

總部定基於臺灣外，其營運據點遍布亞洲、歐洲及北美[107]。以臺灣為研發中心，中國工廠為生產據點，並將售後服務中心設在美國與日本等大客戶端，在全球布下完整的價值網絡。

二、光寶公司

光寶集團成立於1975年，最早是由生產發光二極體（LED）起家，1983年率先推動股票上市，擁有臺灣第一家掛牌上市的電子公司[108]。

光寶集團母公司－光寶科技，為臺灣第一家製造LED產品企業。除了為臺灣第一家掛牌上市電子公司，2002年將光寶、源興、旭麗、致福等四家上市公司進行合併，成為擁有數個事業部門的龐大事業群，包括電源管理（power supply）、光電零組件（optoelectronics）、機構核心產品（mechanical competency）以及網通與系統整合（connected devices & system solution）等。其所提供的產品廣泛應用於4C領域，涵蓋電腦（computer）、通訊（communication）、消費性電子（consumer electronics）及汽車電子（car electronics）等市場[109]。

第二款　併購原因及經過

一、併購原因

緯創及光寶雙方董事會決議於2008年4月29日通過以營業讓與方式，由緯創收購光寶之數位顯示事業部，因筆電代工廠緯創為擴大採購

---

[107] 參閱http://www.wistron.com.tw/about/about-wistron.htm，最後瀏覽日：2013年5月9日。

[108] 參閱http://www.liteon com/page.aspx?=b767d7c8-Ocd7-4ab6-8e54-427287d5ea53，最後瀏覽日：2013年5月9日。

[109] 參閱http://www.liteon.com/page.aspx?id=b767d7c8-Ocd7-4ab6-8e54-427287d5ea53，最後瀏覽日：2013年5月9日。

優勢及朝向LCD TV、All-in-one PC等市場邁進，光寶以總價值新台幣92億元，將旗下數位顯示器事業群的營業、資產、負債，包括存貨、機器設備、技術，及長期股權投資、產品保證責任、員工僱傭責任等，全數以營業讓與方式給緯創資通，並在第三季完成，也使緯創在10月營收一舉突破歷史新高[110]。

二、併購經過

　　雙方於董事會中達成協議，其收購標的包含存貨、機器設備、智慧財產權及對員工之僱傭責任。同日，緯創董事會通過以私募方式發行普通股之現金增資案，與光寶進行策略聯盟。同年6月光寶之股東會決議通過該項營業讓與案，緯創之股東會亦通過以私募發行普通股之現金增資案。7月中，公平交易委員會認為，緯創受讓光寶之數位顯示部門並不會造成經濟力量過於集中、削弱市場競爭機能之情形，故作出不禁止雙方結合之決議。隨後於9月1日數位顯示部門正式加入緯創之營運。最後在2009年7月就收購案之價金完成協議。

表 4-4　緯創及光寶收購流程

時間	事件
2008.4.29	雙方董事會決議通過讓售數位顯示部門
2008.6.25	緯創之股東會通過以私募之現金增資案及光寶股東會通過該營業讓與案
2008.7.25	雙方董事會決議將本營業讓與案之基準日延至8月31日
2008.9.1	緯創收購光寶之數位顯示部門正式加入營運
2009.7.22	雙方就收購案之價金完成協議

---

[110] 參閱http://www.digitimes.com.tw/tw/dt/n/shwnws.asp?Cn11D=1O&Cat=35&Cat1=&id=116347，最後瀏覽日：2014年5月13日。

第三款　法律爭點分析

一、主要財產之認定

　　為了因應所有與經營分離之潮流，公司法第202條規定「公司業務之執行，除本法或章程規定應由股東會決議之事項外，均應由董事會決議行之。」可知，董事會原則上有執行業務之權利，然若涉及股東權益之事項，於公司法或章程有特別規定應經股東會決議者，則股東有參與表決之權利。本案屬於營業讓與之型態，依公司法第185條第1項之規定，若該當其中一款之情形，即須經股東會特別決議始得為之。然其中關於所謂「主要部分營業或財產」之認定問題，學說與實務目前仍有爭議。管見認為質與量分析法較其他認定標準更為可採。

　　本案例之營業讓與情形是否須經股東會決議，需視光寶讓與數位顯示部門是否符合「讓與主要部分營業或財產」而定。根據相關資料顯示，數位顯示部門對於光寶整體營運在併購前一年，該部門之營業額為新台幣827.5億元，營收占光寶科技接近四成，而該部門占其資產總額為三成。故在量之方面，數位顯示部門無論在資產價值或營業額上，對公司所造成之影響不可謂不小。另一方面，在質的部分，光寶之核心事業系發展LED與太陽能，並串連綠能科技產業鏈，於讓售數位顯示部門後，該部門之營業業務規模將大幅縮減[111]。因此由質與量分析法[112]可以得知，光寶讓與數位顯示部門，該當公司法第185條第1項第2款之規定，應經股東會特別決議。

---

[111] 參閱方嘉麟、林進富、樓永堅，企業併購個案研究（四），光寶與緯創營業讓與案，2011年8月，元照出版社，第345頁。

[112] 參閱劉連煜，同前註65，第213-215頁。

二、股東會及董事會決議方式

在光寶部分，承前所述，其應依公司法第185條第1項及第4項之規定，該項營業讓與案應先經董事會以特別決議之方式通過並提出於股東會，再由股東會以特別決議為主。

另一方面，緯創由於非受讓光寶之全部營業或財產，而僅係受讓光寶一部之營業，不符合公司法第185條第1項第3款之規定，因此依公司法第202條及第206條第1項之規定，董事會普通決議通過即可，毋庸經股東會決議。因此受讓他公司之營業或財產，若僅係增加公司之資產，並無對公司營運造成重大影響，固然可毋庸經公司股東會同意，然若受讓部分營業或財產即已相當程度影響公司原來所營事業，因而改變其所營事業之原本內容則何？因此認為，公司法第185條第1項第3款應參照同條第2款之規定，建議刪除「全部」兩字，修法為「受讓他人營業或財產，對公司營運有重大影響」如此始得令股東於公司營運內容有重大影響時行使其股東表決權，以維護股東表達其意見之權利。緯創在併購光寶數位顯示部門之前，僅有5%的利潤來自LCD TV代工，併購後顯示器代工占總營收之12%[113]。若依管見，因併購光寶數位顯示部門對緯創內部營運所造成之影響甚為重大，故應當先經董事會以特別決議之方式通過並提出於股東會，再由股東會特別決議為之。如此方可確實保障股東表達意見之權利。

---

[113] 方嘉麟、林進富、樓永堅，同前註111，第304頁。

第三項　KKR與國巨之併購案

第一款　併購之雙方

一、KKR

KKR為Kohlberg Kravis Roberts & Co.之簡稱，總部位於美國紐約的私人股權投資公司，其資助並管理著眾多的投資基金，並主要專注於成熟企業的槓桿收購。成立至今，公司已先後完成超過4,000億美元的私人股權交易並且成為了槓桿收購領域內的先鋒和翹楚[114]。

二、國巨公司

國巨公司成立於1987年9月9日，原名臺灣阻抗股份有限公司，以生產各類精密電阻器為主，後合併其經銷公司「國巨股份有限公司」，並完成更名。公司為積層陶瓷電容（MLCC）、晶片電阻、高頻天線、電解電容、電感、導線電阻、磁性材料等被動元件之國際級製造大廠，同時是全球晶片電阻最大供應商。國巨產品主要區分為四部分，包括晶片電阻（R-CHIP）、積層陶瓷電容、晶片電感及其他產品如陶瓷天線及磁性材料等[115]。

---

[114] 參閱http://zh.wikipedia.org/zh-tw/%E7%A7%91%E5%B0%94%E4%BC%AF%E6%A0%BC%EF%BC%8D%E5%85%8B%E6%8B%89%E7%BB%B4%E6%96%AF%EF%BC%8D%E7%BD%97%E4%BC%AF%E8%8C%A8，最後瀏覽日：2014年5月13日。

[115] 參閱http://www.moneydj.com/KMDJ/Wiki/WikiViewer.aspx?kryid=4881088e-504e-4bcf-a574-953d342a3cb8#ixzz31ZvVUnTj，最後瀏覽日：2014年5月13日。

第二款 併購原因及經過

一、併購之原因

依照2011年4月8日國巨董事長陳泰銘所發布之重大訊息表示：「國巨自從1977年創立並於1983年上市以來，承蒙股東支持、員工群策群力及業務夥伴指導，如今已成長為完全稀釋股本達近新台幣300億元之公司。然而，不可諱言，臺灣電子業發展至今也面臨部分瓶頸，在積極追求毛利最大化及規模經濟的同時，公司股本膨脹，公司經營團隊努力無法適切反映在公司財務表現上，對於積極創新或對公司長期發展有利之決策常妥協於投資人對短期獲利及股價要求及期待而裹足不前。

因此，若可在下市後調整公司股權，使公司聚焦於長期策略而非短期績效，則對於公司長遠發展經營將是一大轉機。此外，下市後員工分紅制度也將更有彈性，可更積極透過員工分紅邀請員工參與經營，進一步凝聚員工向心力。基於以上考量，本人遂同意與KKR共同進行此次公開收購案。」

二、併購之經過——採取兩層收購模式

基於為達到絕對排除市場因素及小股東之干預，而採用兩層式收購（參圖4-3）。兩層式收購係指公開收購者先以公開收購之方式收購到具有絕對控制力之股權數後，再以大股東之身分開股東大會，作出收購公司與被併購公司合併之決議，使被收購公司先前未參與應賣之股東，必須全數售出其股份，此舉可完全排除市場及小股東之干擾。依照公開收購說明書，遨睿公司之最低收購股份總數超過國巨公司50%，而依企業併購法第18條召開股東會或董事會，其併購一定會成立。

圖 4-3

　　而本案中採取正三角合併（參圖4-4），國巨之股東由創始人陳泰銘、旭昌興公司、士亨公司等組成，而AIH1公司由同為創始人之TMPC公司與KKR投資，再經由AIH1公司透過荷蘭AINC公司100%持股遨睿公司，由遨睿成為公開收購人，收購國巨公司，此在於達成分險風散及風險隔絕。

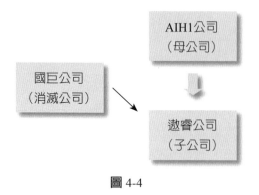

圖 4-4

表 4-5 KKR與國巨併購流程

時間	事件
2011.4.6	遨睿公司發新聞稿,宣布收購國巨公司,收購期間為2011年4月6日至2011年5月25日止
2011.4.8	國巨公司董事長陳泰銘透過國巨公司發表重大消息——同意 KKR 之收購
2011.4.12	國巨公司發布重大消息,經審議委員會及外部獨立專家之評估,認為公開收購價格尚屬合理,建議國巨之股東自行決定是否參與應賣
2011.4.14	投資人證券保護中心發布新聞稿,認為國巨對於股東之建議未符合上市上櫃公司治理實務守則,即未組成客觀之審議委員會審議收購計畫及價格
2011.5.20	公開收購預計數量已達成
2011.5.24	遨睿公司發布聲明稿,因投審會尚未批准外國人轉投資申請,故公開收購公開發行公司有價證券管理辦法第18條,向金管會延長本次收購期間至2011年6月24日
2011.6.24	經濟部投審會發布鑑於本公開收購案對於存續公司資本弱化、股東保障、公開收購價格之合理性及股東資訊揭露尚有疑義,不通過荷蘭AINC公司對遨睿之申請增加投資計畫,此次合併宣告失敗

第三款 法律爭點分析

一、MBO收購之合理性

MBO（Management Buy-Outs）為併購之一種模式,由目標公司經營層,利用融資取得資金,向該公司股東收購其持股,使目標公司在財務上成為低資本高負債結構,藉此改變公司之所有權及資產結構,以達到公司併購及重組之目的。

　　就收購資金之來源，通常是由管理階層以被併購後公司之資產爲擔保向外舉債而獲得，爲槓桿收購（leverage buyouts）[116]之一種，經由此種收購後，若管理階層以短期持有型態進行，公司併購完成後併購人會進行資產處分，一方面償還債務，一方面藉由分拆公司獲利；若以長期持有型態進行，通常會下市轉爲非公開發行公司，以達靈活重組並節省資本之目的，因此管理階層不變、高額舉債、資產重組及下市構成管理層收購之特色[117]。

　　管理階層收購最大爭議在於被收購公司之管理階層於收購完成後，將持續持有或增加其對公司之股權，而於公開收購後利用現金合併之方式完成合併，對於公司之小股東而言，未有選擇機會，僅於公開收購其中賣與不賣之選擇，且若不賣在現金合併時，一定須賣出其持股，對於出售價格亦未有協議權，且公司經重新整頓後，重新上市之利益將由管理階層獨享。

　　以下爲MBO公開收購之討論：

（一）MBO公開收購之背景

　　MBO增加之原因：第一，如在企業事業領域中，分割非核心子公司時，和通常其他股份出售之情況相比，比較能維持友好的關係，可繼續分享經營之資源，如日本東芝公司案；第二，用MBO方式還可以非公開上市，而成爲吸引公司進行該種方式之理由[118]。

---

[116] 槓桿收購主要交易模式爲收購方成立一公司，以該公司名義向貸款機構取得過度融資，作爲收購目標公司之資金，待收購完成後，取得目標公司經營權後，主導目標公司與控股公司合併，並以目標公司爲存續公司，將控制公司之過度融資變成目標公司之債務。

[117] 參閱王文傑、方嘉麟、馮震宇，臺灣管理階層收購之法律問題，月旦財經法雜誌，第15期，2008年12月，第4頁。

[118] 參閱小本惠照、尾関純，M＆Aのしくみ，2009年9月三版，中央經濟社，第18頁。

（二）MBO公開收購之程序

臺灣之MBO收購多由管理階層及私募股權基金先組成特殊公司，作爲收購及併購之主體。在公開收購前，該公司顯與被收購公司之管理階層或主要股東簽署承諾書，約定於公開收購後，管理階層與主要股東須應賣其所有之股份或簽署股東合約，約定管理階層與私募股權基金於新公司之持股比例。

（三）收購價格之合理性

在臺灣證券交易法之交易下，除了公營事業買回庫藏股之特殊情形下，公開收購他公司股份並無價格高低之限制，而於一般公開收購之情形下，爲確保公開收購之順利進行，通常會以高於或等於市價之價格進行收購。在MBO收購中，因收購方爲目標公司之管理階層，因已掌握目標公司相當股權數，其價格之合理性可能無法反應公司之眞實價值，依照企業併購法及公開收購公開發行公司有價證券管理辦法，公開發行公司於公開收購時，公開收購人於公開收購說明書出具價格合理意見書，但這樣之意見書仍然有被質疑之空間。

（四）管理階層於MDO合併案中是否須迴避表決

依照企業併購法第18條第6項：「公司持有其他參加合併公司之股份，或該公司或其指派代表人當選爲其他參加合併公司之董事者，就其他參與合併公司之合併事項爲決議時，得行使表決權。」排除公司法第178條之迴避制度，其立法意旨在於爲協助企業透過併購，以達到組織調整、取得相關技術品牌等，有利提高企業之競爭力，但於MBO合併案中，雖有達到組織調整，但非爲取得相關技術品牌之目的，仍應適用該條，因此該條迴避制度之排除，變成剝削小股東之手段。

二、國巨案中之情形

（一）管理階層之利益衝突

因在MBO收購中，管理階層已掌握部分股權之狀態，公開收購之價格是否反映公司真實價值，顧及少數股東之利益有所疑義，特別在於收購完成後管理階層仍可享有公司成長後之利益，於公開收購價格越低，管理階層享有利益越大，就此而言，管理階層在公開收購之決議事項上，有嚴重之利益衝突，因此是否仍應適用企業併購法第18條第5項，應修法修正該部分，因此金管會對於上市公司被併購後下市門檻欲提高，藉由企業併購法修正草案提出對於上市公司被併購後下市的合併案，必須滿足過半股東出席，且持股三分之二以上的股東同意等條件，以避免大股東主導，不利小股東權益，俗稱之國巨條款[119]。

（二）表決權行使之迴避

當管理階層為表決權行使迴避時，恐造成董事會無法決議之情形，國巨案中，於2011年4月12日之董事會中，就公開收購案件中，公司董事陳泰銘、林宗勇、楊世緘、簡學仁、張綺雯、王寶源依公司法第206條準用同法第178條規定迴避而未參與表決，變成八位董事中七位迴避，僅經中立董事林來福先生徵詢審議委員會通過公開收購之股東建議[120]。而依據經濟部解釋[121]認為董事會之決議，對依公司法第178條規定不得行使表決權之董事，仍應計入已出席董事人數，故董事出席符合開會門檻，雖僅餘一人可就決議事項進行表決且其同意決議事項，仍符合決議門檻。對此國巨之一人董事會雖符合規定，但其決議是否具客觀中立性

---

[119] 參閱邱金蘭，企併法修正增列「國巨條款」，經濟日報，登載於2013年11月21日。

[120] 參閱公開資訊觀測站，國巨之重大消息公告，http://mops.twse.com.tw/mops/web/t05st01，最後瀏覽日：2014年5月13日。

[121] 參閱經濟部99年4月26日經商字第09902408450號函。

仍有疑義。

第四項　私募股權基金KKR併購李長榮化工案

　　李長榮化工於2018年9月10日舉行股東臨時會，通過國際投資機構KKR集團依企業併購法進行股份轉換100%收購該公司股權，依KKR所提議的股份轉換案，是以支付榮化普通股股東每股現金新台幣56元，扣除榮化106年度每股現金股利2.89924571元後，以每股53.10075429元的轉換對價，收購榮化全部已發行股份；收購總金額高達新台幣478億元。本案於2019年1月11日經金管會核准，榮化股票於2019年1月30日起停止公開發行，正式從臺股下市[122]。KKR有限合夥為全球第三大私募股權基金[123]，李長榮化工於1915年，由李昆枝成立「李長榮木業株式會社」開始，在1965年正式成立「李長榮化工」；1977年臺灣證券市場上市。李君於卸下董事長職務改掛總裁一職，本案李君是最大股東為利害關係人，也是KKR有限合夥出名進行併購之子公司Carlton的股東，併購開始Carlton公司還是由KKR百分百持股，由這家「純正KKR子公司」與李長榮化工進行股份轉換，有質疑業收購相關法規並沒有「利害關係人」的界定與權益規範，參諸香港、新加坡之規定。香港證監會發布的公司收購、合併及股份回購守則規定，公司要下市必須經股東會通過，其中無利害關係股份的持有人，必須超過75%以上的票數同意。且無利害關係股份的持有人，反對的票數不得高於10%。新加坡也規定股東會針對下市案的投票，應該排除利害關係人的股份。顯見對小股東意見的高度尊重與權益的

---

[122] 曾仁凱，KKR併購榮化　金管會核准1月30日下市，經濟日報，2019年1月11日，https://udn.com/news/story/，最後瀏覽日：2019年1月16日。

[123] KKR成立於1976年，總部在美國紐約，在紐約證交所掛牌上市，市值142億美元，資產管理規模1,485億美元，主要業務為收購、重整其他公司為主的股權投資公司，員工數在2017年有1,250人。

維護。因此李君在之後若成爲Carlton的股東，應是利害關係人，其持有三成股權就不能在股東臨時會上行使投票權[124]。依企業併購法第29條規定，必須全體股東的三分之二通過，KKR與李君聯手，還要爭取47%（扣除30%利害關係人之後，剩下的70%乘以三分之二）的股東同意，比起法規只要爭取37%（67%減掉30%利害關係人）同意，足足差了10個百分點的股東同意權。門檻的高低，就決定了收購的轉換對價。臺灣下市門檻寬鬆影響收購價，KKR宣布用每股56元價格收購受到質疑[125]。因此本案涉及大股東在股份轉換下以聯合收購方，買下公司並下市，以現金逐出所有小股東，是否應考量立法提供小股東相關知的權益。

　　參酌大法官釋字第770號解釋，對於因以現金作爲對價之合併而喪失股東權之案件，及時取得合併對公司利弊影響暨與其股東及董事有關其利害關係之資訊，就股份購買對價公平性之確保有關，應有讓股東權利救濟之機制，此關係到憲法第15條保障人民財產權之規定，應予以適當的保障。

第五項　東元與菱光父子經營權爭奪案

第一款　併購之雙方

一、東元電機股份有限公司

　　東元電機股份有限公司（以下簡稱東元電機）成立於1956年，1973年東元電機股票上市，初期從事馬達生產，至今東元集團已跨入

---

[124] 謝金河，私有化與企業購併──看KKR收購榮化，今周刊，2018年7月26日，https://www.businesstoday.com.tw/article/category/，最後瀏覽日：2019年1月16日。

[125] 同前註124。

重電、家電、資訊、通訊、電子關鍵零組件基礎工程建設、金融投資及餐飲、服務等多面向的發展領域，更積極參與國家重大工程建設，目前事業版圖橫跨全球五大洲40餘國、百餘城市[126]。

東元電機產業合作跨足美國、歐洲、亞洲等國家，並與該國內企業合作創立公司，並自1995年開始併購世界各國的馬達產業公司。除電機產業外，東元擴展事業類別至食品業，於1991年及1999年成立安心食品服務股份有限公司，從日本引進摩斯漢堡、樂雅樂，創立樂雅樂食品公司，正式進入餐飲及服務產業。1999年由黃茂雄先生接任董事長（現為東元集團會長）。東元電機事業版圖延伸至資訊科技業，創立東捷股份有限公司，於1998年成立菱光科技股份有限公司。

社會責任部分，東元於2007年開始投入風電產業，成功研發2M級風力發電機，並發表TECO GO ECO減碳護地球企業宣言，致力綠能產業，其200萬瓦級風機正式在內蒙古運轉成功，該大型風機亦獲台灣精品金質獎。2015年東元集團與中鋼集團攜手合作成立「新能風電股份有限公司」。東元電機致力於社會責任之際，於2016年連續五年獲頒天下雜誌企業公民獎；2017年連續三年蟬連公司治理評鑑前5%及連續四年獲得台灣企業永續獎金獎。另於2020年統包彰芳暨西島風場陸域工程開工。除致力綠能產業為我國帶來綠色經濟外，發揮企業公民的精神，自主研發設計我國首部之「智慧UVC消毒防疫機器人」。

從東元電機以馬達起家，其擁有卓越的馬達技術卻仍持續不斷精進成長。另自1995年即開始從事併購活動，跨足資訊科技、食品、綠

---

[126] 參閱https://www.teco.com.tw/about，最後瀏覽日：2022年2月20日。東元於1960年自製第一部300匹馬力馬達，於1962年開始外銷越南、泰國等國家，於1965年首創四分鐘自動化生產30匹馬力以下馬達後，又成功自製我國第一部1,000馬力的馬達，並於1966年將馬達外銷新加坡、馬來西亞、菲律賓等國家。東元隨後跨足電子、電機產業，設立台安電機股份有限公司及聯昌電子公司後，於1973年東元電機股票上市，於1975年與日商三菱株式會社合作生產超薄型電冰箱，並於1978年首創國內最大5,000馬力8P極電動機。於1983年全國首創三機一體四季型冷氣。1990年全國首創無塵無菌室專用空調機。

電產業後，研發電動車、風力發電設備及防疫科技智能消毒、送餐設備等，其公司亦入選DJSI道瓊永續指數─新興市場成份股及拿下國內多方領域的獎項，是一間不斷自我要求、富有企圖心及競爭力的公司，旗下上市（櫃）子公司有菱光科技、東友科技、東訊、台灣宅配通、安心食品服務公司等企業。

二、菱光科技股份有限公司

　　東元電機於1998年成立菱光科技股份有限公司（以下簡稱菱光科技），是CIS影像感測器製造商，為全球第一大廠，市占率達五成，CIS影像感測器系列產品有Linear Sensors：線性感測模組、Stealth Dicing：隱形雷射晶圓切割、LWIR Products：紅外熱成像產品等，主要應用於多功能噴墨印表事務機、多功能雷射印表事務機、各類掃描器、影印機、驗鈔機、指紋辨識機等產品。菱光科技現任董事長為東元集團會長之子黃育仁。菱光科技主要法人股東有東元國際投資（股）公司（東元電機為其董事）持有4.13%、東友科技股份有限公司（東元國際投資為其董事）持有17.26%、東安投資（股）公司（東元電機為其董事）持有6.23%、光菱電子股份有限公司持有2.98%等[127]。

　　公司表現方面，2000年榮獲ISO-9001認證通過。2004年於天下雜誌製造業1000大公司排名中，成長率快速高達306%，排名第四名。2004年榮獲ISO-14001認證通過。2005年於證券交易所掛牌上市。2005年設立美國子公司後，發行國內第一次無擔保可轉換公司債新台幣2億元。2006年榮獲汽車業TS16949品質系統認證。於2007年成立大陸南昌子公司。2013年獲Brother頒發2012年供應商最佳品質獎。2014年獲

---

[127] 參閱公開資訊觀測站，年報前10大股東相互間關係彙整表（2021年4月27日），https://doc.twse.com.tw/pdf/2021_8249_20210625F17_20220221_160856.pdf，最後瀏覽日：2022年2月21日。

Epson頒發2013年傑出供應商獎。2015年獲HP頒發技術／創新及品質獎[128]。

在社會責任方面，菱光科技以「電子行業公民聯盟」（Electronic Industry Citizenship Coalition, EICC）所倡導的行爲準則（EICC Code of Conduct）爲依據，確保提供安全的工作環境，讓員工獲得尊重和尊嚴，並且在經營中承擔社會和環保責任，遵守道德規範，並承諾以勞工權益、保護環境、持續改善以及符合法規爲目標。

第二款　併購原因及經過

一、併購之原因

東元電機於1988年成立菱光科技，惟自2021年開始雙方展開一連串公開收購與防禦反制收購的戰爭。起因爲菱光科技董事長黃育仁與其父東元集團會長黃茂雄經營理念不合，爲防止黃茂雄的勢力擴張，黃育仁另一家公司東友科技宣布預計於2021年9月24日舉行股東臨時會，全面改選11席董事（含四席獨立董事），黃育仁希望透過改選，剷除父親黃茂雄在東友科技及菱光科技董事會的勢力，維持優勢後才能推好的營運決策。另外，東元會長黃茂雄與安富國際合作，公開收購東友股權約7.63%，成爲東友前五大股東之一，並強調未來持續買進東友股票的決

---

[128] 參閱http://www.csi-sensor.com.tw/index.php/zh-tw/，最後瀏覽日：2022年2月20日。

1.支持員工得到國際社會所共識的尊重和尊嚴。

2.注重並提供安全、健康的工作環境。

3.致力於綠色產品設計與製造，減少對環境和自然資源的危害，保護公眾健康與安全。

4.不採購且不使用來自因爲開採金屬而衍生嚴重議題的國家所產出之金屬。

5.誠信對待，遵守企業道德倫理，資訊揭露及透明性。

6.遵守並符合廠區所在國與地區的相關法律、法規及其他要求事項。

7.主動、持續進行改善。

心不變。有關雙方併購及防禦反制手段細節說明如下。

二、併購之經過——防禦併購手段

（一）東元會長採取公開收購方式，防禦黃育仁爭奪旗下公司經營權

由於菱光科技為東元電機大股東之一，依2021年7月份公開資訊觀測站資料顯示，其持有東元約3.62%股權，黃茂雄為降低黃育仁對菱光科技的勢力，防止黃育仁利用菱光董事身分介入東元董事會，在召集東元股東會前，除藉由安富國際收購東友公司外，會長黃茂雄聯手私募基金達勝集團董事長郭冠群合資成立鈺叡股份有限公司，以每股29元公開收購，透過鈺叡向金管會申報公開收購菱光約50.1%之股權，因本案經公平會回復，本案不需提申報，故鈺叡於同年8月19日已收購6.78%股權，已達到最低收購門檻，後續亦未透漏實際收購數量。

若公開收購持續進行達50.1%，菱光可能面臨經營權變動及更換其在東元的董事代表人。另一方面，黃育仁另一家公司——東友——同時也是菱光大股東之一，持有菱光股權約18.84%，為降低黃育仁透過東友掌控菱光，黃茂雄陣營雙管齊下，同時透過安富國際投資股份有限公司對東友進行公開收購。

（二）東元公子暨菱光科技董事長黃育仁採取反併購防禦措施

2021年7月黃育仁積極採取防守對策，第一招規劃採取庫藏股方式，宣布買回650萬股轉讓員工，買回價格區間為24元至38元高於鈺叡收購的29元，買回時間為7月22日起至9月19日止，預計買回股份占已發行股本約5.12%，相對鈺叡目標收購50.1%股權，菱光買回庫藏股的股權分量不算大。

黃育仁第二招，辦理現金增資私募普通股，私募額度不超過3,811.65萬股，藉此引進策略投資人稀釋股權，並預計在9月17日召開

股東臨時會討論現金增資私募普通股案。若私募案通過，菱光股本將從
1.27億股增至1.65億股，該策略投資人持續比重達23%，可望成為菱光
第一大股東，而菱光其他大股東包括黃茂雄陣營的安東投資、東元國際
投資及東元電機持股比重將被稀釋，增加鈺叡的收購難度。

　　另外，黃育仁擬透過光菱收購東友20%股權，防禦安富國際收購東
友大量股權，鞏固東友之經營權，並於同年8月27日宣布東友將於9月
24日召開股東臨時會，為防止東元會長黃茂雄的勢力擴張，除了全面
改選董事（含獨立董事）、解除新任董事競業禁止限制案，並補充兩項
召集事由，包括公司「誠信經營作業程序及行為指南」修訂案、「公司
章程」修訂案，股票停止過戶日期從8月26日起至9月24日止。

（三）東元經營權仍屬東元會長陣營

　　東元於2021年7月23日召開股東常會改選董事時，面臨父子經營權
之爭，東元集團會長甲與其長子乙爭奪東元經營權，黃茂雄陣營獲八席
董事席次（含四席獨立董事）、黃育仁陣營僅三席（無獨立董事），東
元經營權暫時仍由黃茂雄陣營拿下。

　　另於該次股東會臨時動議提出並通過，建議東元電機董事會討論辦
理公開收購菱光科技，使公司持股達51%以上，提案股東建議東元電機
董事會、獨董積極協助鈺叡和安富對菱光、東友進行中的公開收購，以
期能順利完成，也建議董事會要積極規劃以其他方式整併包括以公開收
購方式收回對兩家公司的主導權[129]。

　　至於黃育仁為削弱父親黃茂雄於東友公司的勢力，擬藉由光菱收
購東友達到其目的，惟公開收購期間屆滿日止未達最低公開收購數量
5%，宣告失敗。

---

[129] 參閱公開觀測平台https://mops.twse.com.tw/mops/web/t05st01，最後瀏覽日：2022年2月23日。

表4-6 東元與菱光公開收購及其相關併購之流程

時間	事件
2021.6.15	鈺叡公司登記成立（達勝伍公司持有50%股權）。
2021.6.21	1.鈺叡向金管會申報公開收購菱光50.1%股權，收購期間於6月22日至8月10日止。 2.東元指控菱光於線上視訊董事會（討論延期於7月9日召開股東會）濫用利益迴避、疑似對董事消音下線、限制董事餐與討論決議，進而達到操作董事會議案表決結果，東元向智慧財產及商業法院提起「董事會決議無效之訴」，並主張禁止菱光於7月9日召開股東會。
2021.6.29	菱光董事會因出席人數不足流會，導致無法依「公開收購公開發行公司有價證券管理辦法」遴選審議委員會委員，審議公開收購案之合理性。
2021.7.1	1.菱光董事會因出席人數不足流會，亦無法成立審議委員會審議公開收購公平合理性。對此，菱光於公開資訊觀測站發布重大消息表示，其中三位董事未出席而流會，公開收購計畫的審查程序也遭到延誤，事前均各以書面方式或電話回覆拒絕參加，完全無視主管機關的要求及全體股東的權益等意見。 2.針對東元對菱光提起董事會決議確認無效訴訟一事，菱光公開回覆略以，因股東常會開會議程中有「投資東元電機股份有限公司案」承認案，該案顯與本公司法人董事東元公司及法人董事東安公司（東元公司具控制性持股）間有利害關係，亦有危害公司利益之虞，故主席乃依法要求先行迴避討論及表決，並無違法情事。
2021.7.5	1.菱光於6月29日及7月1日召集董事會遴選及成立審議委員會，但因出席董事未過半數，二次董事會皆流會，以保障本公司股東權益為由，委聘兩位獨立專家，會同獨立董事就原審議委員會應審議之事項進行審議並提供專業意見給予股東參酌。 2.審議結果略以，鈺叡公司由保險業為主要股東之達勝伍公司占有股份50%，本次投資是否受到保險業資金之限制尚待主管機關釋疑；另認為公開收購價格略低。

表4-6　東元與菱光公開收購及其相關併購之流程（續）

時間	事件
2021.7.8	東元針對菱光董事會決議於2021年7月9日召開股東常會一事，向智慧財產及商業法院提起禁止召開股東常會之定暫時狀態假處分聲請。經智慧財產及商業法院裁定駁回，故菱光7月9日照常召開股東會。
2021.7.9	1.菱光股東會改選董事，經營權仍屬黃育仁派系拿下。 2.菱光股東會臨時動議通過，請金管會、證期局立即停止鈺叡股份有限公司公開收購菱光案，以及提請公平交易委員會立即禁止鈺叡股份有限公司申報結合之行為。
2021.7.15	達勝伍將其持有鈺叡之全部持股轉讓予達勝伍董事長一事，菱光公司先前曾請求達勝伍公司將其持有鈺叡股份轉讓予菱光，達勝伍公司卻置之不理，至今卻以較低的價格將鈺叡股份轉讓予第三人，認已構成刑法背信罪。對此，菱光董事會發函請金管會就達勝伍董事之背信行為作適當處置並應要求鈺叡停止公開收購。
2021.7.21~ 2021.9.23	7月21日菱光董事會決議以每股24元至38元區間價格買回本公司股份轉讓予員工，累積已達公司已發行股份總數2%，並於9月23日宣布以每股24元至34元區間價格買回本公司股份轉讓予員工。
2021.7.23	1.東元股東會通過透過鈺叡公開收購菱光及安富公開收購東友，透過兩家公司公開收購，收回對菱光的經營權。 2.東元股東會改選董事，黃茂雄派拿下8席，黃育仁派拿下3席，東元經營權仍由黃茂雄拿下。
2021.7.29	菱光董事會決議通過現金增資。
2021.8.9	鈺叡公開收購延長至2021年9月10日。
2021.8.20	公平會正式函復鈺叡不需提申報；目前鈺叡收購股份已經超過5%，鈺叡公開收購案條件成就。鈺叡後續則不願透露具體公開收購實際股數。
2021.10.1	黃茂雄卸任東元董事。
2021.12.30	黃育仁卸任菱光董事長。

第三款　法律爭點分析

一、公開收購人的背景及資金來源

　　鈺叡公司最大股東為達勝伍，持有鈺叡50%股權，鈺叡及達勝伍董事長均為郭冠群，而達勝伍其主要資金來源來自宏泰人壽、遠雄人壽、國泰人壽、台灣人壽、全球人壽以及中國人壽，合計持股78%。對此，菱光質疑鈺叡本次公開收購之投資是否受到保險業資金投資之限制？亦即保險業將有可能成為公開收購人之最大股東，從而間接參與公開收購而介入經營權之爭，因保險業資金具有公共性，是否違反保險法關於保險業資金運用的相關規定？金管會亦表示，保險業投資不得介入經營權之爭。對於外界及主管機關的質疑，鈺叡董事長郭冠群發聲明表示，收購菱光是看好產業未來性，決不介入東元經營權之爭[130]。

（一）保險資金轉投資之限制

　　因保險法第146條之5第1項規定，保險業資金辦理專案運用、公共及社會福利事業投資之範圍、限額需有規範限制，爰授權金管會發布「保險業資金辦理專案運用公共及社會福利事業投資管理辦法」（下稱保險業資金辦法）。依保險業資金辦法，保險業資金辦理專案運用，得投資於創投事業，而依第7條第4項規定，保險業對所投資之創投公司，與其利害關係人共同持有該創投公司或其他方式對該創投公司達到控制與從屬關係者，保險業不得直接或以其他間接方式透過該創投公司或其他方式介入該創投公司及其被投資事業的經營管理與投資決策。

　　本次公開收購案，公開收購人鈺叡於2021年6月15日才設立登記成立，即於同月21日向金管會申報公開收購菱光，又鈺叡與達勝伍公司

---

[130] 參閱https://udn.com/news/story/7241/5574433，最後瀏覽日：2022年3月2日。

董事長均爲同一人，本次公開收購案，而身爲其最大股東之達勝伍公司應屬知情，因此，可認達勝伍係藉由其所投資之鈺叡來介入菱光經營（預計收購菱光股權50.1%），進而協助爭奪東元經營權的嫌疑，但持有達勝伍股權近八成的六家壽險公司，是否有違反保險業資金辦法第7條第4項規定，不得直接或間接透過所投資之創投公司介入其他公司的經營，實有爭議。

依保險業資金辦法第7條第1項第3款第1目規定，對於保險業投資之創投公司，有不得超過該創投公司實收資本額25%的限制，本案六家人壽公司投資達勝伍股權合計78%之適法性亦有待討論[131]。

然保險資金介入經營權爭奪一事，經金管會、公平會等主管機關質疑下，達勝伍最終將其持有鈺叡之股權出售予董事長郭冠群，故有關保險資金間接投資鈺叡並介入經營權爭奪之疑義暫時落幕。

（二）達勝伍轉讓鈺叡持股予董事長之自我交易行爲

菱光曾向達勝伍提出購買其持有鈺叡之全部股權，當時出價高於達勝伍出售予董事長郭冠群之價格，但當時達勝伍卻不理會菱光，又當時達勝伍董事長亦爲鈺叡董事長，菱光認爲達勝伍董事長及其董事有背信行爲且因而影響公開收購的合法性，故向金管會指控達勝伍董事違反受託義務及刑法背信罪，要求金管會應停止鈺叡的公開收購行爲。

就菱光上開指控一事，在鈺叡成立時，其原始股東之間即有簽訂合資協議，依協議5.2(a)規定：「於本協議書簽署日起至本公開收購案之交割日後屆滿三看之日止之期間內，除經全體投資人之事前書面同意外，任一投資人均不得出售、移轉或以其他任何方式處分其於合資公司持有之股東出資之全部或一部」，因此，前開限制股權轉讓之契約係導

---

[131] 洪秀芬，從東元經營權之爭看菱光公開收購案之相關爭議，月旦會計實務研究，第45期，2021年，第36頁。

致達勝伍無法自行任意轉讓股權予菱光，除非徵得鈺叡其他所有股東的同意，然其他股東均屬東元會長黃茂雄陣營，據此，達勝伍出售股權予菱光必定未能獲得全體股東同意，達勝伍對於菱光邀約置之不理應屬合理。

另一問題是，達勝伍股東於取得全體股東同意後轉讓股權予董事長郭冠群是否違反公司法相關規定，有待商榷。因達勝伍轉讓股權的對象包括其董事長，因此涉及公司法第223條規定，當董事為自己與公司進行交易時，應由監察人為公司代表的規定，但董事若非為自己或他人與公司進行交易時，則仍是應由董事長代表公司，方符合公司法規定，然查閱鈺叡修正版公開收購說明書附件之股份轉讓協議，達勝伍均是由監察人代表公司，雖然本次股權轉讓符合公司法第223條規定，並無瑕疵，但此部分的轉讓協議效力存有疑義[132]。

二、東元菱光併購防禦之合理性

（一）董事不出席董事會的法律責任

菱光接獲鈺叡公開收購消息後，應依公開收購辦法第14條及第14條之1規定，菱光董事會應設置審議委員會，就公開收購案進行查證與審議，並於十五日內對公開收購案表示意見及公告審議結果，亦即菱光應於7月6日前公告董事會意見及審議委員會之審議結果。但菱光於6月29日及7月1日的董事會均因董事出席人數不足流會，無法遴選出審議委員會委員及無法對公開收購案表達董事會意見，原因係東元會長黃茂雄陣營的三位法人董事代表人拒絕參加董事會。簡言之，菱光董事會遭到東元會長黃茂雄陣營所屬之董事杯葛不出席，無法順利成會，從而導致未能依法履行公開收購相關事項的公告。對於菱光三位董事刻意的杯

---

[132] 參閱洪秀芬，同前註131，第38頁。

葛不履行其董事職務，應有違反公司法第23條第1項之受託人義務的法律責任。

（二）菱光公告董事會意見及審議結果之合法性

依上開公開收購辦法第14條及第14條之1規定係指公告經董事會決議通過之意見，但對於菱光未能依法通過董事會決議，就菱光於2021年0月0日逕以其餘董事之意見及邀請獨立專家提出之審議結果公告，是否得視為依法提出的董事會意見及審議結果，是否會影響公開收購案的有效進行？應予以否定，蓋此條文係加強被收購目標公司之董事會責任及強化資訊公開，以利目標公司股東的投資判斷，不能因目標公司董事會未依法作為，而將不利後果由公開收購人承擔，致影響其公開收購案的進行，因此，應不影響公開收購案的有效進行，且無正當理由故意不出席董事會的董事，尚有違反其對公司之受託人義務而有相關法律責任，如前所述。

（三）菱光對於公開收購所採取的反制措施

對於東元透過鈺叡公開收購菱光、安富公開收購東友進而達到掌控菱光的目的，面臨東元雙管齊下欲收回經營權，菱光則採取一連串的反制措施。

菱光首先經董事會決議通過於2021年7月22日至9月19日買回公司股份轉讓予員工，買回價格區間於24元至38元，買回數量比例為5.12%，遠高於鈺叡於6月21日公開收購價格的29元，抵抗防禦的意味濃厚。菱光採取第二步防禦措施係稀釋現有股東持股比例，其於7月29日董事會特別決議通過辦理現金增資私募普通股，並預計於9月17日召開股東臨時會表決，其私募規劃理由略為「本計畫之執行預計健全財務

結構及提升營運效能之效益，對股東權益亦將有正面助益」[133]。如菱光能順利辦理私募普通股，則在外流通之股份將會被稀釋，相對地，鈺叡所收購之股權比例就會被稀釋而影響鈺叡對菱光的後續規劃。對於前開菱光所採取的反收購策略確實能發揮效果，惟有疑義的是，買回庫藏股的比例雖然不多，但買回股份之價格顯高於市價外[134]，亦高出鈺叡公開收購之價格，從接獲鈺叡公開收購消息後一個月內大動作買回公司市場上流通之股份及辦理現金增資私募，顯見其主要目的在於抵抗鈺叡的收購。對於菱光實施買回庫藏股及現金增資的策略，需耗費公司資源，雖然買回庫藏股係按公司法規定辦理，但當背後目的如係經營者為爭奪經營權之手段，卻忽略是否為公司利益而有必要？其董事會是否有詳細評估其策略所帶來的利弊？以上均涉及公司法及其相關法令規定，此反制措施是否適法似有疑問。

　　公司資金係屬投資人、股東、員工及利害關係人之支持及努力而來的，依「公司法」第1條及第23條規定，公司以營利為目的，應遵守法令及商業倫理規範經營業務，得採行增進公共利益之行為；公司董事應對公司負有忠實義務與善良管理人注意義務。又按「上市上櫃公司治理實務守則」第12條第2項規定，上市公司發生公開收購事項時，除應依相關法令規定辦理外，應注意公開收購計畫與交易之公平性、合理性等，並注意資訊公開及嗣後公司財務結構之健全性。依上開規定說明，菱光董事於處理公開收購事宜與為公司執行業務之注意義務並無二致，故公司董事為公開收購決策時，仍應澈底盡善良管理人注意義務，否則可能有法律責任之產生。關於本次菱光辦理現金增資私募並實施買回庫

---

[133] 參閱公開觀測站，https://mops.twse.com.tw/mops/web/t05st01，最後瀏覽日：2022年3月3日。

[134] 2021年7月22日至2021年9月17日止收盤價格區間為26.9元至33元，https://invest.cnyes.com/twstock/TWS/8249/history#fixed，最後瀏覽日：2022年3月3日。

藏股策略，除價格高於市場行情價格外，亦高於鈺叡公開收購之價格，其主要目的應係抵抗防禦鈺叡之收購，而非如公開資訊所謂為激勵員工而實施、為提升營運效能之效益等理由。

對於菱光採取買回政策及現金增資私募一事，因菱光股東及其他利害關係人非屬專業投資人或有高度敏銳力之人，於菱光股東會召集前，董事會是否誠實揭露計畫的主要目的使股東知悉？又該決定是否考量公司整體利益？該買回之價格是否公平合理？董事進行決策時是否盡忠實義務與善良管理人注意義務？本案菱光於公開市場買回股份之價格與當時市場上收盤價格顯高出許多，亦無其他正當理由說明買回價格高達38元係屬合理，且若股東對於現金增資稀釋股權一案並未充分獲知背後目的，將有侵害股東權益之疑義，依公司法第1條及第23條規定及上市上櫃公司治理實務守則第12條規定，菱光董事會所採取的反收購策略恐有違反受託義務，容有檢討之空間。

第七節　外資併購我國公司之相關法律問題

第一項　外資公司併購我國上市公司之要件

依照華僑回國投資條例第3條規定，華僑依本條例之規定回國投資者，稱為投資人。而投資的範圍，分為三類：一、持有中華民國公司之股份或出資額；二、在中華民國境內設立獨資或合夥事業；三、對前二款所投資事業提供一年期以上貸款。並未對華僑回臺從事投資之資格做限制；而外國人投資條例僅規定非我國國籍之自然人或非法人在中華民國境內投資者，稱投資人，亦未對投資資格做限制。

而經濟部投資審議委員會基於國內對假外資之疑慮及國外公司資訊

揭露之透明度，於「僑外投資申請應附文件檢核表」，規定外國公司來臺進行併購（包含合併、收購或分割），向經濟部投審會申請時，外國公司除須檢附公司簡介，尚須出具聲明書[135]，聲明其為有實際營業活動或跨國企業之公司。

　　華僑及外國公司來臺投資，需向主管機關及經濟部投審會申請核准，並檢附投資計畫及相關證件[136]，但亦有投資範圍之限制，針對於涉及一、對國家安全、公共秩序、善良風俗或國民健康有不利影響之事業；二、法律禁止投資之事業者禁止投資人投資，如投資人申請投資於法律或基於法律授權訂定之命令而限制投資之事業，應取得目的事業主管機關之許可或同意[137]。

　　華僑及外國公司於進行併購我國公司時，應檢附以下文件[138]：

一、併購事項說明書

　　內容需包括：（一）申請人名稱；（二）併購方式；（三）併購條件；（四）經股東會決議或其他法定程序；（五）併購效益（應符合進行組織調整，發揮企業經營效率之目的）；（六）併購後國內事業實收資本額及所營之營業項目（國內事業及其轉投資營業項目涉及禁止或限制者需依規定辦理；如擬增加營業項目，應另檢附登記預查名稱申請表影本）；（七）僑外申請人併購前後投資股數對照表；（八）國內外

---

[135] 聲明書僅由外國公司進行切結，無須經我國駐外單位或授權單位驗證或經當地政府機關或法院認證。並勾選是否為實際營業活動之公司：係指積極從事商品製造、銷售或提供勞務服務之公司。積極指公司營運須持續滿一年以上，並擁有實質固定資產（如辦公室、廠房、機械設備等）、當地營業處所及當地正職員工或於兩個以上之國家進行實際營業活動之公司。

[136] 參閱外國人投資條例第8條及華僑回國投資條例第8條。

[137] 參閱外國人投資條例第7條及華僑回國投資條例第7條。

[138] 參閱經濟部投資審議委員會網站，http://www.moeaic.gov.tw/。

轉投資事業（含大陸投資）之處理方式（另轉投資事業股權因併購而移轉，應分別檢附申請書，同時另案提出申請）；（九）併購或換股對象為關係企業或關係人者，應列明與關係企業或關係人之關係，選定之原因、必要性及對股東權益之影響；（十）由僑外申請人共同具名申請。

二、併購案件之國內外公司，除下列情形外，需檢附股東會決議

（一）國內公司依法令規定只需董事會決議者或公司股東會職權由董事會行使者，需檢附董事會決議。

（二）外國公司依當地準據法規定只需董事會或其他方式合法決議者，另需檢附經公認證之當地律師意見書。

三、併購契約（內容應符合企業併購法、公司法等相關法規）需檢附

（一）合併契約。

（二）如為股份交換時，應檢附股份交換契約，如為全部轉換檢附股份轉換契約；如為部分交換，應檢附投資事業間共同簽署之合作契約書（應載明投資事業間藉由部分股份交換，擬達成之合作效益內容。）及原投資事業股東與交換股權事業共同簽署之股份交換契約。

（三）分割計畫書。

（四）概括承受或讓與契約。

四、併購案件之國內外公司，應檢附

（一）最近一期經會計師查核簽證之財務報告（需檢附會計師執業證明，如為非公開發行公司得檢附經會計師核閱之財務報告）；如為分割案件，其財務報告內需有該獨立營運部門別（含資產及負債）之相關

財務資訊。另外國公司其檢附之財務報告應依照我國《證券發行人財務報告編製準則》辦理或委由會計師另編製不同會計準則下之差異報告。

（二）併購價值衡量基準如非依前項財務報告，所依據之財務資訊（或擬制性財務資訊），應另檢附由會計師依我國「審計準則公報」出具之「協議程序執行報告」。

五、獨立專家出具之合理性表示意見書（併購雙方均為國內非公開發行公司可免附，但應附非公開發行公司聲明書）

（一）獨立專家係指併購雙方以外不具利害關係之第三者律師、會計師或證券承銷商，國外獨立專家資格之證明文件需經我國駐外單位或授權單位驗證；當地無我國駐外單位者，可經當地政府機關或法院認證。

（二）合理性表示意見書應敘明評估方法、公司價值（大陸投資之價值需單獨列明）及換股比例之合理性等表示意見，並應聲明與雙方當事人「不具利害關係」，該「合理性意見書之製作確實已考量雙方公司實際營運狀況、真實價值，並本於客觀、公正、獨立超然之立場出具，如有虛偽不實，願負一切法律責任」。

（三）上項規定如為分割案件，需敘明得獨立營運部門分割後，受讓該營業之既存或新設公司其發行新股之價格及所受讓價值之合理性（無需經公認證）。

而外國公司仍需檢附國外公司之背景說明，需檢附資料如下：

（一）公司簡介：包括1.設立日期；2.總公司、分公司及工廠之地址及電話；3.負責人；4.實收資本額；5.列明公司所營業務之主要內容及其營業比重、員工人數及工作現況、公司目前之商品（服務）項目。

（二）公司組織（列明公司之組織結構及各主要部門所營業務等）。

（三）董事及股東之名單及相關背景資料（股東屬法人者，本會得再要求提供該法人之董監事及股東名冊至最終受益人）。

（四）關係企業股權結構圖（列明公司與關係企業間之關係、相互持股比例、股份及實際投資金額）。

進行合併、分割或收購之外國公司需爲有實際營業活動或跨國企業之公司（請加塡後附之跨國併購或國內銀行新台幣擔保融資案件聲明書，必要時本會得要求申請人提供由國內不具利害關係之第三者會計師所出具之查核意見書，查核意見書並應聲明與當事人「不具利害關係」，該「意見書之製作確實已查核公司實質固定資產與實際營運狀況，並本於客觀、公正、獨立超然之立場出具，如有虛僞不實，願負一切法律責任」）。

當地律師出具之依該外國公司成立之準據法規定，係屬股份有限公司或有限公司之型態，且得爲與公司併購者之適法性評估意見及執業證明影本（無需經我國駐外單位或授權單位驗證或經當地政府機關或法院認證）。

而合併、分割或收購等涉及股份全數轉換之投資申請案，國外申請人之代理人得以股東會決議共同授權之，審定時需檢附合併基準日外國申請人名冊及投資事業聲明；但嗣後之投資申請案需申請人個別出具身分資格證明及代理人授權書辦理。

在併購之一方爲外國公司案件均由經濟部投審會受理（含科學園區及加工出口區案件及上市、上櫃及興櫃公司案件）；科學園區及加工出口區案件（合上市、上櫃及興櫃公司案件）於投資額審定後，該案移請園區管理局及加工出口區管理處管理。科學園區及加工出口區外國公司案件經經濟部投審會審定之投資額，由投審會管理。

第二項　外國公司得進行之併購方式

一、合併

（一）合併類型

依照企業併購法第4條，包含吸收及新設合併等，但依照企業併購法第21條規定，該外國公司依其成立之準據法規定，係屬股份有限公司或有限公司之型態，且得與公司合併者。且合併契約業已依該外國公司成立之準據法規定，經該公司股東會、董事會或依其他方式合法決議。而公司與外國公司合併者，存續或新設公司以股份有限公司為限。該外國公司應於合併基準日前，指定在中華民國境內之送達代收人。

（二）合併之對價

依照企業併購法第4條第3款以存續或新設公司之股份、或其他公司之股份、現金或其他財產作為對價之行為。而出價之部分，依照公司法第156條第5項，股東之出資除現金外，得以對公司所有之貨幣債權、公司事業所需之財產與技術抵充之；其抵充之數額需經董事會決議。以現金、對公司之貨幣債權及公司所需技術為限；但依照華僑回國投資條例第6條，出資種類有：1.現金；2.自用機器設備或原料；3.專利權、商標權、著作財產權、專門技術或其他智慧財產權；4.其他經主管機關認可投資之財產。而外國投資條例亦同，此規定與現行公司法即有差異，較我國人投資放寬自用機器設備或原料，該部分與公司法規定不同，實應思考是否為引進外國設備或原料等，而較我國人投資更為優惠。

（三）合併契約

依照企業併購法第22條，公司合併應以書面為之。

（四）股東會決議

1. 我國公司

依照企業併購法第18條，股東會對於公司合併或解散之決議，應有代表已發行股份總數三分之二以上股東之出席，以出席股東表決權過半數之同意行之。公開發行股票之公司，出席股東之股份總數不足前項定額者，得以有代表已發行股份總數過半數股東之出席，出席股東表決權三分之二以上之同意行之。前二項股東會決議，屬上市（櫃）公司參與合併後消滅，且存續或新設公司為非上市（櫃）公司者，應經該上市（櫃）公司已發行股份總數三分之二以上股東之同意行之。前三項出席股東股份總數及表決權數，章程有較高之規定者，從其規定。

2. 外國公司

其合併契約是否應經該公司股東會、董事會或其他方式決議，則依該外國公司成立之準據法規定。

例外情形：若為非對稱合併之存續公司（企併法§18Ⅶ）及簡易合併之參與合併公司（企併法§19），均無須經過股東會決議。

（五）表決權之計算

依照企業併購法第18條第6項，無須利益迴避，縱然該股東或董事持有股份，仍得於股東會及董事會加入表決。

（六）股份收買請求權

參與合併公司股東會通過合併契約，不贊成合併之少數股東，於決議合併之股東會集會前或中，以書面表示異議或以口頭表示異議經記錄，並放棄表決者，得請求公司依當時公平價格，收買其股份；在非對稱合併，只有消滅公司有股東會決議，故僅有消滅公司得行使股份收買請求權；而簡易合併中，母公司及子公司均無須經股東會決議，故無股份收買請求權。

二、收購

（一）收購類型

包括營業或財產之收購或股份轉換。

（二）收購之對價

營業或財產的收購，得以股份、現金或其他財產為對價（企併法§4④）；至於股份轉換之代價，在外資來臺併購我國上市公司之情形，則限於該外國公司發行之新股或外國公司為收購我國上市公司而新設公司第一次發行之股份。

（三）轉換契約

有關營業或財產收購，企業併購法並未特別明文規定是否須作成收購契約，而有關股份轉換之收購，則有明文董事會須作成轉換契約，該契約於發送股東會召集通知，一併發送給各股東（企併法§30Ⅰ）。

（四）股東會決議

我國上市公司無論參與營業或財產收購或股份轉換，均至少應經股東會已有代表已發行股份總數過半數之股東出席，出席股東表決權三分之二以上同意（企併法§§27、29），公開發行股票公司，得以有代表發行股份總數過半數股東出席，出席股票表決權三分之二以上同意行之。至於外國公司期轉換契約是否須經過公司之決議或其他方式，應依外國公司之準據法為之。

（五）股份收買請求權

依照企業併購法第12條，反對公司股東，在進行營業或財產收購或轉換決議前或決議中，以書面或口頭表示異議，經記錄並放棄表決權者，得請求公司依當時公平之價格收買其股份。

三、收購之進行程序

（一）董事會決議：被收購公司之董事會決議以普通決議即可；若收購公司涉及公司法第266條有關發行新股之規定者，應由董事會以董事三分之二以上出席，及出席董事過半數同意之提特別決議行之。

（二）收購計畫書：我國上市公司進行收購時，董事會應作成收購計畫書，該計畫並於決議股東會召集通知，一併發送給予股東。

（三）股東會決議：同於前述二、（四）收購之股東會之決議規定。但如為公司間之收購行為，得不經股東會之決議而逕依董事會決議為之。

（四）股份收買請求權：前述二、（五）有關。

四、分割

（一）分割計畫書：我國上市公司進行分割時，董事會應作成分割計畫，分割計畫書應於發生分割承認決議股東會之召集通知時，一併發送給各股東。

（二）股東會決議：同於前述三、（四）收購之情形。

（三）股東收買請求權：同於前述二、（五）收購之規定。

五、股份交換

依公司法第156條之3規定，公司設立後得發行新股作為受讓他公司股份之對價，需經董事會三分之二以上董事出席，以出席董事過半數決議行之，不受第267條第1項至第3項之限制。外國公司得以該外國公司發行之新股或庫藏股或該外國公司持有之他公司股票為代價，股份交換我國公司股票。

六、營業讓與

外資得以現金買受我國上市公司之營業或財產。

七、透過證券交易法之方式

（一）可以透過證券交易所集中交易市場購買，應檢附相關文件，向證券交易所申請辦理登記（華僑投資條例§10及外國人投資條例§10）。

（二）透過臺灣證券交易所拍賣方式取得。

（三）透過臺灣證券交易所標購方式取得。

（四）透過臺灣證券交易所盤後巨額交易方式所得。

八、透過公開收購方式取得

（一）依財政部證期會93年3月5日台財政八字第093107280號函，華僑或外國人得依據華僑投資條例及外國人投資條例規定，公開收購上市櫃與興櫃公司公開發行之有價證券，但依照證券交易法第43條之1規定，公司原則上進行公開收購須先向主管機關及金管會申報並公告才得為之。

（二）公開收購之對價，不以現金為限（公開收購公開發行公司有價證券管理辦法§8），且一般而言期間不少於二十日，多於五十日。

（三）強制公開收購：任何人單獨或與他人共同預定於五十日內取得公開發行公司已發行股份總額20%以上之股份，原則上應採用公開收購之方式為之（公開收購公開發行公司有價證券管理辦法§11）。

九、透過應募私募之方式取得

（一）股東會決議：公司應有代表已發行股份總數過半數股東之出

席，及出席股東表決權三分之二以上同意爲之。欲進行私募之公司，並應於股東會召集事由中列舉並說明（證券交易法§43-6）。

（二）私募價格：公司欲進行私募時，應將私募價格於股東會召集事由中說明，如公司所定私募價格、轉換價格或認購價格差異達20%以上者，應洽獨立董事表示意見，並公開差異合理性之事由及專家意見。

（三）私募有價證券轉讓之限制：私募有價證券交付日起滿三年者，才可完全解除轉讓限制；未滿三年者，如公開市場沒有與有價證券相同種類之有價證券流通，可轉予具相同資格之投資人，或在符合法令所定之持有期間及交易數量下，轉讓與特定對象（證券交易法§43-8）。

第三項　外資併購我國上市公司應符合公平交易法

外資來臺併購我國上市公司如有可能造成不公平競爭之情形，即需依公平交易法之規定向主管機關及公平交易委員會申請結合，由公平交易委員會衡量事業之結合對整體之經濟利益，與限制競爭不利益之影響，來決定是否允許企業結合。

一、需申報之結合案

並非所有之企業結合案均向公平交易委員會申請，只有可能導致不公平競爭之結合案，才需向公平交易委員會申請。依照公平交易法第11條：（一）事業因結合而使其市場占有率達三分之一；（二）參與結合之一事業，其市場占有率達四分之一；（三）參與結合之事業，其上一會計年度銷售金額，超過主管機關所公告之金額。而該銷售金額，應將與參與結合之事業具有控制與從屬關係之事業及與參與結合之事業受同一事業或數事業控制之從屬關係事業之銷售金額一併計入。

但如有同法第12條之情形不適用之：如（一）參與結合之一事業或其100%持有之子公司，已持有他事業達50%以上之有表決權股份或出資額，再與該他事業結合者；（二）同一事業所持有有表決權股份或出資額達50%以上之事業間結合者；（三）事業將其全部或主要部分之營業、財產或可獨立營運之全部或一部營業，讓與其獨自新設之他事業者；（四）事業依公司法第167條第1項但書或證券交易法第28條之2規定收回股東所持有之股份，致其原有股東符合第10條第1項第2款之情形者；（五）單一事業轉投資成立並持有100%股份或出資額之子公司者；（六）其他經主管機關公告之類型。

二、審查原則

公平交易委員會對於結合案之申報，必須審查其結合對整體經濟利益與限制競爭之不利益影響。如結合案對整體經濟利益大於限制競爭不利益者，公平交易委員會即不得禁止其結合，反之，則需禁止其結合。

第四項　併購下市

一、我國現行下市之規範

（一）企業併購法

依照企業併購法第34條，上市（櫃）公司與他既存或新設公司依第29條進行股份轉換者，其已上市（櫃）之股份於完成股份轉換及上市（櫃）之相關程序後終止上市（櫃），並由符合上市（櫃）相關規定之他公司上市（櫃）。

（二）臺灣證券交易所股份有限公司營業細則

　　臺灣證券交易所股份有限公司營業細則（下稱營業細則）第53條之1至第53條之3，分別規定上市公司合併、分割、股份轉換後之終止上市或下市之情形，如合併消滅公司之上市有價證券應於合併基準日（不含）前八個營業日起停止買賣，其並應於同基準日（不合）前至少三十個營業日，填妥申請書並檢具相關文件，向本公司提出終止上市申請。

　　而營業細則第50條之1第1項第15款，為另一已上市（櫃）之公司持有股份逾其已發行股份總數或實收資本額70%以上者。但他上市（櫃）公司取得該上市公司股份並進行合併或股份轉換者，適用第四章之一相關終止上市程序規定。即除併購公司為上市（櫃）公司，並取得標的公司70%以上股份者外，標的上市公司不適用強制終止上市之規定，仍得繼續上市。而外資併購案件中，外資公司原則上並非屬上市（櫃）公司，故標的公司不因此而自動下市，但仍可申請下市。

（三）臺灣證券交易所股份有限公司上市公司申請有價證券終止上市處理程序

　　臺灣證券交易所股份有限公司上市公司申請有價證券終止上市處理程序（下稱終止上市處理程序）第2條，上市公司申請其有價證券終止上市案，應經董事會決議通過並提請股東會決議，且股東會之決議應經已發行股份總數三分之二以上股東之同意行之。但如係已上市之可轉換公司債，申請終止上市而轉往櫃檯買賣中心買賣者，得不受此限。而申請終止上市者，應由董事承諾收購，但不包含獨立董事；至於收購價格，則不得低於董事或股東會決議日前一個月股票收盤價之簡單算術平均數。

　　上市公司於召開董事會決議申請有價證券終止上市前，應設置特別

委員會，就有關申請終止上市計畫之公平性及合理性進行審議，並將審議結果提報董事會及股東會。此一規定於公司依證券交易法設有審計委員會者，由審計委員會行之。特別委員會或審計委員會進行審議時，應委請獨立專家協助就董事回購股份價格合理性及申請終止上市理由與計畫是否符合上市公司及其股東整體利益提供意見。

二、我國下市問題之檢討

（一）是否須經股東會通過？

1. 上市公司辦理下市時，乃屬於私有化過程，股東原有之股票其流動性將大減，變價困難度遽增，事涉股東固有之財產權，故應尊重股東意見，原則上，公司進行下市應經股東會同意。

2. 另按公司法業已規定公司撤銷公開發行程序，須經股東會決議始得向證管機關提出申請，相較於上市公司下市後，股票流動性隨即巨幅下降，依舉重以明輕之法理，當撤銷公開發行公司應經股東會決議，公司辦理下市應以股東會通過為宜。

（二）是否應採利益迴避？

1. 現行終止上市程序規定並無豁免利益迴避原則，故董事或股東於決議公司下市時，應遵守利益迴避之規定，並要求公司於併購之股東會一併提出。至於有無利益迴避之情事，則依個案認定。

2. 但若要遵守利益迴避規定時，現行已發行股份總數三分之二以上同意門檻，恐不容易完成，故現行規定有修正之必要。

3. 而修正時，得參考簡易合併之精神，訂定持股達一定門檻之人有權決定下市，該部分人士即豁免利益，來避免小股東干擾，且現行終止上市處理程序已訂有收購最低價格之規定，對小股東保護已足，故採取此見解，則應明訂豁免利益迴避之規定，以資明確。

第五項 結論

就外資併購之國際趨勢下，世界主要資本開放之先進國家均未就外資併購設立單行法規，而採取內外國平等原則，外資併購內國公司應與內國公司併購內國公司適用相同之規定；我國身爲WTO之一員及資本自由移動國際化角度，我國應無必要訂定特別法規規範外資來臺併購行爲。

外資來臺之審查，首重遊戲規則之明確性，應給予投資人及業者充分透明之資訊，使投資人能基於理性考量下決定是否投資；而公開收購之部分，最重要之議題在於資訊揭露之問題，現行規定不足以應付靈活多變的併購方式，且現行之刑責相繩、構成要件明確性及價格決定標準等，尚有值得檢討之處。

而企業併購法第18條第6項，公司持有其他參加合併公司之股份，或該公司或其指派代表人當選爲其他參加合併公司之董事者，就其他參與合併公司之合併事項爲決議時，得行使表決權。雖有紊亂現行公司法利益迴避，及保護公司權益之體系之疑慮，然在該董事同時擔任原公司指派之代表人及參加合併公司之董事雙重身分，且皆負有忠實注意義務及善良管理人之注意義務的同時，爲避免公司法第209條所定競爭禁止適用之爭議，權衡併購案之順利進行，此一規定得以釐清法律爭議，仍有其必要性。

現金爲合併對價之種類，爲多數國家所採用，對於現金逐出合併是否傷害小股東之問題，應不在於對價種類之妥適性，而在於價格之合理性，外國有關併購對價之基準，多由法院作爲仲裁者，但此點我國現行司法實務上，仍有待加強。

公司下市之問題，基於保護股東權益及公司法明定撤銷公開發行之規定，宜經過股東會同意，而利益迴避之問題，豁免與否各有利弊，應屬政策問題。

附錄　經濟部及行政院公告企業併購法修正草案條文對照

2020年10月7日經濟部預告企業併購修正草案
2021年12月30日行政院第3784次會議通過提送立法院版本

修正條文 （經濟部）	修正條文 （行政院）	現行條文	說明
第五條　公司進行併購時，董事會應為公司之最大利益行之，並應以善良管理人之注意，處理併購事宜。 　　公司董事會違反法令、章程或股東會決議處理併購事宜，致公司受有損害時，參與決議之董事，對公司應負賠償之責。但經表示異議之董事，有紀錄或書面聲明可證者，免其責任。 　　公司進行併購時，公司董事就併購交易有自身利害關係時，應向董事會及股東會說明其自身利害關係之重要內容及贊成或	通過	第五條　公司進行併購時，董事會應為公司之最大利益行之，並應以善良管理人之注意，處理併購事宜。 　　公司董事會違反法令、章程或股東會決議處理併購事宜，致公司受有損害時，參與決議之董事，對公司應負賠償之責。但經表示異議之董事，有紀錄或書面聲明可證者，免其責任。 　　公司進行併購時，公司董事就併購交易有自身利害關係時，應向董事會及股東會說明其自身利害關係之重要內容及贊成或	一、第一項至第三項未修正。 二、依司法院釋字第七七〇號解釋理由書，現行第三項規定未使其他股東在開會之一定合理期間前，及時獲取相關資訊，爰增訂第四項，明定公司應於股東會召集事由中敘明董事利害關係之重要內容及贊成或反對併購決議之理由，以使股東於股東會前及時獲取資訊，俾符前揭司法院解釋意旨。

修正條文 （經濟部）	修正條文 （行政院）	現行條文	說明
反對併購決議之理由。 　　前項情形，公司應於股東會召集事由中敘明董事利害關係之重要內容及贊成或反對併購決議之理由，其內容得置於證券主管機關或公司指定之網站，並應將其網址載明於通知。		反對併購決議之理由。	三、又除本條規定外，第六條、第七條、第十九條第二項、第二十二條第三項、第三十條第二項、第三十一條第七項、第三十七條第三項、第三十八條第二項亦明定使股東獲得充足資訊與相關審議結果及意見之機制，以確保資訊透明，併此敘明。
第五條之一　公開發行股票公司之持有已發行股份總數超過百分之十之股東，且為其他參加併購公司之董事，就與該公司併購事宜決議之股東會，應說明其利害關係之重要內容及贊成或反對併購決議之理由。	未通過		（經濟部） 一、本條新增。 二、公開發行股票公司股東人數眾多，影響層面廣，為使股東在進行併購時獲得充分資訊與相關評估建議，針對公開發行股票公司持股超過百

修正條文 （經濟部）	修正條文 （行政院）	現行條文	說明
前項情形，該公司應於股東會召集事由中敘明股東利害關係之重要內容及贊成或反對併購決議之理由，其內容得置於證券主管機關或公司指定之網站，並應將其網址載明於通知。			分之十之股東且為其他參加併購公司之董事時，其對併購案已有利害關係，於該公司併購決議之股東會即有揭露之義務，爰增訂該股東於股東會上說明相關資訊之義務。 三、又為使其他股東在開會之一定合理期間前，可及時獲取該股東說明之資訊，爰明定該股東之說明應於股東會開會通知時揭露。 四、另第一項之股東如拒不揭露，致使股東會決議遭撤銷，則公司得對該股東請求損害賠償，併予說明。

修正條文（經濟部）	修正條文（行政院）	現行條文	說明
第十條　公司進行併購時，股東得以書面契約約定其共同行使股東表決權之方式及相關事宜。 　　公司進行併購時，股東得將其所持有股票移轉予信託公司或兼營信託業務之金融機構，成立股東表決權信託，並由受託人依書面信託契約之約定行使其股東表決權。 　　股東非將前項書面信託契約、股東姓名或名稱、事務所或住（居）所與移轉股東表決權信託之股份總數、種類及數量於股東常會開會三十日前，或股東臨時會開會十五日前送交公司辦理登記，不得以其成立股東表決權信託對抗公司。	通過	第十條　公司進行併購時，股東得以書面契約約定其共同行使股東表決權之方式及相關事宜。 　　公司進行併購時，股東得將其所持有股票移轉予信託公司或兼營信託業務之金融機構，成立股東表決權信託，並由受託人依書面信託契約之約定行使其股東表決權。 　　股東非將前項書面信託契約、股東姓名或名稱、事務所或住（居）所與移轉股東表決權信託之股份總數、種類及數量於股東會五日前送交公司辦理登記，不得以其成立股東表決權信託對抗公司。	一、第一項及第二項未修正。 二、參考公司法第一百七十五條之一第二項，修正第三項，將股東送交公司辦理登記之期限由「股東會五日前」修正為「股東常會開會三十日前，或股東臨時會開會十五日前」。 三、查本法於九十一年二月六日制定公布時，為鼓勵公司或股東間成立策略聯盟或進行併購行為，爰參考美國模範公司法規定制定本條，且不區分公開發行股票之公司或未公開發行股票之公司，均適用股東表決

修正條文 （經濟部）	修正條文 （行政院）	現行條文	說明
前項情形，公開發行股票公司之股東應於股東常會開會六十日前，或股東臨時會開會三十日前為之。			權信託。公司法第一百七十五條之一第三項規定，公開發行股票之公司不適用股東表決權信託契約之規定，惟依本法第二條第一項規定，公開發行股票之公司股東間就併購決議事項成立股東表決權信託，應優先適用本法。為明確計，爰參考公司法第一百六十五條第三項，增訂第四項規定公開發行股票公司之股東應於股東常會開會六十日前，或股東臨時會開會三十日前送交公司辦理登記之規定，俾利遵循。

修正條文 （經濟部）	修正條文 （行政院）	現行條文	說明
第十一條　公司進行併購時，得以股東間書面契約或公司與股東間之書面契約合理限制下列事項： 　一、股東轉讓持股時，應優先轉讓予公司、其他股東或指定之第三人。 　二、公司、股東或指定之第三人得優先承購其他股東所持有股份。 　三、股東得請求其他股東一併轉讓所持有股份。 　四、股東轉讓股份或將股票設質予特定人應經公司董事會或股東會之同意。	通過	第十一條　公司進行併購時，得以股東間書面契約或公司與股東間之書面契約合理限制下列事項： 　一、股東轉讓持股時，應優先轉讓予公司、其他股東或指定之第三人。 　二、公司、股東或指定之第三人得優先承購其他股東所持有股份。 　三、股東得請求其他股東一併轉讓所持有股份。 　四、股東轉讓股份或將股票設質予特定人應經公司董事會或股東會之同意。	一、第一項至第四項及第六項未修正。 二、公司法第一百六十三條已於一百零七年八月一日修正刪除原第二項有關發起人之份非於公司設立登記一年後不得轉讓之規定，爰配合修正第五項。

修正條文 （經濟部）	修正條文 （行政院）	現行條文	說明
五、股東轉讓股份或設質股票之對象。 六、股東於一定期間內不得將股份轉讓或股票設質予他人。 　未公開發行股票之公司得以章程記載前項約定事項。 　第一項所指合理限制，應符合下列原則： 一、為符合證券交易法、稅法或其他法令規定所為之限制。 二、其他因股東身分、公司業務競爭或整體業務發展之目的所為必要之限制。 　公開發行股票之公司進行併購發		五、股東轉讓股份或設質股票之對象。 六、股東於一定期間內不得將股份轉讓或股票設質予他人。 　未公開發行股票之公司得以章程記載前項約定事項。 　第一項所指合理限制，應符合下列原則： 一、為符合證券交易法、稅法或其他法令規定所為之限制。 二、其他因股東身分、公司業務競爭或整體業務發展之目的所為必要之限制。 　公開發行股票之公司進行併購發	

修正條文（經濟部）	修正條文（行政院）	現行條文	說明
行新股而受第一項股份轉讓或股票設質之限制時，應依證券交易法規定於公開說明書或證券主管機關規定應交付投資人之書面文件中載明。 　　公司法第一百六十三條不得以章程禁止或限制股份轉讓之規定，於第一項及第二項情形不適用之。 　　公司依第一項第一款或第二款買回股份之數量併同依其他法律買回股份之總數，不得超過該公司已發行股份總數百分之二十，且其收買股份之總金額，不得逾保留盈餘加已實現之資本公積之金額。		行新股而受第一項股份轉讓或股票設質之限制時，應依證券交易法規定於公開說明書或證券主管機關規定應交付投資人之書面文件中載明。 　　公司法第一百六十三條第一項不得以章程禁止或限制股份轉讓及同條第二項發起人之股份於公司設立登記一年內不得轉讓之規定，於第一項及第二項情形不適用之。 　　公司依第一項第一款或第二款買回股份之數量併同依其他法律買回股份之總數，不得超過該公司已發行股份總數百分之二十，且其收買股份之總金額，不得逾保留盈餘加已實現之資本公積之金額。	

修正條文 （經濟部）	修正條文 （行政院）	現行條文	說明
第十二條　公司於進行併購而有下列情形之一，股東得請求公司按當時公平價格，收買其持有之股份： 一、公司股東對公司依前條規定修改章程記載股份轉讓或股票設質之限制，於股東會集會前或集會中，以書面表示異議，或以口頭表示異議經記錄，並投票反對或放棄表決權者。 二、公司進行第十八條之合併時，存續公司或消滅公司之股東於決議合併之股東會集	通過	第十二條　公司於進行併購而有下列情形之一，股東得請求公司按當時公平價格，收買其持有之股份： 一、公司股東對公司依前條規定修改章程記載股份轉讓或股票設質之限制，於股東會集會前或集會中，以書面表示異議，或以口頭表示異議經記錄，放棄表決權者。 二、公司進行第十八條之合併時，存續公司或消滅公司之股東於決議合併之股東會集會前或集會	一、現行第一項第一款、第二款、第四款、第五款及第七款規定得請求公司收買之異議股東，須於股東會集會前或集會中，以書面或口頭表示異議並放棄表決權，不包括投票反對之股東。換言之，股東欲行使股份收買請求權，須以放棄表決權為前提，導致實務上股東就收買價格可能面臨議價能力不足之情形；反之，如允許股東於投票反對後尚能行使股份收買請求權，更能促使公司儘早提出

修正條文 （經濟部）	修正條文 （行政院）	現行條文	說明
會前或集會中，以書面表示異議，或以口頭表示異議經記錄，並投票反對或放棄表決權者。但公司依第十八條第七項進行合併時，僅消滅公司股東得表示異議。 三、公司進行第十九條之簡易合併時，其子公司股東於決議合併之董事會依第十九條第二項公告及通知所定期限內以書面向子公司表示異議者。 四、公司進行第二十七條之		中，以書面表示異議，或以口頭表示異議經記錄，放棄表決權者。但公司依第十八條第七項進行合併時，僅消滅公司股東得表示異議。 三、公司進行第十九條之簡易合併時，其子公司股東於決議合併之董事會依第十九條第二項公告及通知所定期限內以書面向子公司表示異議者。 四、公司進行第二十七條之收購時，公司股東於股	合理價格收買股份，爰修正第一項第一款、第二款、第四款、第五款及第七款，將股東會集會前或集會中表示異議並投票反對之股東納入得行使收買請求權之範圍。至未於股東會集會前或集會中表示異議者（包含已出席及未出席之情形）；或雖於股東會集會前或集會中表示異議，但投票贊成者，為求公平，並考量併購成本，則不得行使股份收買請求權，併此敘明。 二、參考公司法第

修正條文 （經濟部）	修正條文 （行政院）	現行條文	說明
收購時，公司股東於股東會集會前或集會中，以書面表示異議，或以口頭表示異議經記錄，並投票反對或放棄表決權者。 五、公司進行第二十九條之股份轉換時，進行轉換股份之公司股東及受讓股份之既存公司股東於決議股份轉換之股東會集會前或集會中，以書面表示異議，或以口頭表示異議經記錄，並投票反對或放棄表決權		東會集會前或集會中，以書面表示異議，或以口頭表示異議經記錄，放棄表決權者。 五、公司進行第二十九條之股份轉換時，進行轉換股份之公司股東及受讓股份之既存公司股東於決議股份轉換之股東會集會前或集會中，以書面表示異議，或以口頭表示異議經記錄，放棄表決權者。但公司依第二十九條第六項規定進行股份	一百八十條第二項，增訂第二項規定「放棄表決權」之股份數，不算入已出席股東之表決權數，以資明確。惟「放棄表決權」之股份數，仍算入已發行股份之總數。又「投票反對」者，本即計入已出席股東之表決權數及已發行股份之總數，併此敘明。 三、現行第二項至第四項依序移列第三項至第五項，其中修正後之第三項配合援引項次之變動，酌作文字修正。 四、現行第五項、第六項依序移

修正條文 （經濟部）	修正條文 （行政院）	現行條文	說明
者。但公司依第二十九條第六項規定進行股份轉換時，僅轉換股份公司之股東得表示異議。 六、公司進行第三十條股份轉換時，其子公司股東於決議股份轉換之董事會依第三十條第二項規定公告及通知所定期限內，以書面向子公司表示異議者。 七、公司進行第三十五條之分割時，被分割公司之股東或受讓營業或財產之既存公司之股東於決		轉換時，僅轉換股份公司之股東得表示異議。 六、公司進行第三十條股份轉換時，其子公司股東於決議股份轉換之董事會依第三十條第二項規定公告及通知所定期限內，以書面向子公司表示異議者。 七、公司進行第三十五條之分割時，被分割公司之股東或受讓營業或財產之既存公司之股東於決議分割之股東會集會前或集會中，以書面表示	列為第六項、第七項。按公司踐行簡易併購、非對稱併購時，因僅經董事會決議，自應以董事會決議日作為計算期間之基準日，爰增訂有關董事會決議日之規定，亦即於前開情形，以董事會決議日為準，以利適用。另配合項次變動，酌作文字修正。 五、現行第七項至第十二項依序移列為第八項至第十三項，內容未修正。

修正條文 （經濟部）	修正條文 （行政院）	現行條文	說明
議分割之股東會集會前或集會中，以書面表示異議，或以口頭表示異議經記錄，並投票反對或放棄表決權者。 八、公司進行第三十七條之簡易分割時，其子公司股東，於決議分割之董事會依第三十七條第三項規定公告及通知所定期限內，以書面向子公司表示異議者。 　前項放棄表決權之股份數，不算入已出席股東之表決權數。 　股東為第一項之請求，應於股東		異議，或以口頭表示異議經記錄，放棄表決權者。 八、公司進行第三十七條之簡易分割時，其子公司股東，於決議分割之董事會依第三十七條第三項規定公告及通知所定期限內，以書面向子公司表示異議者。 　股東為前項之請求，應於股東會決議日起二十日內以書面提出，並列明請求收買價格及交存股票之憑證。依本法規定以董事會為併購決議者，應於第十九條第二項、第三十條第二項或第三十七條第	

修正條文 （經濟部）	修正條文 （行政院）	現行條文	說明
會決議日起二十日內以書面提出，並列明請求收買價格及交存股票之憑證。依本法規定以董事會為併購決議者，應於第十九條第二項、第三十條第二項或第三十七條第三項所定期限內以書面提出，並列明請求收買價格及交存股票之憑證。 　公司受理股東交存股票時，應委任依法得受託辦理股務業務之機構辦理。股東交存股票時，應向公司委任股務業務之機構辦理。受委任機構接受股票交存時，應開具該股票種類、數量之憑證予股東；股東以帳簿劃撥方式交存股票者，應依證券集中保管事業相關規定辦理。		三項所定期限內以書面提出，並列明請求收買價格及交存股票之憑證。 　公司受理股東交存股票時，應委任依法得受託辦理股務業務之機構辦理。股東交存股票時，應向公司委任股務業務之機構辦理。受委任機構接受股票交存時，應開具該股票種類、數量之憑證予股東；股東以帳簿劃撥方式交存股票者，應依證券集中保管事業相關規定辦理。 　第一項股東之請求，於公司取銷同項所列之行為時，失其效力。 　股東與公司間就收買價格達成協議者，公司應自股東會決議日起九十日內支付價款。未達成協議者，公司	

修正條文 （經濟部）	修正條文 （行政院）	現行條文	說明
第一項股東之請求，於公司取銷同項所列之行為時，失其效力。 　　股東與公司間就收買價格達成協議者，公司應自股東會或董事會決議日起九十日內支付價款。未達成協議者，公司應自決議日起九十日內，依其所認為之公平價格支付價款予未達成協議之股東；公司未支付者，視為同意股東依第三項請求收買之價格。 　　股東與公司間就收買價格自股東會或董事會決議日起六十日內未達成協議者，公司應於此期間經過後三十日內，以全體未達成協議之股東為相對人，聲請法院為價格之裁定。未達成協議之股東未列		應自決議日起九十日內，依其所認為之公平價格支付價款予未達成協議之股東；公司未支付者，視為同意股東依第二項請求收買之價格。 　　股東與公司間就收買價格自股東會決議日起六十日內未達成協議者，公司應於此期間經過後三十日內，以全體未達成協議之股東為相對人，聲請法院為價格之裁定。未達成協議之股東未列為相對人者，視為公司同意該股東第二項請求收買價格。公司撤回聲請，或受駁回之裁定，亦同。但經相對人陳述意見或裁定送達相對人後，公司為聲請之撤回者，應得相對人之同意。	

修正條文 （經濟部）	修正條文 （行政院）	現行條文	說明
為相對人者，視為公司同意該股東第三項請求收買價格。公司撤回聲請，或受駁回之裁定，亦同。但經相對人陳述意見或裁定送達相對人後，公司為聲請之撤回者，應得相對人之同意。 　公司聲請法院為價格之裁定時，應檢附會計師查核簽證公司財務報表及公平價格評估說明書，並按相對人之人數，提出繕本或影本，由法院送達之。 　法院為價格之裁定前，應使聲請人與相對人有陳述意見之機會。相對人有二人以上時，準用民事訴訟法第四十一條至第四十四條及第四百零一條第二項規定。		公司聲請法院為價格之裁定時，應檢附會計師查核簽證公司財務報表及公平價格評估說明書，並按相對人之人數，提出繕本或影本，由法院送達之。 　法院為價格之裁定前，應使聲請人與相對人有陳述意見之機會。相對人有二人以上時，準用民事訴訟法第四十一條至第四十四條及第四百零一條第二項規定。 　對於前項裁定提起抗告，抗告法院於裁定前，應給予當事人陳述意見之機會。 　價格之裁定確定時，公司應自裁定確定之日起三十日內，支付裁定價格扣除已支付價款之差額及自決議日	

修正條文 （經濟部）	修正條文 （行政院）	現行條文	說明
對於前項裁定提起抗告，抗告法院於裁定前，應給予當事人陳述意見之機會。 　價格之裁定確定時，公司應自裁定確定之日起三十日內，支付裁定價格扣除已支付價款之差額及自決議日起九十日翌日起算之法定利息。 　非訟事件法第一百七十一條、第一百八十二條第一項、第二項及第四項規定，於本條裁定事件準用之。 　聲請程序費用及檢查人之報酬，由公司負擔。		起九十日翌日起算之法定利息。 　非訟事件法第一百七十一條、第一百八十二條第一項、第二項及第四項規定，於本條裁定事件準用之。 　聲請程序費用及檢查人之報酬，由公司負擔。	
第十八條　股東會對於公司合併或解散之決議，應有代表已發行股份總數三分之二以上股東之出席，以出席股東表決權過半數之同意行之。	通過	第十八條　股東會對於公司合併或解散之決議，應有代表已發行股份總數三分之二以上股東之出席，以出席股東表決權過半數之同意行之。	一、第一項至第六項未修正。 二、修正第七項： （一）查第七項非對稱式合併之規定係本法九十一年制定時，參

修正條文 （經濟部）	修正條文 （行政院）	現行條文	說明
公開發行股票之公司，出席股東之股份總數不足前項定額者，得以有代表已發行股份總數過半數股東之出席，出席股東表決權三分之二以上之同意行之。 　　前二項股東會決議，屬上市（櫃）公司參與合併後消滅，且存續或新設公為非上市（櫃）公司者，應經該上市（櫃）公司已發行股份總數三分之二以上股東之同意行之。 　　前三項出席股東股份總數及表決權數，章程有較高之規定者，從其規定。 　　公司已發行特別股者，就公司合併事項，除本法規定無須經股東會決議或公司章程明定	公開發行股票之公司，出席股東之股份總數不足前項定額者，得以有代表已發行股份總數過半數股東之出席，出席股東表決權三分之二以上之同意行之。 　　前二項股東會決議，屬上市（櫃）公司參與合併後消滅，且存續或新設公司為非上市（櫃）公司者，應經該上市（櫃）公司已發行股份總數三分之二以上股東之同意行之。 　　前三項出席股東股份總數及表決權數，章程有較高之規定者，從其規定。 　　公司已發行特別股者，就公司合併事項，除本法規定無須經股東會決議或公司章程明定		考當時日本商法第四百十三條之三訂定之簡易併購程序，該法規定存續公司因合併交付消滅公司股東之新股未超過已發行股份總數二十分之一，且交付之現金或財產未超過存續公司淨值之五十分之一者，無經存續公司股東會決議之必要。惟查日本業於九十四年制定「會社法」，該法第七百九十六條規定之簡易併購程序，大幅放

修正條文 （經濟部）	修正條文 （行政院）	現行條文	說明
無須經特別股股東會決議者外，應另經該公司特別股股東會決議行之。有關特別股股東會之決議，準用前四項之規定。 　　公司持有其他參加合併公司之股份，或該公司或其指派代表人當選為其他參加合併公司之董事者，就其他參與合併公司之合併事項為決議時，得行使表決權。 　　存續公司為合併發行之新股，未超過存續公司已發行有表決權股份總數之百分之二十，或交付消滅公司股東之股份、現金或其他財產價值總額未超過存續公司淨值之百分之二十者，得作成合併契約，經存續公司董事會以三分之二以	無須經特別股股東會決議者外，應另經該公司特別股股東會決議行之。有關特別股股東會之決議，準用前四項之規定。 　　公司持有其他參加合併公司之股份，或該公司或其指派代表人當選為其他參加合併公司之董事者，就其他參與合併公司之合併事項為決議時，得行使表決權。 　　存續公司為合併發行之新股，未超過存續公司已發行有表決權股份總數之百分之二十，且交付消滅公司股東之現金或財產價值總額未超過存續公司淨值之百分之二者，得作成合併契約，經存續公司董事會以三分之二以上董事出席及出		寬適用非對稱式併購之條件，亦即無須考量發行新股占已發行股份總數之比率，完全以併購對價占公司淨值之一定比率為基準，且提高比率至五分之一，同時將「股份」亦納入併購對價之一部分計算之。故現行第七項相關規定自亦有進行修正檢討之必要。 （二）又現行第七項所定非對稱式併購，指公司為併購所發行之新股未超過

修正條文 （經濟部）	修正條文 （行政院）	現行條文	說明
上董事出席及出席董事過半數之決議行之。但與存續公司合併後消滅之公司，其資產有不足抵償負債之虞或存續公司有變更章程之必要者，仍應適用第一項至第四項有關股東會決議之規定。	席董事過半數之決議行之。但與存續公司合併後消滅之公司，其資產有不足抵償負債之虞或存續公司有變更章程之必要者，仍應適用第一項至第四項有關股東會決議之規定。		該公司已發行有表決權股份總數百分之二十，「且」併購公司交付被併購公司股東之股份以外對價總額未超過併購公司淨值百分之二之情形，二條件須同時符合，始得適用非對稱式併購之程序。惟為增加併購之彈性及效率，修正放寬適用非對稱式併購之條件，除提高以淨值為計算基準之比率為百分之二十，並將交付「股份」之情形

修正條文（經濟部）	修正條文（行政院）	現行條文	說明
			一併納入計算外，另將上開二項條件之關係由「且」修正為「或」，以鼓勵併購，亦即符合為併購發行之新股未超過併購公司已發行有表決權股份總數之百分之二十，「或」符合交付之「股份」（新股或老股）、現金或其他財產之對價總額未超過併購公司淨值「百分之二十」，只需符合其中一種樣態即可適用。

修正條文（經濟部）	修正條文（行政院）	現行條文	說明
第二十九條　公司經股東會決議，得以股份轉換之方式，被他既存或新設公司收購為其百分之百持股之子公司，並依下列各款規定辦理： 一、公司股東會之決議，應有代表已發行股份總數三分之二以上股東之出席，以出席股東表決權過半數之同意行之。預定之受讓股份之公司為既存公司者，亦同。 二、公司法第一百九十七條第一項後段、第二百二十七條準用第一百九十七條第一	通過	第二十九條　公司經股東會決議，得以股份轉換之方式，被他既存或新設公司收購為其百分之百持股之子公司，並依下列各款規定辦理： 一、公司股東會之決議，應有代表已發行股份總數三分之二以上股東之出席，以出席股東表決權過半數之同意行之。預定之受讓股份之公司為既存公司者，亦同。 二、公司法第一百九十七條第一項後段、第二百二十七條準用第一百九十七條第一	一、第一項至第四項及第七項未修正。 二、按公司之發起人會議，得訂立章程及選舉董事、監察人，爰參考現行第三十五條第八項有關分割新設程序，於第五項增訂股東會得同時訂立章程之規定。另刪除「及第一百六十三條第二項」文字，理由同修正條文第十一條說明二，並酌作文字修正。 三、修正第六項，將非對稱式股份轉換之條件，放寬為支付對價發行之新股總數，未

修正條文 （經濟部）	修正條文 （行政院）	現行條文	說明
項後段及證券交易法第二十二條之二及第二十六條規定，於股份轉換不適用之。 　公開發行股票之公司，出席股東之股份總數不足前項第一款定額者，得以有代表已發行股份總數過半數股東之出席，出席股東表決權三分之二以上之同意行之。 　前二項股東會決議，屬上市（櫃）公司被他既存或新設之非上市（櫃）公司收購為其百分之百持股之子公司而致終止上市（櫃）者，應經該上市（櫃）公司已發行股份總數三分之二以上股東之同意行之。		項後段及證券交易法第二十二條之二及第二十六條規定，於股份轉換不適用之。 　公開發行股票之公司，出席股東之股份總數不足前項第一款定額者，得以有代表已發行股份總數過半數股東之出席，出席股東表決權三分之二以上之同意行之。 　前二項股東會決議，屬上市（櫃）公司被他既存或新設之非上市（櫃）公司收購為其百分之百持股之子公司而致終止上市（櫃）者，應經該上市（櫃）公司已發行股份總數三分之二以上股東之同意行之。	超過併購公司已發行有表決權股份總數之百分之二十，或支付對價總額未超過併購公司淨值「百分之二十」即可適用，理由同修正條文第十八條說明二。

修正條文 （經濟部）	修正條文 （行政院）	現行條文	說明
前三項出席股東股份總數及表決權數，公司章程有較高之規定者，從其規定。 　　預定受讓股份之公司為新設公司者，第一項第一款規定轉換公司之股東會，視為受讓公司之發起人會議，得同時訂立章程，並選舉新設公司之董事及監察人，不適用公司法第一百二十八條、第一百二十九條至第一百三十九條、第一百四十一條、第一百五十五條規定。 　　受讓股份之既存公司支付對價發行之新股總數，未超過該公司已發行有表決權股份總數百分之二十，或支付之股份、現金或其他財產價值總額		前三項出席股東股份總數及表決權數，公司章程有較高之規定者，從其規定。 　　預定受讓股份之公司為新設公司者，第一項第一款規定轉換公司之股東會，視為受讓公司之發起人會議，得同時選舉新設公司之董事及監察人，不適用公司法第一百二十八條、第一百二十九條至第一百三十九條、第一百四十一條、第一百五十五條及第一百六十三條第二項規定。 　　受讓股份之既存公司支付對價發行之新股總數，未超過該公司已發行有表決權股份總數百分之二十，且支付之現金或其他財產價值總額未超過	

修正條文 （經濟部）	修正條文 （行政院）	現行條文	說明
未超過該公司淨值百分之二十者，得作成轉換契約，經受讓股份之既存公司董事會以三分之二以上董事出席及出席董事過半數之決議行之。但轉換股份之公司有資產不足抵償負債之虞或受讓股份之既存公司有變更章程之必要者，仍應適用第一項第一款及第二項有關受讓股份之既存公司股東會決議之規定。 　　第十八條第六項規定，於本條之股份轉換程序準用之。		該公司淨值百分之二者，得作成轉換契約，經受讓股份之既存公司董事會以三分之二以上董事出席及出席董事過半數之決議行之。但轉換股份之公司有資產不足抵償負債之虞或受讓股份之既存公司有變更章程之必要者，仍應適用第一項第一款及第二項有關受讓股份之既存公司股東會決議之規定。 　　第十八條第六項規定，於本條之股份轉換程序準用之。	
第三十五條　公司進行分割時，董事會應就分割有關事項，作成分割計畫，提出於股東會。 　　股東會對於公司分割之決議，應	通過	第三十五條　公司進行分割時，董事會應就分割有關事項，作成分割計畫，提出於股東會。 　　股東會對於公司分割之決議，應	一、第一項至第七項、第九項至第十三項未修正。 二、修正第八項，理由同第十一條修正說明第二點。

修正條文 （經濟部）	修正條文 （行政院）	現行條文	說明
有代表已發行股份總數三分之二以上股東之出席，以出席股東表決權過半數之同意行之。公開發行股票之公司，出席股東之股份總數不足前項定額者，得以有代表已發行股份總數過半數股東之出席，出席股東表決權三分之二以上之同意行之。 　前二項股東會決議，屬上市（櫃）公司進行分割而致終止上市（櫃），且分割後受讓營業之既存公司或新設公司非上市（櫃）公司者，應經該上市（櫃）公司已發行股份總數三分之二以上股東之同意行之。 　前三項出席股東股份總數及表決權數，章程有較高		有代表已發行股份總數三分之二以上股東之出席，以出席股東表決權過半數之同意行之。公開發行股票之公司，出席股東之股份總數不足前項定額者，得以有代表已發行股份總數過半數股東之出席，出席股東表決權三分之二以上之同意行之。 　前二項股東會決議，屬上市（櫃）公司進行分割而致終止上市（櫃），且分割後受讓營業之既存公司或新設公司非上市（櫃）公司者，應經該上市（櫃）公司已發行股份總數三分之二以上股東之同意行之。 　前三項出席股東股份總數及表決權數，章程有較高	

修正條文 （經濟部）	修正條文 （行政院）	現行條文	說明
之規定者，從其規定。 　　公司為分割之決議後，應即向各債權人分別通知及公告，並指定三十日以上之期限，聲明債權人得於期限內提出異議。公司不為通知及公告，或對於在指定期間內提出異議之債權人不為清償、提供相當之擔保、未成立專以清償債務為目的之信託或未經公司證明無礙於債權人之權利者，不得以其分割對抗債權人。 　　分割後受讓營業之既存或新設公司，除被分割業務所生之債務與分割前公司之債務為可分者外，應就分割前公司所負債務，於其受讓營業之出資範圍，與分割前		之規定者，從其規定。 　　公司為分割之決議後，應即向各債權人分別通知及公告，並指定三十日以上之期限，聲明債權人得於期限內提出異議。公司不為通知及公告，或對於在指定期間內提出異議之債權人不為清償、提供相當之擔保、未成立專以清償債務為目的之信託或未經公司證明無礙於債權人之權利者，不得以其分割對抗債權人。 　　分割後受讓營業之既存或新設公司，除被分割業務所生之債務與分割前公司之債務為可分者外，應就分割前公司所負債務，於其受讓營業之出資範圍，與分割前	

修正條文 （經濟部）	修正條文 （行政院）	現行條文	說明
之公司負連帶清償責任。但債權人之債權請求權，自分割基準日起二年內不行使而消滅。 　　他公司為新設公司者，被分割公司之股東會視為他公司之發起人會議，得同時訂立章程，並選舉新設公司之董事及監察人，不適用公司法第一百二十八條、第一百二十九條至第一百三十九條、第一百四十一條至第一百五十五條規定。 　　公司法第二十四條規定，於公司因分割而消滅時準用之。 　　上市（櫃）公司進行分割後，該分割後受讓營業或財產之既存或新設公司，符合公司分割及上市（櫃）		之公司負連帶清償責任。但債權人之債權請求權，自分割基準日起二年內不行使而消滅。 　　他公司為新設公司者，被分割公司之股東會視為他公司之發起人會議，得同時訂立章程，並選舉新設公司之董事及監察人，不適用公司法第一百二十八條、第一百二十九條至第一百三十九條、第一百四十一條至第一百五十五條及第一百六十三條第二項規定。 　　公司法第二十四條規定，於公司因分割而消滅時準用之。 　　上市（櫃）公司進行分割後，該分割後受讓營業或財產之既存或新設公司，符合公司	

修正條文 （經濟部）	修正條文 （行政院）	現行條文	說明
相關規定者，於其完成公司分割及上市（櫃）之相關程序後，得繼續上市（櫃）或開始上市（櫃）；原已上市（櫃）之公司被分割後，得繼續上市（櫃）。 　　股份有限公司分割者，其存續公司或新設公司均以股份有限公司為限。 　　分割後受讓營業之既存或新設公司取得被分割公司之財產，其權利義務事項之移轉及變更登記，準用第二十五條規定。 　　第十八條第六項規定，於分割程序準用之。		分割及上市（櫃）相關規定者，於其完成公司分割及上市（櫃）之相關程序後，得繼續上市（櫃）或開始上市（櫃）；原已上市（櫃）之公司被分割後，得繼續上市（櫃）。 　　股份有限公司分割者，其存續公司或新設公司均以股份有限公司為限。 　　分割後受讓營業之既存或新設公司取得被分割公司之財產，其權利義務事項之移轉及變更登記，準用第二十五條規定。 　　第十八條第六項規定，於分割程序準用之。	
第三十六條　被分割公司讓與既存或新設公司之營業價值，未超過被分割	通過	第三十六條　被分割公司讓與既存或新設公司之營業價值，未超過被分	一、修正第一項，將非對稱式分割之條件，放寬為被分割公

修正條文 （經濟部）	修正條文 （行政院）	現行條文	說明
公司淨值之百分之二十，且由被分割公司取得全部對價者，得作成分割計畫，經被分割公司董事會以三分之二以上董事出席及出席董事過半數之決議行之。但被分割公司有變更章程之必要者，仍應適用前條第一項至第五項有關被分割公司股東會決議之規定。 　　分割而受讓營業之既存公司，為分割發行之新股，未超過已發行有表決權股份總數之百分之二十，或支付被分割公司之股份、現金或其他財產價值總額未超過既存公司淨值之百分之二十者，得作成分割計畫，經既存公司董事會以三分之二以上董事出		割公司淨值之百分之二，且由被分割公司取得全部對價者，得作成分割計畫，經被分割公司董事會以三分之二以上董事出席及出席董事過半數之決議行之。但被分割公司有變更章程之必要者，仍應適用前條第一項至第五項有關被分割公司股東會決議之規定。 　　分割而受讓營業之既存公司，為分割發行之新股，未超過已發行有表決權股份總數之百分之二十，且支付被分割公司之現金或其他財產價值總額未超過既存公司淨值之百分之二者，得作成分割計畫，經既存公司董事會以三分之二以上董事出席及出席	司讓與既存或新設公司之營業價值未超過被分割公司淨值百分之二十，理由同修正條文第十八條說明二。 二、修正第二項，將非對稱式分割之條件，放寬為分割而受讓營業之既存公司，為分割發行之新股，未超過已發行有表決權股份總數之百分之二十，或支付之對價總額未超過分割而受讓營業之既存公司淨值之百分之二十，理由同修正條文第十八條說明二。 三、修正第三項，

修正條文 （經濟部）	修正條文 （行政院）	現行條文	說明
席及出席董事過半數之決議行之。但既存公司所受讓被分割公司之營業，其資產有不足抵償負債之虞或既存公司有變更章程之必要者，仍應適用前條第一項至第五項有關既存公司股東會決議之規定。 　　依第一項規定經被分割公司董事會決議分割，且被分割公司為新設公司之唯一股東者，被分割公司之董事會視為他公司之發起人會議，得同時訂立章程，並選舉新設公司之董事及監察人，不適用公司法第一百二十八條、第一百二十九條至第一百三十九條、第一百四十一條至第一百五十五條規定。		董事過半數之決議行之。但既存公司所受讓被分割公司之營業，其資產有不足抵償負債之虞或既存公司有變更章程之必要者，仍應適用前條第一項至第五項有關既存公司股東會決議之規定。 　　依第一項規定經被分割公司董事會決議分割，且被分割公司為新設公司唯一股東者，被分割公司之董事會視為他公司之發起人會議，得同時訂立章程，並選舉新設公司之董事及監察人，不適用公司法第一百二十八條、第一百二十九條至第一百三十九條、第一百四十一條至第一百五十五條及第一百六十三條第二項規定。	理由同修正條文第十一條說明二。

修正條文 （經濟部）	修正條文 （行政院）	現行條文	說明
第四十條之一　公司因合併、分割或依第二十七條及第二十八條規定收購營業或財產而取得具有可辨認性、可被公司控制、有未來經濟效益及金額能可靠衡量之無形資產，得按實際取得成本於一定年限內平均攤銷。 　前項無形資產，以營業權、著作權、商標權、專利權、積體電路電路布局權、植物品種權、漁業權、礦業權、水權、營業秘密、電腦軟體及各種特許權為限。 　第一項無形資產攤銷之年限，以合併、分割或收購取得後剩餘法定享有年數為準；其無法定享有年數者，以十年為計算標準。	第四十條之一　公司因合併、分割、依第二十七條或第二十八條規定收購營業或財產而取得具有可辨認性、可被公司控制、有未來經濟效益及金額能可靠衡量之無形資產，得按實際取得成本於一定年限內平均攤銷。 　前項無形資產，以營業權、著作權、商標權、專利權、積體電路電路布局權、植物品種權、漁業權、礦業權、水權、營業秘密、電腦軟體及各種特許權為限。 　第一項無形資產攤銷之一定年限，依下列各款基準計算： 一、營業權為十年，著作權為十五年。 　但公司合併、		一、本條新增。 二、鑑於公司為強化其競爭力、拓展市場，企業併購常為重要手段，就公司合併、分割、依第二十七條或第二十八條規定收購營業或財產等併購態樣，考量公司併購實務情形，並參考商業會計法第四十一條之一、國際財務報導準則公報第三號、國際會計準則公報第三十八號、評價準則公報第七號等財務會計處理規定，增訂第一項，明定取得具有可辨認性、可被公司

修正條文（經濟部）	修正條文（行政院）	現行條文	說明
第二項營業秘密之認定，稅捐稽徵機關如有疑義，得向合併後存續或新設公司、分割後既存或新設之公司、或收購公司之中央目的事業主管機關徵詢意見。	分割或收購取得後賸餘法定享有年數較短者，按其賸餘法定享有年數計算。 二、前款以外之無形資產，為公司合併、分割或收購取得後賸餘法定享有年數；法未明定享有年數者，按十年計算。 　第二項營業秘密之認定，稅捐稽徵機關於進行調查時如有疑義，得向合併後存續或新設公司、分割後既存或新設公司或收購公司之中央目的事業主管機關徵詢意見。		控制、有未來經濟效益及金額能可靠衡量之無形資產，得按實際取得成本於一定年限內平均攤銷。 三、增訂第二項規定無形資產之範圍，除參考所得稅法第六十條規定項目外，積體電路電路布局保護法、植物品種及種苗法、漁業法、礦業法、水利法、營業秘密法等法律賦予權利項目，及公司因營業行為衍生之商業價值，亦納入考量，其範圍包含營業權、著作權、商標權、專利權、

修正條文 （經濟部）	修正條文 （行政院）	現行條文	說明
			積體電路電路布局權、植物品種權、漁業權、礦業權、水權、營業秘密、電腦軟體及各種特許權；其中公司所有之方法、技術、製程、配方、程式、設計或其他可用於生產、銷售或經營之資訊，例如具有合約之客戶關係或行銷項目，如符合營業秘密法第二條規定，則屬營業秘密，得以營業秘密適用本條規定。另前開各無形資產，若係依外國法律取得者，亦有本項之適用，併此敘明。

修正條文 （經濟部）	修正條文 （行政院）	現行條文	說明
			四、增訂第三項規定無形資產攤銷之一定年限，參考所得稅法第六十條第三項，營業權、著作權之攤銷年數分別定為十年及十五年。惟若營業權、著作權於公司合併、分割或收購而取得後之賸餘法定享有年數短於前開所定年限，則按賸餘法定享有年數計算；其餘無形資產，原則為公司合併、分割或收購而取得後賸餘法定享有年數，如法未明定，參考第四十一條，以十年計算。

修正條文 （經濟部）	修正條文 （行政院）	現行條文	說明
			五、為利營業秘密查核認定，減少徵納爭議，增訂第四項規定稅捐稽徵機關進行調查時，如有疑義，得向合併後存續或新設公司、分割後既存或新設之公司或收購公司所屬產業之中央目的事業主管機關徵詢意見，供其參考。必要時，該中央目的事業主管機關得洽請各機關提供協助，亦得邀集相關單位或專家學者召開會議。
第四十四條之一 因合併而消滅之公司、被分割公司，其個人股東取得合併後存續或新設、	第四十四條之一 因合併而消滅之公司、被分割公司，其個人股東取得合併後存續或新設、		一、本條新增。 二、鑑於公司進行合併或分割，消滅公司或被分割公司取得

修正條文 （經濟部）	修正條文 （行政院）	現行條文	說明
分割後既存或新設之公司或外國公司股份，依所得稅法規定計算之股利所得，得選擇全數延緩至取得次年起之第五年課徵所得稅，一經擇定不得變更。但於延緩課稅期間內轉讓其於合併或分割對價取得之股份者，應於轉讓年度按轉讓股份比例申報股利所得課稅。 　前項消滅公司、被分割公司應符合以下條件： 一、公司自設立登記日至其決議合併、分割日未滿五年。 二、公司未公開發行股票。 　第一項但書所稱轉讓，指買賣、贈與、作為遺產分配、公司減資銷除	分割後既存或新設之公司或外國公司股份，依所得稅法規定計算之股利所得，得選擇全數延緩至取得次年度之第三年起，分三年平均課徵所得稅，一經擇定不得變更。 　前項消滅公司、被分割公司應符合以下條件： 一、公司自設立登記日起至其決議合併、分割日未滿五年。 二、公司未公開發行股票。 　第一項消滅公司、被分割公司應於主管機關核准變更登記日起四十五日內，依規定格式填具股東擇定延緩繳稅情形，並檢附相關文件資料，送請公司所在地稅捐		合併後存續或新設、分割後既存或新設之公司或外國公司股份，對價超過其全體股東之出資額，其股東所獲分配該超過部分之金額，應依所得稅法規定之股利所得（投資收益）課徵所得稅。惟新創公司之個人股東雖有併購意願，卻可能無法於取得股份年度繳納稅款，進而影響併購案之進行。為促進友善併購新創公司環境，爰增訂第一項規定股利所得得延緩課稅（簡稱緩繳），即該股利所得得

修正條文 （經濟部）	修正條文 （行政院）	現行條文	說明
股份、公司清算或因其他原因致股份所有權變更者。 　第一項消滅公司、被分割公司應於主管機關核准變更登記日起四十五日內，檢送相關文件資料向公司所在地稅捐稽徵機關申報延緩課徵所得稅，逾期不予受理。 　第二項第一款所稱決議合併、分割日，指對於公司合併或分割，股東會首次決議通過之日，但公司進行第十九條之簡易合併或第三十七條之簡易分割時，則為董事會首次決議通過之日。 　第一項個人股東取得股份延緩課稅之所得申報程序、第四項申報應提示文件資料及其	稽徵機關備查，始適用第一項規定，逾期不予受理。 　第二項第一款所稱決議合併、分割日，指對於公司合併或分割，股東會首次決議通過之日。但公司進行第十九條之簡易合併或第三十七條之簡易分割時，為董事會首次決議通過之日。 　第一項股利所得延緩繳稅於所得稅申報之程序、應提示文件資料、第三項規定格式、文件資料及其他相關事項之辦法，由財政部定之。		免予計入當年度所得額課稅，而全數延緩至取得次年度之第三年起，分三年平均課徵。例如一百十一年某合併案之消滅公司適用緩繳規定，其個人股東於當年度產生之股利所得，得平均計入一百十四年度至一百十六年度所得額課稅。 三、增訂第二項新創公司之要件： （一）第一款係參考經濟部訂定之「具創新能力之新創事業認定原則」，以公司自設立登記日至其

修正條文 （經濟部）	修正條文 （行政院）	現行條文	說明
他相關事項之辦法，由財政部定之。			決議合併、分割日未滿五年為條件。 （二）考量公開發行股票之公司，通常已有一定規模，其股東應非第一項所定租稅措施之協助對象，爰於第二款明定排除其適用，俾符立法目的。 四、為利個人股東適用第一項緩繳規定，參考所得稅法第七十五條第一項有關營利事業遇有解散、廢止、合併或轉讓情事時，辦理決算申報期限之規定，爰增訂第三項

修正條文 （經濟部）	修正條文 （行政院）	現行條文	說明
			規定消滅公司、被分割公司應向公司所在地稅捐稽徵機關申報之期限；未於規定期限內辦理者不予受理，其個人股東即無法適用第一項所定租稅措施。 五、增訂第四項定明決議合併、分割日之定義。公司設立未滿五年之計算部分，由於併購案之啟動至完成，往往經過多次股東會決議，爰以公司自設立登記日至股東會「首次」決議合併或分割之日為準。又倘公司進行第十九條之簡易合併或第三十

修正條文 （經濟部）	修正條文 （行政院）	現行條文	說明
			七條之簡易分割者，則以董事會「首次」決議通過之日為準。 六、增訂第五項定明適用本條緩繳規定之申報程序、應提示文件資料及其他相關事項之辦法，由財政部定之。
第四十五條　公司進行合併、分割或依第二十七條至第三十條規定收購，而持有其子公司股份或出資額達已發行股份總數或資本總額百分之九十者，得自其持有期間在一個課稅年度內滿十二個月之年度起，選擇以該公司為納稅義務人，依所得稅法相關規定合併辦理營利事業所得稅結算申報	第四十五條　公司進行合併、分割或依第二十七條至第三十條規定收購，而持有其子公司股份或出資額達已發行股份總數或資本總額百分之九十者，得自其持有期間在一個課稅年度內滿十二個月之年度起，選擇以該公司為納稅義務人，依所得稅法相關規定合併辦理營利事業所得稅結算申報	第四十五條　公司進行合併、分割或依第二十七條至第三十條規定收購，而持有其子公司股份或出資額達已發行股份總數或資本總額百分之九十者，得自其持有期間在一個課稅年度內滿十二個月之年度起，選擇以該公司為納稅義務人，依所得稅法相關規定合併辦理營利事業所得稅結算申報	一、配合所得稅法於一百零七年二月七日修正第六十六條之九規定，將營利事業未分配盈餘加徵營利事業所得稅之稅率，由百分之十調降為百分之五，又為避免日後稅率變動即須修正本條，爰刪除第一項「加徵百分之十營利

修正條文 （經濟部）	修正條文 （行政院）	現行條文	說明
及未分配盈餘申報；其他有關稅務事項，應由該公司及其子公司分別辦理。 　　依前項規定選擇合併申報營利事業所得稅者，其合於規定之各本國子公司，應全部納入合併申報；其選擇合併申報，無須事先申請核准，一經選擇，除因正當理由，於會計年度終了前二個月內，報經財政部核准者外，不得變更。 　　依前項規定經核准變更採分別申報者，自變更之年度起連續五年，不得再選擇合併申報；其子公司因股權變動不符第一項規定而個別辦理申報者，自該子公司個別申報之年度起連續五年，不得再依前項規定納入合	及未分配盈餘申報；其他有關稅務事項，應由該公司及其子公司分別辦理。 　　依前項規定選擇合併申報營利事業所得稅者，其合於規定之各本國子公司，應全部納入合併申報；其選擇合併申報，無須事先申請核准，一經選擇，除因正當理由，於會計年度終了前二個月內，報經賦稅主管機關核准者外，不得變更。 　　依前項規定經核准變更採分別申報者，自變更之年度起連續五年，不得再選擇合併申報；其子公司因股權變動不符第一項規定而個別辦理申報者，自該子公司個別申報之年度起連續五年，不得再	及未分配盈餘加徵百分之十營利事業所得稅申報；其他有關稅務事項，應由該公司及其子公司分別辦理。 　　依前項規定選擇合併申報營利事業所得稅者，其合於規定之各本國子公司，應全部納入合併申報；其選擇合併申報，無須事先申請核准，一經選擇，除因正當理由，於會計年度終了前二個月內，報經賦稅主管機關核准者外，不得變更。 　　依前項規定經核准變更採分別申報者，自變更之年度起連續五年，不得再選擇合併申報；其子公司因股權變動不符第一項規定而個別辦理申報者，自該子公司個別申報之年度起	事業所得稅」之文字。 二、第二項酌作文字修正；第三項未修正。 三、配合所得稅法自一百零七年一月一日起廢除兩稅合一設算扣抵制，爰刪除現行第四項「股東可扣抵稅額帳戶之處理、」之文字。另酌作文字修正。

修正條文 （經濟部）	修正條文 （行政院）	現行條文	說明
併申報。 　　依第一項規定合併申報營利事業所得稅者，其合併結算申報課稅所得額及應納稅額之計算、合併申報未分配盈餘及應加徵稅額之計算、營業虧損之扣除、投資抵減獎勵之適用、國外稅額之扣抵、暫繳申報及其他應遵行事項之辦法，由財政部定之。	依前項規定納入合併申報。 　　依第一項規定合併申報營利事業所得稅者，其合併結算申報課稅所得額及應納稅額之計算、合併申報未分配盈餘及應加徵稅額之計算、營業虧損之扣除、投資抵減獎勵之適用、國外稅額之扣抵、暫繳申報及其他應遵行事項之辦法，由賦稅主管機關定之。	連續五年，不得再依前項規定納入合併申報。 　　依第一項規定合併申報營利事業所得稅者，其合併結算申報課稅所得額及應納稅額之計算、合併申報未分配盈餘及應加徵稅額之計算、營業虧損之扣除、投資抵減獎勵之適用、國外稅額之扣抵、股東可扣抵稅額帳戶之處理、暫繳申報及其他應遵行事項之辦法，由賦稅主管機關定之。	
第五十三條　公司或其股東適用第三章有關租稅規定，應依財政部之規定檢附相關書件；未檢附或書件不齊者，稅捐稽徵機關應通知限期補送齊全；屆期無正當理由而未補齊者，不予適用。	第五十三條　公司或其股東適用第三章有關租稅之規定，應依賦稅主管機關之規定檢附相關書件；未檢附或書件不齊者，稅捐稽徵機關應通知限期補送齊全；屆期無正當理由而未補齊者，不予適用。	第五十三條　公司適用第三章有關租稅之規定，應依賦稅主管機關之規定檢附相關書件；未檢附或書件不齊者，稅捐稽徵機關應通知限期補送齊全；屆期無正常理由而未補齊者，不予適用。	配合第四十四條之一個人股東股利所得延緩繳稅規定，增修「或其股東」之文字，並酌作文字修正。

國家圖書館出版品預行編目資料

實用企業併購法——理論與實務／賴源河著.
郭土木修訂. -- 三版. -- 臺北市：五南圖
書出版股份有限公司，2022.04
　面；　公分
ISBN 978-626-317-685-0（平裝）

1.CST: 企業合併　2.CST: 企業法規

553.433　　　　　　　　　111002689

1UB2

實用企業併購法——理論與實務

作　　者 — 賴源河（394.2）

修 訂 者 — 郭土木

發 行 人 — 楊榮川

總 經 理 — 楊士清

總 編 輯 — 楊秀麗

副總編輯 — 劉靜芬

責任編輯 — 黃郁婷

封面設計 — 王麗娟

出 版 者 — 五南圖書出版股份有限公司

地　　址：106臺北市大安區和平東路二段339號4樓

電　　話：(02)2705-5066　　傳　真：(02)2706-6100

網　　址：https://www.wunan.com.tw

電子郵件：wunan@wunan.com.tw

劃撥帳號：01068953

戶　　名：五南圖書出版股份有限公司

法律顧問　林勝安律師事務所　林勝安律師

出版日期　2016年11月初版一刷
　　　　　2019年 5 月二版一刷
　　　　　2022年 4 月三版一刷

定　　價　新臺幣450元

經典永恆・名著常在

五十週年的獻禮──經典名著文庫

五南,五十年了,半個世紀,人生旅程的一大半,走過來了。

思索著,邁向百年的未來歷程,能為知識界、文化學術界作些什麼?

在速食文化的生態下,有什麼值得讓人雋永品味的?

歷代經典・當今名著,經過時間的洗禮,千錘百鍊,流傳至今,光芒耀人;

不僅使我們能領悟前人的智慧,同時也增深加廣我們思考的深度與視野。

我們決心投入巨資,有計畫的系統梳選,成立「經典名著文庫」,

希望收入古今中外思想性的、充滿睿智與獨見的經典、名著。

這是一項理想性的、永續性的巨大出版工程。

不在意讀者的眾寡,只考慮它的學術價值,力求完整展現先哲思想的軌跡;

為知識界開啟一片智慧之窗,營造一座百花綻放的世界文明公園,

任君遨遊、取菁吸蜜、嘉惠學子!